D1696504

Wild & Jagd

PAUL DAHMS

Wild & Jagd
vom Darß bis zu den Alpen

INHALT

7 Vorwort

8 Darß
Auf Raesfelds Spuren

24 Lüneburger Heide
Wo Hermann Löns jagte

42 Göhrde
Hofjagdrevier des Hochadels

56 Mecklenburger Seenplatte
Kapitale Hirsche, starke Schaufler und Böcke

74 Schorfheide
Revier der Herrschenden

88 Harz
Zu den Tälern der Mufflons

102 Spreewald
Mit dem Kahn auf Rotwild

INHALT

118
Havelland
Land der Trappen

132
Reinhardswald
Schatzhaus der
europäischen Wälder

150
Thüringer Wald
Grünes Herz
Deutschlands

164
Pfälzer Wald
Reich der Wildkatzen

178
Bayerischer Wald
Wölfe und Luchse
hautnah

194
Rhön
Birkwild in Moor
und Heide

208
Schwarzwald
Refugium für
Auer- und Haselwild

222
Bayerische Alpen
Wo der Prinzregent
auf Gamsen pirschte

Darß
Kiel
Rostock
Schwerin
Hamburg
Mecklenburgische Seenplatte
Neustrelitz
Lüneburg
Bremen
Göhrde
Lüneburger Heide
Uelzen
Schorfheide
Oranienburg
Berlin
Havelland
Celle
Potsdam
Hannover
Magdeburg
Spreewald
Goslar
Cottbus
Harz
Göttingen
Reinhardswald
Düsseldorf
Nordhausen
Kassel
Dresden
Eisenach
Erfurt
Thüringer Wald
Fulda
Rhön
Hof
Wiesbaden
Coburg
Mainz
Kaiserslautern
Saarbrücken
Pfälzer Wald
Cham
Nürnberg
Regensburg
Bayerischer Wald
Pforzheim
Stuttgart
Passau
Schwarzwald
München
Freiburg
Bayerische Alpen
Füssen

VORWORT

Jagd-Landschaften

Wer sich entscheidet, auf den Darß, in den Harz oder in die Alpen zu reisen – des starken Hirsches, des Muffelwildes oder des Gamsbockes wegen – kann mehr erleben als nur spannungsreiches, unmittelbares Jagen. Der Charakter der Landschaft ist es, der das jagdliche Erleben verfeinert. Das unvorhergesehene Suchen und Erwarten von Wild, das Nichtwissen, was kommt, verbindet sich mit dem Gefühl für die schöne Landschaft und schafft das »Einssein« mit der Natur, was sich in dieser Form nur dem Jäger erschließt.

Die Jagd-Landschaft hält für den Jagenden aber noch mehr bereit – die Begegnung mit der wechselvollen Geschichte. Und Geschichte der Landschaft ist immer auch Jagdgeschichte und Geschichte des Wildes. Begibt man sich auf Spurensuche, bekommt das Jagen seine tiefere Bedeutung: Darß – Rotwild – Raesfeld zum Beispiel oder Lüneburger Heide und Hermann Löns.

Das Buch will den Blick öffnen für Jagd-Landschaften, in denen »große und kleine« Jagdgeschichte geschrieben wurde, will neugierig machen, auf das, was war und bis heute fortwirkt, uns zum Nachdenken über unser jagdliches Tun anregen.

Dr. Hans-Dieter Willkomm
Chefredakteur »unsere Jagd«

Links: Übersichtskarte der beschriebenen Jagdlandschaften

Darß

Auf Raesfelds Spuren

Die Halbinsel Darß an der Küste Mecklenburg-Vorpommerns ist von einer wilden Schönheit, die ihresgleichen sucht. Keine andere deutsche Landschaft wechselt so häufig ihr Gesicht, nirgends liegen Wald und Steilküste, Dünen und Moore so nah beieinander. Rauher Wind treibt im Norden und Westen die Wellen der Ostsee an die weißen Sandstrände. Im Süden endet die Halbinsel, die nur durch die schmale Nehrung Fischland mit dem Festland verbunden ist, an der Darß-Zingster Boddenkette, jenen buchtenreichen, ruhigen Gewässern, die sich zwischen Land und Meer geschoben haben.

Koppelstrom, Saaler- und Bodstedter Bodden gehören zum wichtigsten Überwinterungsgebiet für Wasservögel im gesamten Ostseeraum. Ihr

Pfeifenten gehören zu den Durchzüglern auf dem Darß und sind an der Küste Wintergäste. Sie gründeln selten und nehmen stattdessen auf den Salzgraswiesen zwischen Boddenbinse, Strandwegerich und Rotschwingel Insekten und Pflanzenteile auf.

Die Brandente schätzt die sandigen Buchten der Halbinsel. Sie ist ein Höhlenbrüter und baut ihr Nest auch in Kaninchenbaue. Der Erpel ist bei den gleich gefärbten Enten am Höcker auf dem Schnabel zu erkennen.

schwach salziges Brackwasser dient Tausenden von Enten und Gänsen als Rast- und Ruheplatz. Im Juli sammeln sich Graugänse zum Weiterzug und nur zwei Monate darauf kehren schon Bläss- und Saatgänse auf die Boddengewässer zurück. Ihr schnattern wird übertönt vom Trompetenschrei des Grauen Kranichs, wenn Zehntausende der großen Vögel im Herbst auf ihrem Zug an der Küste Station machen.

Bis Ende des 19. Jahrhunderts der Zugang geschlossen wurde, waren Bodden und Meer durch den Prerow-Strom verbunden, der im Osten den Darß von der benachbarten Halbinsel Zingst trennt. An seinen schilfgesäumten Ufern liegen ausgedehnte Salzgraswiesen, die durch jahrhundertelange Beweidung entstanden sind. Das eiweißreiche Gras, die Pflanzen und Insekten machen sie zu begehrten Brut- und Futterplätzen. Gänse und Enten weiden das ganze Jahr über auf dem Salzgrasland, wo Alpenstrandläufer und Uferschnepfe ihre Gelege verstecken. Auf dem Darß brüten 130 Vogelarten.

Mit ihrem langen Schnabel stochern Uferschnepfen im Schlamm nach Würmern, Krebsen und Laich. Sie brüten regelmäßig auf den feuchten Salzwiesen der Boddeninsel Kirr, einem Refugium für Watvögel.

DARSS – AUF RAESFELDS SPUREN

Die Kiefer war lange der wichtigste Harzlieferant. Mit einem speziellen Hobel zog man Rillen in den Stamm und sammelte das austretende Harz in Töpfen. Aus dem Rohbalsam wurde Kolophonium und Terpentinöl für die Industrie gewonnen.

Zwischen Prerow und dem Leuchtturm am Darßer Ort stehen hundertjährige Kiefern. Alle Kiefernsaaten im Darßwald erfolgten seit dem 19. Jahrhundert nach dem speziellen Gelbensander Sanddeckverfahren.

Die meiste Fläche der Halbinsel, rund 5 000 Hektar, bedeckt der Darßwald. Er ist das größte geschlossene Waldgebiet an der deutschen Küste und besteht aus unterschiedlichen Landschaftsteilen. Der Altdarß, ein eiszeitlich geformter Inselkern, ist der Älteste. Er trägt auf seinem Heidesandboden heute einen fast einförmigen Kiefernforst. Viele Bäume zeigen in ihrer Rinde noch die fischgrätartigen Narben jahrzehntelanger Harzgewinnung. Zwischen den Stämmen steht hoch und dicht Adlerfarn und bietet dem Wild gute Deckung. Vereinzelt sind Buchen eingesprengt. Das kräftige Grün ihrer Blätter scheint im Frühjahr unter dem Schirm der Kiefern zu leuchten. Wacholderbüsche säumen Wanderwege, die den Darß auf einer Länge von 80 Kilometern durchziehen.

Den Übergang zum jüngeren Neudarß bildet das ehemalige Meeresufer. Wo noch vor 3 000 Jahren die Wellen der Ostsee brandeten, befindet sich heute mitten im Wald ein meterhohes, mit mächtigen Buchen bewachsenes Kliff. Dahinter beginnt der Neudarß, der sich aus angeschwemmten Sandmassen gebildet hat, die sich nach Norden hin zum Meer ziehen. Seine Struktur besteht aus Strandwällen, Reffe genannt, und vermoorten Strandseen, den Riegen, die sich über hundert mal abwechseln, ehe sie die Küste erreichen.

Auf dem Dünensand der Reffe stehen Kiefern und bizarr geformte Reste der Buchenbestände, die einst den Darßer Urwald bildeten. Die Erlenbrüche der Riegen verleihen dem Wald etwas urtümliches. Efeuumrankte Stämme ragen aus schwarzem Sumpfwasser, spiegeln sich in der dunklen Oberfläche, die von buschigen Grasbülten durchbrochen wird. An den Rändern der Moore blüht zartlila die Wasserfeder und gelb die Schwertlilie. Das atlantische Klima und die hohe Luftfeuchtigkeit lassen nicht nur die Pflanzen üppig gedeihen, sondern auch unzählige Mücken, die im Sommer zur Plage werden.

Hege mit der Büchse

Im Neudarß liegt die große Waldwiese Buchhorster Maase. Drei Kilometer lang, fast tausend Meter breit, wird sie jeden Herbst zum zentralen Brunftplatz des Rotwildes, der Hauptwildart auf dem Darß.

Mit dem Darßwald und dem Rotwild ist der Name Ferdinand Freiherr von Raesfeld (1855–1929) untrennbar verbunden. Der studierte Forstwissenschaftler aus Westfalen übernahm 1891 die Revierverwaltung der

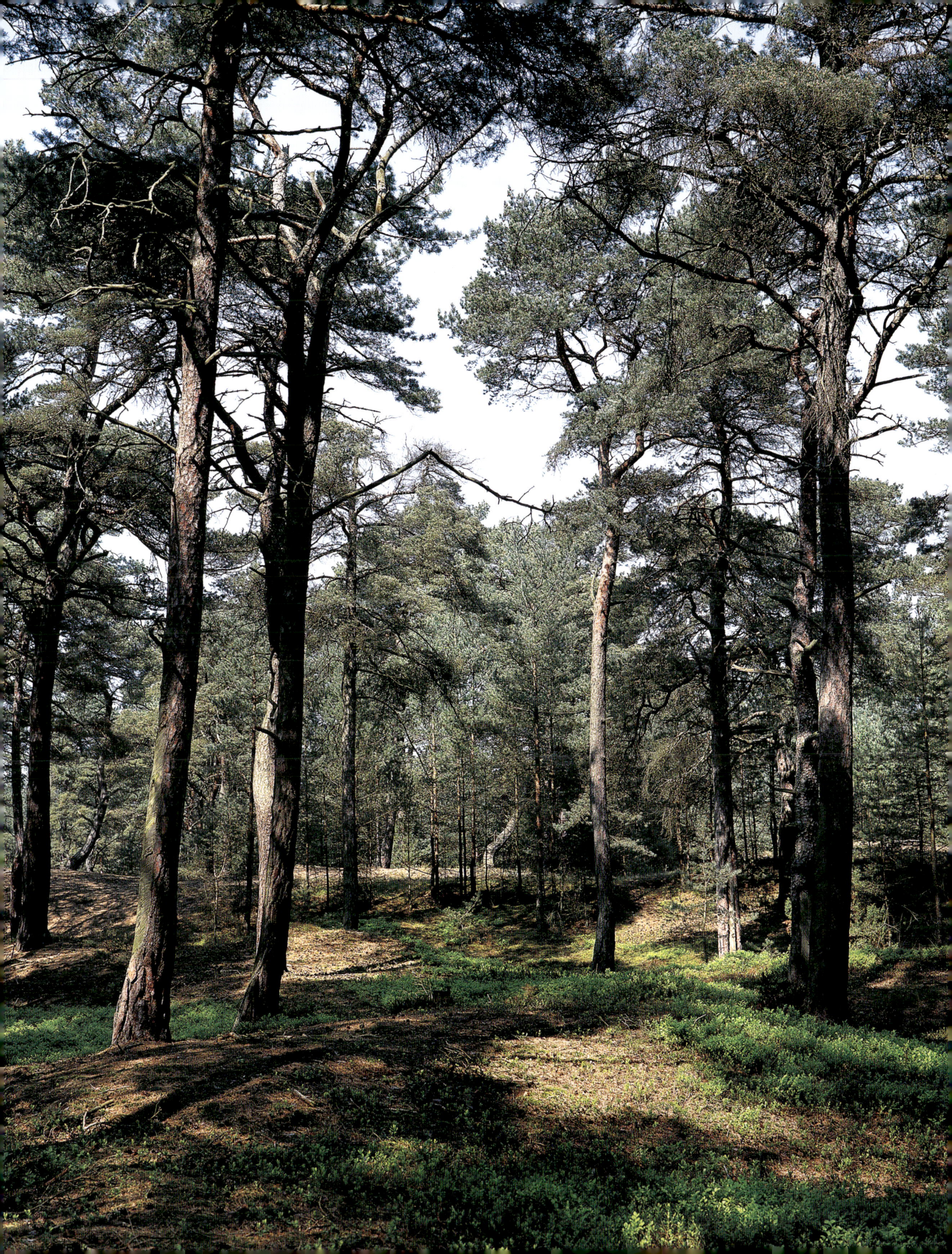

Auf dem Neudarß steht das Wasser zwischen den Erlen. In dem unbegehbaren Bruchwald brüten vereinzelt auch Kraniche.

Oberförsterei Darß. Raesfeld gilt als Begründer der »Hege mit der Büchse« und prägt in seiner 22jährigen Dienstzeit Wald und Wild nachhaltig. Die außergewöhnliche geographische Lage der Halbinsel bot ihm die Voraussetzung, seine aufgestellten Hegeprinzipien, die kurzgefasst lauten – »dem Wild Ruhe gönnen, die Bestandshöhe auf ein waldverträgliches Maß halten und das Wild alt werden lassen« – in der Praxis zu erproben und langfristig zu kontrollieren. Denn der Darß, von Wasser umgeben, gleicht einem Gatterrevier, nur ohne Zäune.

Durch großflächige Aufforstung von Blößen schuf Raesfeld Tageseinstände und Deckung für das Rotwild. Von seinem Vorgänger angelegte Wanderwege ließ er kurzerhand zurückbauen und lenkte den Wirtschaftsverkehr zwischen den Darßortschaften vom Brunftplatz weg über eine neue Waldstraße. Mittels Wahlabschuss gelang es ihm über die Jahre starke Hirsche zu hegen. Seine Erfahrungen fanden ihren Niederschlag in den Büchern »Das Rotwild (1899)«, »Das Rehwild (1906)« und »Das deutsche Waidwerk (1913)«, die Raesfeld im Forsthaus Born verfasste. Diese Standardwerke der Jagdliteratur wären wohl ohne den Darß nicht entstanden.

Raesfelds oberster Jagdherr, Kaiser Wilhelm II., zog die Hofjagdreviere vor und überließ das Revier an der See 1903 seinem Sohn Eitel Friedrich. Der Kronprinz zeigte leider wenig Verständnis für Raesfelds Hegebestrebungen. Ein übermäßiger Abschuss alter Hirsche durch Prinz Eitel-Friedrich führte schließlich zum Zerwürfnis mit dem verdienten Forstmeister und zu dessen frühzeitiger Pensionierung. Raesfeld ging 1913 in den Ruhestand und verstarb 1929 in Bayern. Sein letzter Wunsch, doch im geliebten Darßwald zur Ruhe gebettet zu werden, erfüllte sich erst ein Jahr nach seinem Tod. Mit Unterstützung des Allgemeinen Deutschen Jagdschutzvereins wurden Reasfelds Gebeine auf den Darß überführt und ruhen in einer Grabstätte im Jagen 120.

Die Erinnerung an den »Altmeister des deutschen Weidwerks« hält das Forst- und Jagdmuseum »Ferdinand von Raesfeld« wach. Es wurde 1996 in einem Nebengebäude der alten Försterei in Born eingerichtet. Dokumente, Fotografien, Karten, eine Literatursammlung und Ausrüstungsgegenstände vermitteln einen Eindruck des wechselvollen historischen Jagdgeschehens. Die Trophäen und das einmalige Ganzkörperpräparat zweier verkämpfter Hirsche zeugen von der Stärke des Darßer Rotwildes.

Nach Raesfeld haben andere ihre Spuren auf der Halbinsel hinterlassen. Franz Müller, Forstamtsleiter von 1923–1945, bemühte sich aus dem Darß ein Naturschutzgebiet zu machen und setzte ihm mit seinen Lebenserinnerungen ein literarisches Denkmal. Oder Hermann Göring, der als nationalsozialistischer Reichsjägermeister die Wildbahn an der Ostseeküste 1934 zum Staatsjagdgebiet erklärte. Göring besaß einen ausgeprägten Sinn für das Pompöse und ließ sich am Darßer Weststrand sein Jagdhaus errichten, einen rohrgedeckten, hölzernen Jagdpalast mit 15 Meter hohem Turm und Löwenzwinger. Dort weilte er bei seinen Jagdvisiten jährlich mehrere Wochen. Zur Bereicherung der Fauna und damit natürlich seiner

Gedenkplatte am Grabstein des verdienten Forstmeisters Ferdinand von Raesfeld. Er begründete die Hege mit der Büchse.

DARSS – AUF RAESFELDS SPUREN

Das Darßer Rotwild zog schon Pommernherzöge und Schwedenkönige zur Jagd auf die Halbinsel. Für frisches Blut sorgt Wild vom Festland, das die Bodden durchschwimmt.

Jagdmöglichkeiten hatte Göring Muffelwild und Elche aussetzen lassen. Für beide Wildarten erwies sich der Darß als ungeeignet. Das Muffelwild erkrankte an Moderhinke, den Elchen war die Fläche zu klein. Viele Elche gingen auch in den feuchten Gebieten am Leberegel zugrunde.

Sogar Wisente wurden in den Wald entlassen. Zur Blutauffrischung für das Rotwild ließ Göring Hirsche aus Ostpreußen auf den Darß verbringen. Einige Nachfahren der Rominter Hirsche sind noch heute an der typischen Becherkrone im Geweih zu erkennen. Der verlorene Zweite Weltkrieg bedeutete das Ende der Göring'schen Jagdvergnügungen und rückte auch den Naturschutzgedanken in weite Ferne.

Schwieriger Naturschutz

Erst 1957 wurden in der DDR der Westdarß und der Darßer Ort als Naturschutzgebiet ausgewiesen, vier Jahre später das Ahrenshooper Holz, ein Hochwald aus Buchen und Eichen, zum Totalreservat erklärt. Dort existiert das größte Vorkommen von Ilex auf dem europäischen Festland. Doch Naturschutz und Naturfrevel lagen eng beieinander. Zur gleichen Zeit begann die Rodung und Urbarmachung großer Flächen um den Vordarß herum, einem breiten, gut 4 000 Jahre alten Versumpfungsmoor, das sich im Westen an den Altdarß anschließt. Deiche und Entwässerungsgräben wurden gebaut und veränderten den Wasserhaushalt der Halbinsel. Wacholder, Birken, Kiefern und Heide wichen der Grünfuttererzeugung für die industrielle Rinderproduktion, die mit fast zwanzigtausend Tieren auf dem Darß Einzug gehalten hatte. Über Jahre verschmutzten Kunstdünger und Gülle den Boden. In der empfindlichen Küstenregion am Darßer Ort legte die Volksmarine einen Hafen an und baute Bungalows und Plattenstraßen in den Dünenküstenwald.

Die »Verfügung über die Bewirtschaftung von Staatsjagdgebieten« deklarierte 1964 den Darß erneut zur Staatsjagd, nun für die DDR-Politprominenz und ihre Gäste. Im Darßwald, bei Born, entstand 1972 ein neues, repräsentatives Gebäude als Oberförsterei und Gästehaus. Anfang der 1980er Jahre wurde direkt am Brunftplatz ein Jagdhaus gebaut. Um den angereisten Schützen eine Trophäe zu garantieren, hielt man Rotwild in stark überhöhten Beständen, so dass zur Brunftzeit 100 Stück auf der Buchhorster Maase keine Ausnahme waren. Nur durch massive Ablenkfütterung konnte Schaden vom Wald ferngehalten werden. Bis 1989 existierte auch ein Damwildgatter, das zugleich als Jagdgatter herhielt.

Mit der politischen Wende wurde der Darßwald 1990 Teil des neugegründeten Nationalparks Vorpommersche Boddenlandschaft. Seitdem wird er nach jahrhundertelanger forstlicher Nutzung in einen naturnahen Wald verwandelt. Dies geschieht schrittweise und in unterschiedlicher Intensität. In der Kernzone des Waldes finden nur noch wenig menschliche Eingriffe statt, der Wald ist mehr und mehr den natürlichen Entwicklungsprozessen überlassen. Totholz bleibt liegen, und in Zeiten der Holzwirtschaft unerwünschtes »Forstunkraut«, wie die Birke, kann ungehindert gedeihen. Andererseits werden »fremde« Hölzer, wie die bläuliche Sitkafichte, langfristig wieder aus dem Wald entfernt. Mit der Sitkafichte waren nach den schweren Orkanen 1967/68 zerstörte Flächen aufgeforstet worden. In den anderen Zonen findet noch eine forstliche

DARSS – AUF RAESFELDS SPUREN

Uferschwalben haben hinter Ahrenshoop ihre fast ein Meter tiefen Brutröhren in die Steilküste gegraben. Schon Ende Juli verlassen sie die Küste und fliegen in die afrikanischen Winterquartiere.

Der Weststrand ist ein Kampfplatz, wo Meer und Wald miteinander um jeden Zentimeter Boden ringen.

Bewirtschaftung statt. Der alles überschattende Farn wird gemäht und Buchen zwischen die Kiefern gepflanzt, die mit 45 Prozent den größten Anteil am Wald haben.

Seit der Auflösung des Forstamtes Born im Jahre 1996 ist das Nationalparkamt für die forstlichen und jagdlichen Belange zuständig. Mit Ausnahme der Kernzone werden auch im Nationalpark die Schalenwildbestände durch Jagd reguliert. Neben dem Rotwild, dessen Bestand schon kurz nach dem Ende des sozialistischen Jagdbetriebes auf die Hälfte reduziert worden war, lebt auf dem Darß auch Reh- und Schwarzwild. Die großen Gästejagden gehören allerdings der Vergangenheit an. Wenn im Herbst das Röhren der Hirsche kilometerweit durch den Wald dringt, sind es heute vor allem Touristen, die das Naturschauspiel in seinen Bann zieht. Das Nationalparkamt veranstaltet dann Führungen zur Buchhorster Maase, wo die Rotwildbrunft von einer Aussichtsplattform verfolgt werden kann.

Naturkräfte als Landschaftsgestalter

Heute lebt der Darß überwiegend vom Fremdenverkehr. Nach dem Niedergang der Segelschiffahrt um 1900 hat sich der Ort Prerow zu einem beliebten Seebad entwickelt, in Ahrenshoop entstand eine Künstlerkolonie. Auch in die ehemaligen Fischerdörfer Wieck und Born am Bodden kommen schon lange Urlaubsgäste. Mit ihren rohrgedeckten alten Häusern und den kleinen Häfen haben sich die Dörfer etwas idyllisches bewahrt, so wie die Landschaft etwas Ursprüngliches.

Erholungssuchende können noch ohne Touristenrummel die kilometerlangen, weißen Sandstrände genießen, wo mit dem Seetang immer wieder kleine Bernsteinstücke an Land geschwemmt werden. Auf den Waldwegen zum Weststrand ist lange bevor sich die

Ortsansässige Jäger und die Nationalparkverwaltung kümmern sich als Hegegemeinschaft gemeinsam um den Wildbestand auf dem Darß.

DARSS – AUF RAESFELDS SPUREN

Stämme lichten schon das Tosen der See zu hören. Abrupt endet der Wald am Meer und gibt den Blick frei auf das Wasser und die wilde Küstenlandschaft. Der Weststrand gehört den Naturgewalten, die zerklüftete Dünen, entwurzelte Bäume, zerzaustes Buschwerk und die »Windflüchter« hinterlassen, Bäume, die sich durch den starken Westwind landeinwärts richten. Stetig trägt die See Land ab, bricht Sturmhochwasser im Herbst und Winter meterbreite Stücke aus dem niedrigen Steilufer, reißt die Strömung Sand und Kies mit sich fort. Auf diese Weise verschwindet mit der Zeit auch ein Stück Jagdgeschichte: nach und nach holt sich die Ostsee, begleitet vom Geschrei der Möwen, die Reste von Görings Jagdhaus.

Rohrgedeckte Häuser mit buntgestrichenen Türen und Fensterläden bestimmen vielerorts noch das Bild der Boddendörfer.

Was das Meer am Weststrand abträgt, wandert parallel zum Ufer nach Norden und wird mit nachlassender Strömung am Darßer Ort wieder angelagert. Dort befindet sich das größte Landwerdungsgebiet Europas, jährlich wächst es bis zu zehn Meter ins Meer hinaus. Ist das Neuland zur Ruhe gekommen, erobern sich erste Pflanzen den Sand. Salzmiere, Spießmelde und Meersenf sind in der Lage, dem stark salzhaltigen Boden Wasser zu entnehmen. Auf den Weißdünen, unmittelbar am Strand, siedeln sich Strandhafer und Strandroggen an, landeinwärts folgen mit Flechten und Trockenrasen bewachsene Graudünen. Auf noch kahle Stellen setzt sich die Sandsegge, und wenn erste Zwergsträucher wie Krähenbeere und Heidekraut erscheinen, wird die Düne zur Braundüne,

Dünen, endlose Sandstrände und dichter Wald – das Wechselspiel der Landschaft auf dem Darß ist faszinierend.

auf der später kleine Kiefern zu keimen beginnen. Nach Jahrzehnten steht dann auf dem nährstoffarmen Sandboden ein natürlich gewachsener Dünenkiefernwald.

Ein Bohlenweg führt durch die weitläufige Dünenheide am Darßer Ort, vorbei an eingeschlossenen Strandseen. Libbert-See, Fukarek-See und Otto-See werden gerne von Wasservögeln als Brutgebiet angenommen. Der Gänsesäger baut im Röhrichtgürtel sein Nest aus Pflanzenresten und Daunen und in den schütteren Schilfbeständen brütet der Wachtelkönig. Mit wenigen Paaren gehört auch der Seeadler zu den Brutvögeln der vorpommerschen Küste. Manchmal gelingt es, den mächtigen Greif bei der Jagd auf Wasservögel zu beobachten. Und vom alten Leuchtfeuer am Darßer Ort aus kann der Blick, dem Adler gleich, über das ungewöhnliche Revier an der Ostsee schweifen.

Gleitet sein großer Schatten über den weißen Strand, gerät das Wassergeflügel in Panik. Der Seeadler kann Vögel von der Größe eines Schwans schlagen.

Sauhatz auf dem Darß

Auf und ab durch Kieferndickung und Bestände wechselnden Alters führte das Treiben zu den Seenpartien zwischen den Riffen und Kliffen am Leuchtturm; an der einen Seite lag – in ganzer Länge – die See als Grenze. Aber ich wusste wohl, dass beide, Rotwild und Sauen, gern auf die Düne gingen und, falls nötig, das Meer anfielen. In diesen Abschnitt der Jagd fiel auch ein Teil der wildesten, urwaldähnlichsten und schönsten Darßlandschaften: dreihundertjährige Kiefern mit Fischadlerhorsten in den zerzausten Kronen, und ich hatte für alle Fälle für einen Schützen einen Flankenstand auf der Düne vorgesehen.

Aber Feicht, mein dicker Freund aus Stralsund, wetterte: »Wenn hier die Sauen kommen, freß' ich sie mitsamt den Borsten.« »Gut«, sagte ich, »ein Mann ein Wort. Nehmen Sie den Stand und wir werden sehen.«

Und dann, die Schützen eingewiesen, die Treiber angesetzt und die Finder geschnallt, begann wieder die Jagd, das Unruhemachen und leise Stöbern, das halblaute Abklopfen von Baum und Busch – ein Buchenstamm bei starkem Frost klingt hell wie Erz! – und der Spurlaut der Hunde, sobald sie auf frische Fährte stoßen und sich dann geradezu daran festsaugen. Dann der erste scharfe Knall – landeinwärts – und gleich darauf an der Seeflanke eine rasche Folge hell peitschender Schläge, die anzeigt, dass es so kommt, wie vorausgesagt: das Wild nimmt die Flanke an und sucht das Meer.

Das Treiben ist nun wieder in vollem Gange. Ringsum schießt es; ich versuche mitzuzählen, komme bis nahe vierzig und wundere mich: das ist sehr viel für ein Hochwildtreiben.

Freund Feicht steht indessen auf seinem Dünenstand, schussneidisch, wie er selbst zugibt, und wütend, als plötzlich vor ihm eine Rotte Sauen, schwarz wie der Satan auf dem funkelnden Neuschnee, aus Dornbusch und Dickung herausfährt und in voller Fahrt in einer Wolke aufstiebender Schneekristalle über den Dünenhang und den Strand braust, daß das dürre, hohlliegende Eis klirrend birst und splittert. Die Sauen nehmen das Meer an!

Und ehe Freund Feicht noch recht begreift, was er gesehen, schwimmen sie schon vor seinen Augen – »rinnen« sagt der Weidmann – etwa hundert Meter hinaus, biegen dann südwärts und versuchen offensichtlich, ihn – oder die Wittrung, die sie von ihm bekommen haben, zu umschlagen, um dann wieder an Land zu gehen.

Und nun rennt und keucht er, Feicht, behindert durch den Schnee und den Harsch und das allenthalben liegende dünne, einbrechende Eis die paar hundert Meter vor, die er braucht, um einen günstigen Stand und eine Deckung zu gewinnen, kommt auch noch rechtzeitig und schießt eine einwandfreie Doublette und gleich danach noch ein drittes Stück.

»Nun?« frage ich, als er mir berichtet, »wie ist es mit den Borsten?«
Er lachte, bedachte sich ein Weilchen und erwiderte: »Was meinen Sie, wenn wir jeden dieser drei Schwarzkittel mit einem Fässchen Stralsunder Bockbier ablösten?«
»Wenn die anderen Herren derselben Ansicht sind ...?«
Sie waren es, und das »Borstenbier« verhalf uns zu einem rauschenden Fest.

Franz Müller-Darß, um 1925

Lüneburger Heide

Wo Hermann Löns jagte

»Vier hohe Zeiten hat die Heide; vier mal im Jahre blüht sie. Wenn der Birkhahn balzt, zieht sie ihr Frühlingskleid aus jungem Birkengrün mit silbernem Wollgrasbesatz an. Naht der Herbst heran, dann trägt sie ihr rosaseidenes Schleppgewand. Im Winter kleidet sie sich in ein weißes Ballkleid, das ihr der Raureif webt. Ihr herrlichstes Kleid aber schenkt ihr der Spätherbst. Es ist das Kleid, in dem ich sie am liebsten mag.«

Hermann Löns schrieb diese Zeilen. Der Schriftsteller und Jäger, eigentlich in Westpreußen geboren und aufgewachsen, fühlte sich zeitlebens mit der Lüneburger Heide verbunden. Die Melancholie der spröden niedersächsischen Landschaft schien mit seinem Wesen zu korrespondieren.

LÜNEBURGER HEIDE – WO HERMANN LÖNS JAGTE

In der Weite und Einsamkeit der Heide fand er die Motive für seine Tiergeschichten, erlebte, was seine Jagderzählungen so lebendig macht. Die alten Heidehöfe gaben die Kulisse seiner Bauernromane, in Liedern und Gedichten malte er ein lyrisches Bild der Natur. Hermann Löns, der vielen als »Heidedichter« im Gedächtnis geblieben ist, hat wie kein Zweiter durch sein Werk das Land zwischen Elbe und Aller bekannt gemacht.

Die Lüneburger Heide ist eine sehr alte Kulturlandschaft. Durch Holznutzung und Viehweide waren schon in der Bronzezeit erste große Freiflächen entstanden, auf denen sich nach und nach Zwergstrauchheiden angesiedelt haben. Doch nicht das Heidekraut gab der Landschaft ihren Namen. Heide bezeichnete ursprünglich eine Fläche, die in ähnlicher Weise bewirtschaftet wurde. Später ging der Name auf den Landstrich samt seiner Dörfer und Wälder über. Im 16. Jahrhundert ist die Lüneburger Heide

Heidschnucken sorgen heute für den Erhalt der typischen Heidelandschaft. Die weidenden Schafe verhindern die Verbuschung der großen Offenflächen.

erstmals auf einer Karte eingezeichnet, allerdings haben sich ihre Grenzen im Lauf der Zeit mehrmals verschoben. Heute wird darunter der Raum vom Urstromtal der Elbe im Norden bis zur Aller im Süden, vom Drawehn im Osten bis zur Niederung der Wümme im Westen verstanden.

Lange galt die Region als ärmlich. Die Bauern rangen der Heide das Ackerland durch Plaggen mühselig ab. Dabei wurden die Heidesträucher samt ihrer Wurzeln mit einer Hacke ausgehauen, getrocknet, als Einstreu in die Ställe verteilt und später als Mist wieder auf dem Feld ausgebracht. Für einen Hektar Acker musste ein vielfaches an Heidefläche abtragen werden. Auf den trockenen Böden wurde Roggen und vor allem Buchweizen angebaut.

Der Schriftsteller Hermann Löns (1866–1914). Ein leidenschaftlicher Jäger und Naturschützer, der das Weidwerk in der Lüneburger Heide liebte.

Jahrhunderte hindurch war Schafhaltung die Haupteinnahmequelle der Heidebauern. Die gehörnten Heidschnucken, Verwandte des Mufflons und eine der kleinsten deutschen Schafrassen, gaben sich mit dem kargen Nahrungsangebot zufrieden. Die genügsamen Schafe mit dem schwarzem Kopf und dem derben grauen Fell lieferten ihren Besitzern Wolle, Fleisch, Leder und Dünger und hielten die Heide für den zweiten bäuerlichen Erwerbszweig offen, die Imkerei.

Wenn die Heide blühte, wurde sie zum »Honigbaum« und das Summen von Bienenvölkern erfüllte die Luft. Der Heidehonig wird weit über Landesgrenzen hinweg geschätzt. Noch heute kommen Wanderimker mit ihren Bienenwagen angereist und bringen Tausende von Völkern zur Weide. Obwohl die Bienenkörbe längst aus wetterunempfindlichem Kunststoff bestehen, sind die hölzernen Bienenzäune mit dem rohrgedeckten Schutzdach in der Landschaft verblieben, um das romantische Bild der Heide zu erhalten.

Bedrohte Heide

Der Fortschritt zwang im 19. Jahrhundert die Heidebauern ihre althergebrachte Wirtschaftsweise aufzugeben. Zuckergewinnung aus Rüben verdrängte den teureren Honig als Süßungsmittel und aus Übersee schwemmte importierte Wolle ins Land, die billiger und noch dazu von besserer

LÜNEBURGER HEIDE

Naturgewordene Einsamkeit im Totengrund. Das Tal bei Wilsede wurde 1906 vor einer Bebauung bewahrt und zum Ausgangspunkt des Naturschutzparks.

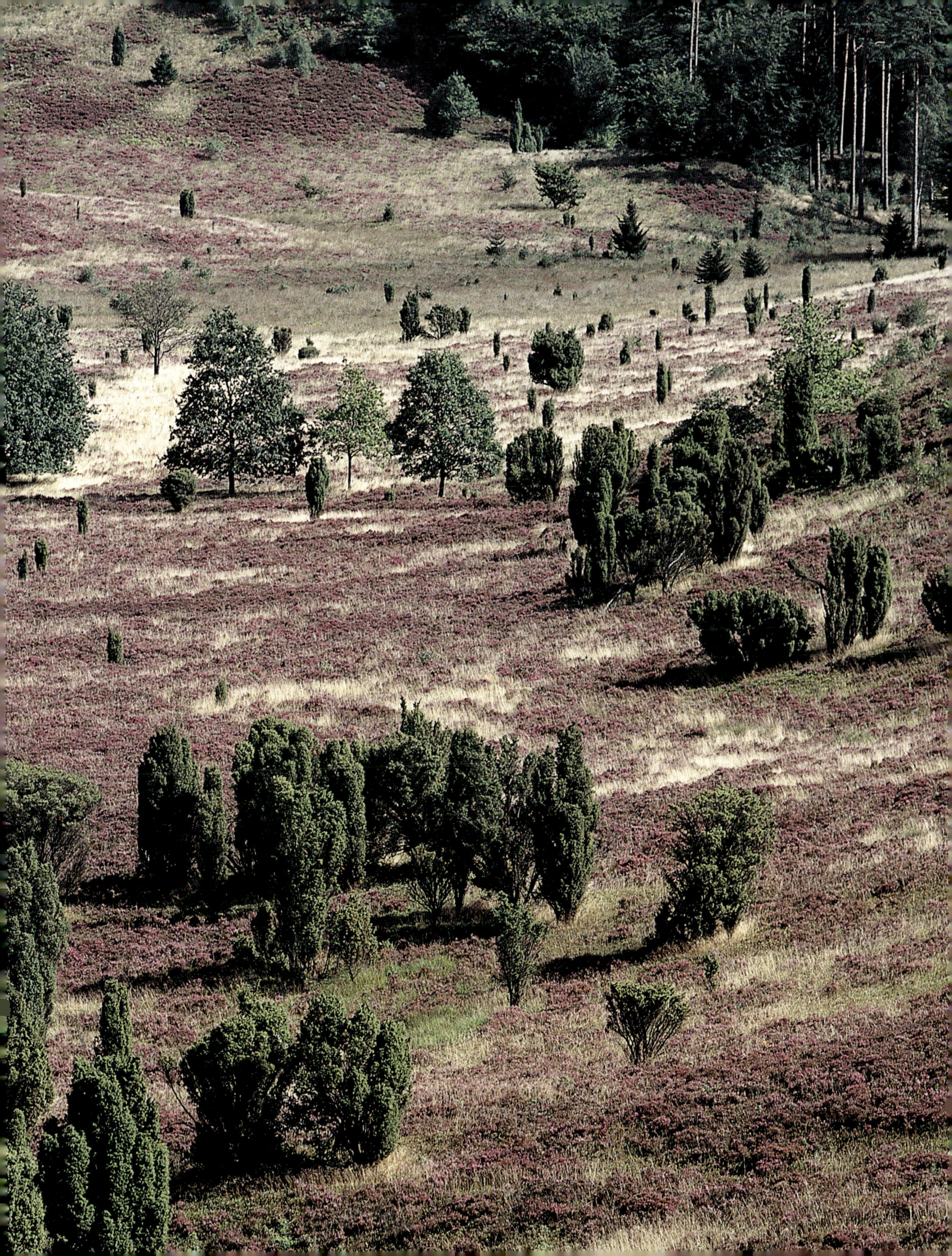

LÜNEBURGER HEIDE – WO HERMANN LÖNS JAGTE

Rechte Seite: Ein Baumfalke versogt seine Brut mit Atzung. Wenige Paare dieses schnellsten Greifvogels brüten in der Lüneburger Heide. Beim rasanten Jagdflug auf Kleinvögel, die er in der Luft schlägt, erreicht er eine Geschwindigkeit von 200 Stundenkilometer.

Qualität war als die harte Wolle der Heidschnucken. Viele Bauern trennten sich von ihren Schafherden und die Heide veränderte zusehends ihre Gestalt. Wo keine Beweidung mehr stattfand, begann Gras die niedrigen Sträucher zu überwuchern. Andernorts erfolgte eine großflächige Aufforstung der Heideflächen mit Kiefer und Fichte oder mit Hilfe des neuerfundenen Kunstdüngers die Umwandlung in Ackerland. Zur selben Zeit als die historische Lüneburger Heide schrumpfte, priesen Maler und Dichter die herbe Schönheit der Landschaft und die Pracht der Heideblüte. Sie weckten ein breites Interesse. Wenn die Heide im Sommer sechs Wochen in Rot-Blau- und Violett-Tönen leuchtete, zog es Scharen von Besuchern in den bisher verschmähten Landstrich.

»Die Haide kam in Mode, es regnete Menschen, es hagelte Volk« bemerkte Hermann Löns verächtlich. »Radler und Fußwanderer, die wochenlang die Heide überschwemmten, das blühende Heidekraut abrupften und als Ersatz Zeitungspapier, Eierschalen und Flaschenscherben hinterließen.« Der überzeugte Naturschützer Löns verurteilte solch ein Verhalten scharf, das leider immer noch viele »Erholungssuchende« an den Tag legen. Nur dem Einsatz von Naturschützern ist es zu verdanken, das noch Reste der einst riesigen Heideflächen vorhanden sind. Pastor Wilhelm Bode aus dem Heidedorf Egestorf kämpfte gegen die Zerstörung der historisch gewachsenen Landschaft. Mit Hilfe von Spendenmitteln gelang es ihm 1906 ein besonders schönes Tal mit Wacholderhängen, den Totengrund, zu erwerben und dessen Bebauung zu verhindern. Naturschutz war in dieser Zeit auf private Initiativen angewiesen. Bode trat auch in Kontakt mit dem Verein Naturschutzpark, der sich 1909 in Süddeutschland mit dem Ziel gegründet hatte, in Deutschland großflächige Naturreservate einzurichten. Der Verein engagierte sich in der Lüneburger Heide und kaufte 1910 einen Hof in Wilsede mit dem dazugehörigen Wilseder Berg. In den Folgejahren wurden weitere Gebäude und Flächen angekauft.
1921 kam es schließlich zur Gründung des 20 Quadratkilometer großen Naturschutzparks Lüneburger Heide, der 1993 um gut drei Quadratkilometer ehemals militärisch genutzter Flächen ergänzt wurde. Die als Panzerübungsgelände verwüstete Heidelandschaft ist inzwischen renaturiert. Im Naturschutzpark, der sich in der Ausdehnung fast mit dem heutigen Naturschutzgebiet Lüneburger Heide deckt, breitet sich auf über 5 000 Hektar die größte zusammenhängende Heidelandschaft Mitteleuropas aus.

Das typische Heidebild zeigt weite, offene Flächen die mit Calluna, der Besenheide und verstreuten Wacholdergruppen bewachsen sind. Der immergrüne Wacholderstrauch ist wegen seiner spitzen Nadeln vor den Zähnen der Schafe sicher und wächst sich zu mächtiger Gestalt aus.

LÜNEBURGER HEIDE – WO HERMANN LÖNS JAGTE

LÜNEBURGER HEIDE – WO HERMANN LÖNS JAGTE

Die Heidelerche ist in Löns' Erzählungen die Dullerche. Sie trägt ihren »seelenvollen« Gesang, der zu den schönsten Vogelliedern zählt, im Flug vor.

Rechte Seite unten: »Den Hasen und das Huhn, sie zu erlegen, mir liegt nichts daran; gelangweilt hat mich stets die Jagd darauf; aber der Bock und alles Raubzeug, das ist die Jagd.« (Löns)

Im Naturschutzgebiet gibt es Exemplare des Machangelbaums, wie der Wacholder auch genannt wird, die mehrere hundert Jahre alt sind. Seine blauschwarzen Beeren sind im Winter Nahrung der Wacholderdrosseln. Große Wacholderhaine liegen am Südost- und Nordhang des Wilseder Berges, mit 169 m der höchste in der Lüneburger Heide und Zentrum des Naturparks. Mit wechselnder Bodenbeschaffenheit ändert sich auch der Heidebewuchs. An manchen Stellen wachsen gelbblühende Ginsterbüsche, südlich von Wilsede, bei Haverbeck, gibt es den seltenen Sandtrockenrasen, den im Frühjahr das blaue Bergsandglöckchen, der weiße Augentrost und das zitronengelbe Habichtskraut bunt färben. An feuchteren, lehmigen Standorten löst Glockenheide, allgemein als Erica bekannt, die Besenheide ab. Sie beginnt schon im Juli zu blühen.

Die Heidepflege versehen im Naturschutzgebiet traditionell Heidschnucken. Der Schäfer in seiner Tracht und die Herde mit Hunderten von weidenden Muttertieren erscheinen wie ein Gruß aus der Vergangenheit. Lukrativ ist die Haltung der Heidschnucken, deren Fleisch eine regionale Delikatesse ist, auch heute nicht.

Wenn an einigen Stellen länger keine Weide stattgefunden hat, kommt es häufig zur Verbuschung. Um die Heide zu erhalten, muss sie dann entkusselt, das heißt die Gehölze wieder entfernt werden. Auch bei der Verjüngung braucht sie Unterstützung. Früher half das Plaggen der Bauern dabei. Nach dem Entfernen der Pflanzen bildeten sich lose Sandflächen, die zunächst von Silbergras, Sauerampfer und Sandsegge besiedelt wurden, die den Boden für die neuen Heidesträucher vorbereiteten. Heute wird die Heide gemäht und das Plaggen im Naturschutzgebiet maschinell nachgeahmt. So kann auch das Vergrasen mit der Drahtschmiele unterbunden werden. Zur Regeneration der Heide kommt auch die alte Methode des Abbrennens noch zur Anwendung.

Ein Zeichen von Überalterung der Heide ist der Befall mit dem Heideblattkäfer der die Blätter anfrisst. Tritt er in Massen auf bei gleichzeitiger Trockenheit, färbt sich die Heide braun und bildet keine Blüten mehr. Im darauffolgenden Jahr bedecken dann graue, abgestorbene Pflanzen weite Flächen. Ein unerwünschter Anblick, denn es ist der endlose lila Teppich aus blühender Heide, der alljährlich Hunderttausende von Besuchern anlockt.

Zu Fuß, per Fahrrad oder mit der Pferdekutsche können sie sich im Naturschutzgebiet fortbewegen, Autoverkehr ist nur auf wenigen Straßen gestattet. 700 Kilometer Wander- und 300 Kilometer Reitwege führen durch Heidelandschaft und zu alten Bauerndörfern mit liebevoll restau-

LÜNEBURGER HEIDE – WO HERMANN LÖNS JAGTE

Am Bachlauf der Oertze im Naturpark Südheide ist der Großer Brachvogel zu beobachten. Besonders augenfällig ist an diesem Schnepfenvogel sein 15 cm langer, gekrümmter Stecher.

LÜNEBURGER HEIDE – WO HERMANN LÖNS JAGTE

Der natürliche Feind des Wildkaninchens als gezähmter Jagdhelfer: Das Frettchen. Es kriecht in den Bau und bringt das Kanin zum Springen. Den wendigen »Sandhasen« dann zu erlegen erfordert einen versierten Flintenschützen.

Wildkaninchen leben gesellig in großen Kolonien. Sie graben ihre Baue in den lockeren Heidesandboden, wo sie relativ sicher vor Feinden sind.

rierten Höfen. Man trifft auf das niedersächsische Bauernhaus mit Fachwerk und strohgedecktem Dach. Immer noch werden die Firste der Reetdächer mit Reisern der Vogelbeere befestigt, Windbretter mit Pferdeköpfen schmücken sie. Im Naturschutzgebiet sind viele Höfe Baudenkmäler und nur noch wenige landwirtschaftliche Betriebe. Die Heidebauern haben sich stark dem Tourismus zugewandt.

Im Naturschutzpark liegen etwa 13 Prozent landwirtschaftliche Flächen, 20 Prozent macht die Heide aus, aber 60 Prozent sind Wald und damit das größte Waldnaturschutzgebiet Niedersachsens. Häufigste Baumart ist die Kiefer. Sie wurde zusammen mit der Fichte bei den großen Heideaufforstungen Ende des 19. Jahrhunderts verwendet, steht aber in einigen Bereichen auch als natürlicher Kiefernwald, der zum Teil bereits 200 Jahre alt ist. Nach starken Sturmschäden im November 1972 ist auch die Douglasie großflächig als Kultur angelegt worden. Wirklich alter Wald befindet sich noch in den »Königlichen Holzungen«, ehemaligen Bannwäldern, die dem Landesherrn gehörten, wie der Hainköpen nördlich Wilsede oder das Meninger Holz östlich von Undeloh, heute ein Naturwald ohne forstliche Bewirtschaftung.

LÜNEBURGER HEIDE – WO HERMANN LÖNS JAGTE

Jagd in Wald und Moor

Zu den prägenden landschaftlichen Facetten der Lüneburger Heide gehörten früher weitläufige Moore. Irrlichter tanzten auf der braunen Oberfläche und führten in der Nacht manch unkundigen ins Verderben. Durch Entwässerung und Torfstich wurden die Hoch- und Regenmoore vielfach stark beschädigt. Das große Pietzmoor nahe Schneverdingen ist

Als ob die Zeit stehen geblieben ist. »Sturmfest und erdverwachsen« zeigen sich die alten Heidehöfe in der Landschaft.

Die Schleiereule kommt in der Heide nur noch selten vor. Es mangelt dem Mäusejäger mit den dunklen Augen an geeigneten Schlaf- und Brutplätzen. Viele Einfluglöcher an Schafställen und Scheunen sind verschlossen.

35

LÜNEBURGER HEIDE – WO HERMANN LÖNS JAGTE

Rechte Seite oben: Krickerpel im Prachtkleid. Die kleinste europäische Schwimmentenart ist in Deutschland ein häufiger Wintergast aber eher seltener Brutvogel. In den Moorgebieten der Lüneburger Heide nistet sie regelmäßig.

Rechte Seite unten: Die Bekassine sucht offene Moor- und Feuchtflächen auf. Wenn sie im Balzflug die Stoßfedern spreizt, ertönt ein meckernder Laut, der ihr den Namen »Himmelsziege« eingetragen hat.

»Es steh'n drei Birken auf der Haide, an denen hab ich meine Freude ... « sang Hermann Löns. Die Birke mit ihrem schlanken weißen Stamm und dem flirrenden Laub gehört genauso wie das Heidekraut zum Landschaftscharakter.

bis 1960 um ein Viertel abgetragen worden. Die Regeneration der Moore dauert lange, um einen Zentimeter Moor zu bilden brauchen Torfmoose 20 Jahre. Die Moorflächen im Naturschutzpark haben als seltenen Brutvogel die Krickente zu Gast. Auch die Bekassine baut dort ihr Nest aus dürren Halmen. Sie gehört nicht mehr zum jagdbaren Wild und kann ihren Zickzackflug unbesorgt vollführen.

Den Naturschutzpark umgibt im Norden eine fast parkartige Landschaft, durchzogen von birkengesäumten Straßen, dazwischen Bauerndörfer, Ackerflächen und Wald, der nach Osten hin um Kloster Ebstorf, Uelzen und Lüneburg dichter wird. Dort pflegten in früheren Epochen die Herzöge von Lüneburg zu jagen. Schenkt man der Sage Glauben, dann verdankt die Stadt Lüneburg mit den prachtvollen Bürgerbauten und barocken Häuserfronten ihren auf Salz begründeten Reichtum einer jagdlichen Begebenheit. Im Mittelalter hatten Jäger ein Wildschwein verfolgt und beobachtet, wie es in einem Tümpel suhlte. Als der Schwarzkittel danach von der Sonne beschienen ruhte, verwandelte er sich in ein schneeweißes Tier. Die Jäger erlegten das Wildschwein und sahen, dass Salzkristalle seine Borsten wie Puder bedeckten, denn es war in die Solequelle eines riesigen Salzstockes geraten, auf dem Lüneburg stand.

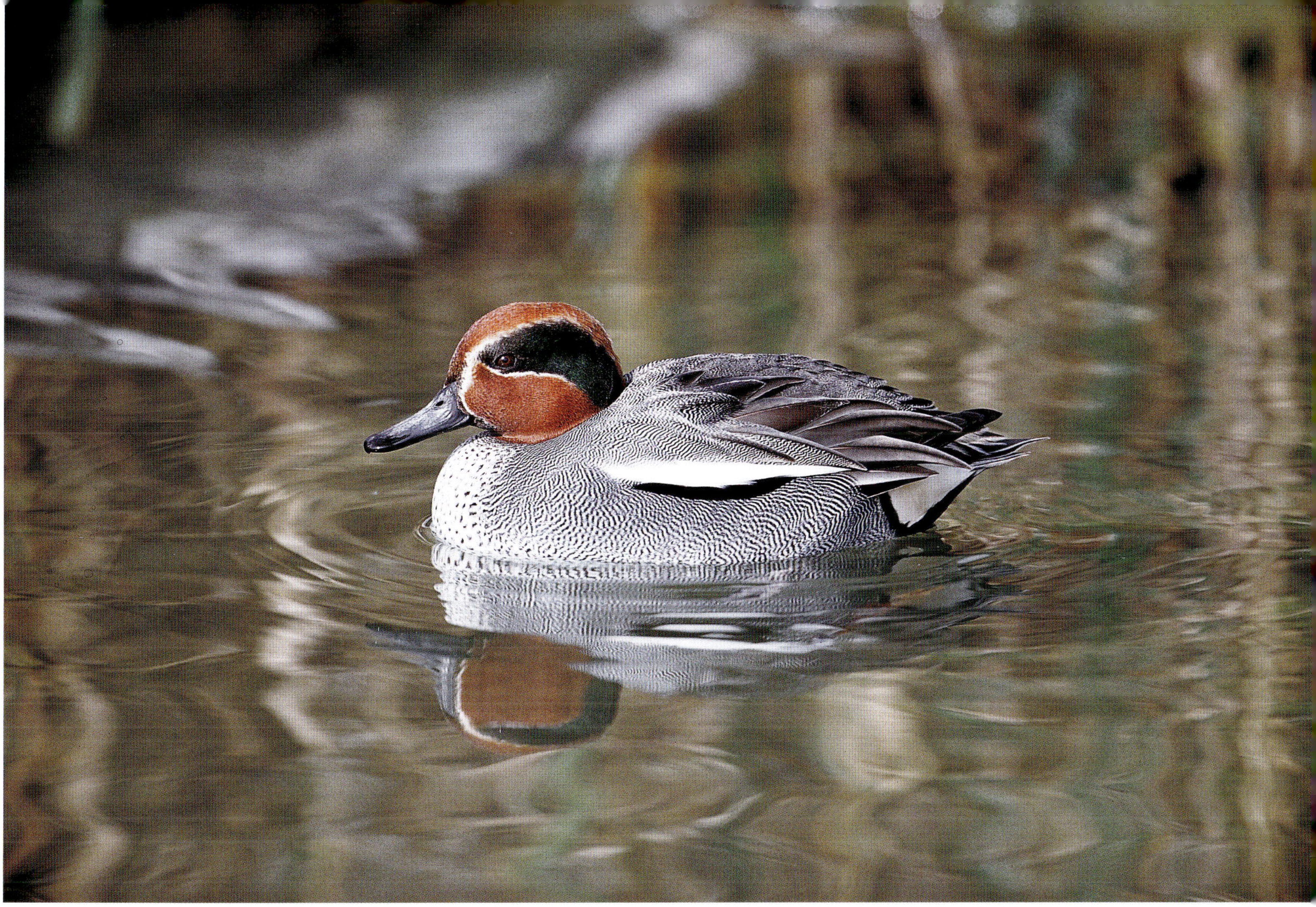

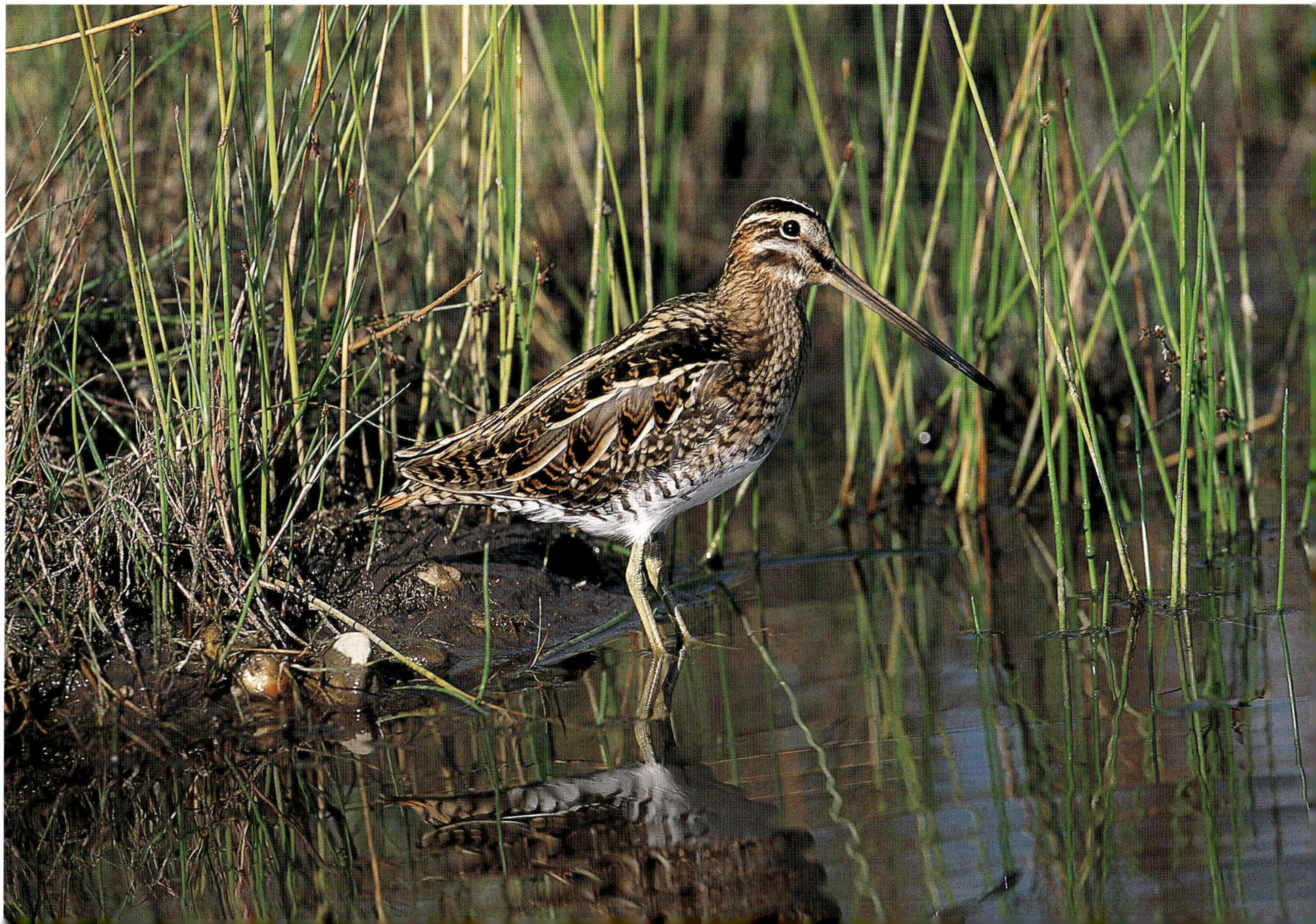

LÜNEBURGER HEIDE – WO HERMANN LÖNS JAGTE

Wildschweine in üblichen Farbschlägen gibt es in der Lüneburger Heide in wachsender Zahl, aber einige Rehe zeigen ein ungewöhnliches Äußeres: sie tragen schwarz. »Und da sah ich ihn. Wie der Leibhaftige« schrieb Hermann Löns, nachdem er das erste mal einen schwarzen Bock in Anblick hatte. Schon seit dem Mittelalter gibt es schriftliche Hinweise auf schwarzes Rehwild bei Verden an der Aller am Westrand der Lüneburger Heide. Trotz unterschiedlicher Vermutungen über eine Einbürgerung der schwarzen Rehe ist ihre Herkunft bis heute ungeklärt.

Am wahrscheinlichsten ist es, das Melanismus in den Erbanlagen von Rehen vorhanden ist. Die Vererbung scheint nicht dominant zu sein, wenn sich rote und schwarze Rehe paaren, setzt die Ricke meist ein rotes Kitz. Schwarze Stücke unterscheiden sich in nichts von den roten, höchstens in der Vorliebe für bestimmte Einstände. Die schwarzen Rehe scheinen

Ein ungewöhnlicher, fast gespenstischer Anblick. Schwarzes Rehwild kommt hauptsächlich in der norddeutschen Tiefebene vor.

feuchtes Gelände mit Mooren und Bruchwald zu bevorzugen. Ihr Verbreitungsgebiet ist vorwiegend die norddeutsche Tiefebene und die Dichte ist sehr gering. So bleibt die Jagd auf einen schwarzen Bock stets etwas Besonderes und sie war es auch für Hermann Löns, der drei Jahre beharrlich pirschte bis er den »Schwarzen vom Jammertal« erneut vor die Büchse bekam und endlich erlegen konnte.

»Die schönsten Jagden im ebenen Land sind und bleiben die Heidjagden, das ganze Jahr über bieten sie dem Jäger Gelegenheit, draußen zu sein.« Und der jagende Schriftsteller nahm sie wahr, wann immer er konnte, ob beim Frühjahrsansitz im Moor auf den balzenden Birkhahn oder beim winterlichen Pirschgang auf Raubzeug. Wenn Hermann Löns von Hannover aus in die Heide kam, wohnte er meist in Walsrode. Heute nennt sich die Stadt nach ihrem berühmten Gast »Hermann-Löns-Stadt« und ehrt den Dichter im Heidemuseum mit einem eigenen Zimmer.

Über den Vogelpark Walsrode mit Tausenden von exotischen Bewohnern hätte Löns vielleicht noch stumm den Kopf geschüttelt, über andere »Attraktionen« bestimmt nicht mehr. Der »Heidepark« bei Soltau, ein überdimensionierter Rummel oder der Serengeti Safaripark Hodenhagen, wo Löwen und Giraffen über den Heideboden ziehen und Besucher mit ihrem Auto durch die riesigen Gehege fahren, hätten den Widerspruch des kämpferischen Naturschützers herausgefordert.

Die Lüneburger Heide ist in ihrer unterschiedlichen Landschaftsstruktur reich an heimischen Tierarten und an wirklichen Sehenswürdigkeiten. Eine befindet sich in der Heidmark zwischen Fallingbostel und Bergen, die urgeschichtliche Großgrabanlage Siebensteinhäuser. Felsblöcke, die einst mit den Eismassen aus Skandinavien kamen, sind zu imposanten Grabstätten aufgetürmt. Sie liegen im Gebiet des Truppenübungsplatzes Bergen, dem größten in Europa und seit 1936 ununterbrochen in Betrieb. In der militärischen Sperrzone hat sich ein natürliches Birkwildvorkommen erhalten können.

Die scheue Ringeltaube ist die größte Wildtaubenart. Um die »edle Kunst der Pürsche« zu lernen, riet Hermann Löns, solle sich der Jäger so oft wie möglich an einen rufenden Tauber heranschleichen.

Grün ist die Heide

Im Süden der Lüneburger Heide gibt es zwischen Eschede, Hermannsburg, Unterlüß und Winsen an der Aller seit 1964 einen weiteren Naturpark. Dort ist die Heide auf 500 Quadratkilometer grün. Wiesen, Felder und vor allem Kiefernwald zeichnen den Naturpark Südheide aus. Alle größeren

Ortschaften liegen am Rande des Landschaftsschutzgebietes, das großflächige zusammenhängende Wälder besitzt. Auf den Heideflächen, die in den Wäldern eingestreut sind, lässt die Heidelerche ihren Gesang erklingen und muss sich vor dem Baumfalken in acht nehmen, der den Luftraum als sein Jagdrevier beansprucht.

An der Westseite des Naturparks windet sich die Oertze durch die Landschaft, einer der vielen, weit verzweigten Bäche und Flüsse der Lüneburger Heide. Die Oertze ist noch naturnah und ihre Niederungen werden von seltenen Brutvögeln aufgesucht. Der Große Brachvogel verrichtet dort sein Brutgeschäft genauso wie der Waldwasserläufer. Das Tal der Oertze mit seinen zahlreichen Mooren zieht sich bis zum alten Heidedorf Müden, wo Hermann Löns zeitweilig in einem kleinen Haus lebte. Unweit davon, auf dem Wietzer Berg, hat man ihm ein Denkmal gesetzt.

Die letzte Ruhestätte fand der Dichter und Jäger bei Fallingbostel, inmitten einer weitläufigen Heidelandschaft. Mit 48 Jahren hatte sich Hermann Löns als Kriegsfreiwilliger gemeldet und war 1914 in Frankreich gefallen. Seine Gebeine wurden Mitte der 1930er Jahre nach Deutschland zurückgeholt und im Tietlinger Wacholderhain unter einem mächtigen Findling beigesetzt. Bis heute ist nicht eindeutig geklärt, ob dort wirklich die Gebeine des Schriftstellers liegen. Vielleicht ist es auch gar nicht wichtig, denn sein Werk macht Hermann Löns unsterblich. »Keine Stunde schätze ich verloren, die mir in Heide und Moor entschwand« schrieb er einst. Wer in der Lüneburger Heide jagt, wird verstehen warum.

Das Löns-Grab im Tietlinger Wacholderhain. Ruhestätte eines Ruhelosen.

Volle Wände

»Der größte Fehler, den die meisten Jäger begehen, liegt eben darin, dass sie ihre Böcke nicht alt genug werden lassen, indem ihnen jeder Sechserbock jagdbar dünkt. Somit wird die Hauptmenge der Böcke im dritten oder vierten Jahre abgeschossen, anstatt dass man sie noch zwei bis drei Jahre stehen lässt.

Das Gehörn ist ein Maßstab für die Güte des Schlages, aber auch nur einer. Jeder wirkliche Jäger wird ein ganz anderes Gesicht machen, hat er einen Bock vor sich liegen, der aufgebrochen seine vierzig Pfund wiegt, und ein Haupthirsch ist nicht nur ein solcher, der ein Hauptgeweih trägt, sondern man soll auch ein entsprechendes Gewicht von ihm verlangen. Wer den Bock oder Hirsch bloß nach der Hauptzier beurteilt, mag sich Jäger nennen; als Weidmann kann er nicht gelten. Sehr bezeichnend ist es, dass die Weidmänner vom alten Schlage in ihren Schussbüchern stets das Gewicht der erlegten Stücke verzeichneten, es auch, zum Teil wenigstens, auf den Schädelabschnitten vermerkten, ein guter Brauch, der heute leider fast ganz in Vergessenheit geraten ist, aber von jedem gerechten Jäger wieder eingeführt werden sollte.

Denn das Gehörn oder Geweih, so wichtig es auch ist, soll die Jagd ein fürnehm Spiel bleiben und nicht in öde Schießerei ausarten, das ausschlaggebende darf es doch nicht sein, sondern das soll und muß stets das Wildbret bleiben; als dessen Wertmesser hat es im Grunde zu gelten, mag es auch noch so sehr selbstwert vortäuschen. Hirsche mit märchenhaft viel Enden und Böcke mit Riesen- oder Abgottsgehörnen wogen mitunter recht gering, waren also für die Zucht in Wirklichkeit wenig wertvoll, denn dafür ist an erster Stelle das Gebäude anzusehen.

Darum: lockt auch den Jäger von heute hauptsächlich das Gehörn oder das Geweih, es sei ihm nicht das allerwichtigste; immer soll er bedenken, dass er die Pflicht hat, daran mitzuwirken, dass Wild nicht entarte, an Gewicht nicht abnehme, und das er so jagen soll, dass der gewaltige Wert, der in unseren Wildbahnen steckt, verbessert wird.

Wer nach solchen Grundsätzen jagt, der ist Weidmann; nicht aber der, dessen einziges Ziel sind: volle Wände!«

Hermann Löns, 1911

Göhrde

Hofjagdrevier des Hochadels

Wie ein Meer aus Bäumen liegt die Göhrde da, ein dichter Mischwald im Naturpark Elbufer-Drawehn. Kaum etwas lässt erahnen, dass der stille, abgeschiedene Wald einst das Hofjagdrevier der hannoverschen und preußischen Herrscher gewesen ist. Ihre Jagdleidenschaft war es, die den Wald über Jahrhunderte in unveränderter Form verharren ließ. Noch heute ist die Göhrde ein großes geschlossenes Waldgebiet mit reichem Wildbestand. Die Jagd dort begleitet ein Hauch der Vergangenheit, wenn Jäger den Pirschstiefel auf das Terrain setzen, wo Kaiser und Könige Strecke machten.

Die Göhrde gelangte im 15. Jahrhundert in den Besitz der Herzöge von Lüneburg. Wenig ist aus der Zeit davor überliefert, als der üppige Laubwald

GÖHRDE – HOFJAGDREVIER DES HOCHADELS

Grenzland zwischen Sachsen und Wenden war, die sich um das Gebiet stritten. Urkunden aus dem 16. Jahrhundert verzeichnen in der Nähe des Kateminbaches, dem einzigen Wasserlauf des großen Waldes, ein Lusthaus, das als herrschaftliches Jagdquartier diente. Dörfer gab es in der Göhrde keine mehr. Frühe Siedlungen waren wüst gefallen und die Herzöge hatten an einer Wiederbesiedlung ihres wildreichen Jagdgebietes wenig Interesse.

Die starken Schwarzwildvorkommen machen die Jagd in der Göhrde für den Weidmann von heute genauso spannend wie für die hochherrschaftlichen Jäger vergangener Zeiten.

Den reichen Rot- und Schwarzwildbestand bejagten sie nach »teutscher Art«, im eingestellten Jagen. Die Vorbereitungen dafür waren sehr aufwendig und konnten sich über Tage und sogar Wochen hinziehen. Eine große

Zahl von Treibern war notwendig, um Wild in einen bestimmten Waldbereich zu drücken, wo es durch Jagdlappen, Netze und Tücher am Zurückwechseln gehindert wurde. Bei der Jagd selbst trieb man das Wild dann durch eine Öffnung in den Tüchern den Schützen zu. Die Bewohner aus den Dörfern um die Göhrde herum mussten Jagdfrondienste leisten und auch noch die herzoglichen Jäger und deren Hunde verpflegen.

Der alleinige Anspruch, den die Herzöge auf die Hohe Jagd erhoben, löste einen über hundert Jahre andauernden Streit mit dem Landadel aus. Dem war nur die Niedere Jagd auf den Feldmarken zugebilligt worden. Die Adligen weigerten sich daraufhin ihre Untertanen als Jagdpersonal herzugeben und stellten trotz Androhung von Strafen dem Hochwild in der Göhrde weiterhin nach. Auch Erbstreitigkeiten um das begehrte Jagdgebiet begleiteten die Herrscherdynastie über Generationen, denn durch wiederholte Teilung ihrer Familienlinie wechselte die Göhrde mehrmals den Besitzer.

Mittelpunkt der Parforcejagd

Nachdem Herzog Georg Wilhelm 1648 die Regentschaft übernommen hatte, entwickelte sich die Göhrde langsam zu einem Zentrum der Parforcejagd und zu einem weit über die Landesgrenzen hinaus gerühmten Jagdgebiet. Der Herzog, der die berittene Hetzjagd auf ein einzelnes Stück Wild liebte, ließ in der Göhrde ein neues Jagdhaus und den »Celler Stall« errichten, der 79 Pferden Platz bot. Mit der Durchführung der Jagden war der Jägerhof beauftragt, den Georg Wilhelm 1677 in Celle gegründet hatte und der später als Hannoverscher Jägerhof für seine tüchtige und weidgerechte Jägerei bekannt war. Bei der Parforcejagd zog ein Jäger vor Tagesanbruch mit dem Leithund in den Wald, um für seinen Jagdherrn einen kapitalen Hirsch zu bestätigen. Dann folgten die Reiter mit der Hundemeute und hetzten den Hirsch so lange, bis er gestellt und abgefangen werden konnte.

Die erste größere Hofjagd fand 1685 statt und kostete 1 000 Taler, zwei Jahre später waren die Ausgaben schon auf das Sechsfache angestiegen; die teuerste verschlang 15 000, als Wilhelm III. von Oranien, König in England, 1698 zu Gast war. Der Jagdbetrieb ging meist von September bis November und es wurde fast ausschließlich auf Hirsche Parforce gejagt. Die höfischen Prunkjagden in der Göhrde waren ein großes gesellschaftliches Ereignis.

»Parforce Jäger mit der Meute«. Kupferstich von Johann Elias Ridinger (1698–1767).

GÖHRDE

Jagdschloss Göhrde heute. Der Marstall der zerfallenden barocken Schlossanlage wurde im 19. Jahrhundert zur preußischen Jagdresidenz ausgebaut.

Kein Wald ohne Eichelhäher. Der buntgefiederte Rabenvogel ist nicht gerade ein Freund des Jägers, warnt er doch mit seinem rätschenden Ruf das Wild vor Gefahr.

Als Georg Ludwig, Herzog zu Braunschweig und Lüneburg und Kurfürst von Hannover die Regierung übernahm, erhielt die Göhrde ein repräsentatives Jagdschloss. Der 1706–1709 errichtete Barockbau war zu seiner Zeit der größte im Lüneburger Land und Schauplatz rauschender Hubertusfeste. Lindengesäumte Alleen führten auf die Garten- und Parkanlagen des Schlosses zu. In den Ställen konnten 500 Pferde untergebracht werden, was den Umfang erahnen lässt, den die Jagden inzwischen angenommen hatten, zu deren illustren Gästen König Friedrich Wilhelm I. von Preußen und Fürst Leopold von Anhalt-Dessau gehörten. Der lichte Laubwald aus Eichen, Birken und Buchen war für die Parforcejagd gut geeignet und wurde zu diesem Zweck mit einem Netz von Reitwegen ausgebaut. Vom Großen Stern in der Waldesmitte ausgehend, führten die Jagdrouten nach allen Seiten durch das Revier. Damit die Jäger die Fährten des Wildes feststellen konnten, wurden die Wege peinlichst von Laub und Bewuchs freigehalten und durften auch nicht zur Holzabfuhr benutzt werden.

Georg Ludwig jagte regelmäßig in der Göhrde. Selbst als er 1714 durch Personalunion König von England geworden war und dorthin umsiedelte, kam er im Sommer zur Jagd zurück. Mit seinem Tod erlosch jedoch das Interesse an diesem Jagdgebiet, die Jagd übten Forstbeamte aus und zeitweise war die Göhrde sogar verpachtet.

Nach dem Ende der höfischen Jagden konnte in dem großen Waldgebiet erstmals eine wirkliche forstliche Bewirtschaftung einsetzen, die der Jagdbetrieb bis dahin verhindert hatte. Erste Ansätze dazu gab es schon im 17. Jahrhundert, wo die allmähliche Umwandlung des Laubwaldes in einen Nadelwald ihren Anfang nahm. Zapfen für die ersten Fichtensaaten waren damals aus dem Harz eingeführt worden.

Im Jahre 1777 begann mit Oberforstmeister van Haren eine neue Ära. Er sorgte für die Vermessung der Göhrde und die Neueinteilung des Forstes in je zwei Bereiche für Laub- und zwei für Nadelhölzer. Diese wurden in Abschnitte gegliedert und nach festgelegter Reihenfolge abgeholzt. Durch Wildverbiss und Weidevieheintrieb war der Naturverjüngung des Laubholzes aber wenig Erfolg beschieden, so dass die Kiefer seit Anfang des 19. Jahrhunderts langsam die Oberhand gewann.

Renaissance der Hofjagden

Die Jagd in der Göhrde erwachte zu neuem Leben, als Herzog Ernst August von Cumberland die Regierung in Hannover übernahm. Die zwischenzeitlich stark verfallene Schlossanlage wurde wieder bewohnbar gemacht und 1839 konnte das erste »große« Jagdlager stattfinden: Mit Gefolge und Gästen kamen etwa 30 Personen zusammen. Der Vorstand des Jägerhofes in Hannover war für den Jagdablauf verantwortlich. Es handelte sich meist um eingestellte Jagden, Treibjagden oder Suchen mit der Saufindermeute. Ernst August, der einmal jährlich in der Göhrde weilte, ließ auch das traditionelle Bestätigungsjagen wieder aufleben. Diese Jagdart stellte hohe Anforderungen an das Können der Hofjäger und ihrer Hunde. Die Hirsche mussten in freier Wildbahn bestätigt und anschließend mit dem Schweißhund in einen bestimmten Revierteil getrieben werden. Dort umstellten die Jäger das Wild mit hohem Jagdzeug. Ein Jäger mit dem Schweißhund am Riemen folgte dann langsam der Fährte des Hirsches, bis dieser den Stand des Jagdherrn anwechselte.

Der Hannoversche Schweißhund ersetzte bei den Bestätigungsjagden die inzwischen ausgestorbenen Leithunde. Der mittelgroße Hund mit dem dichten braunen »Kleid« war Ende des 17. Jahrhunderts aus der Sollinger Bracke, der Heidbracke und einem Brackenschlag aus dem Harz gezüchtet worden. Der Hannoversche Schweißhund besitzt ein ruhiges Wesen und ist der klassische Spezialist auf der Wundfährte kranken Hochwilds.

Ernst August kam 1847, ein Jahr vor der bürgerlichen Revolution, das letzte Mal in die Göhrde, die 1850 zum Schutz der angrenzenden Feldmarken vor Wildschaden und des königlichen Wildbestandes vor der freien Jagd eingegattert wurde. Trotz des wiederaufgenommenen Jagdbetriebes ging die forstliche Bewirtschaftung weiter. Es musste aber bei allen Maßnahmen Rücksicht auf die Bestimmung der Göhrde als Jagdgehege und auf die Schönheit des Waldes genommen werden.

Der Hannoversche Schweißhund ist ein Nachsuchenspezialist. Er kommt hauptsächlich auf der Wundfährte von Rotwild zum Einsatz, die er mit seiner ausgezeichneten Nase bis zu zwei Tage nach dem Schuss ausarbeiten kann.

GÖHRDE – HOFJAGDREVIER DES HOCHADELS

Der hannoversche Forstdirektor Heinrich Christian Burckhardt bemühte sich besonders um die Göhrde. Er ließ nicht nur Kiefern- und Fichten-Kulturen anlegen, Burckhardt ordnete auch den Anbau von Traubeneichen an, erhielt den Wald und prägte dessen Bild in der heutigen Form.

König Georg V. von Hannover war blind und jagte demzufolge nicht, dafür kamen die Prinzen alljährlich im November oder Dezember und veranstalteten recht kostspielige Jagden. Mehr und mehr wurde unter Verwendung des hohen Jagdzeugs und unter Einsatz der Saufindermeute auf Schwarzwild gejagt. Die Streckenberichte wiesen steigende Abschusszahlen auf. Im Dezember 1865, nach der letzten Jagd in hannoverscher Zeit, lagen fünf Hirsche, 23 Stück Rotwild und 106 Stück Schwarzwild auf der Strecke.

Preußische Epoche

1866 wurde die Göhrde königlich-preußisches Hofjagdrevier und bildete einen selbständigen Forstgutsbezirk, der im ausgehenden 19. Jahrhundert durch den Ankauf der Ortschaft Dübbekold, Ländereien und Wald nach Osten hin vergrößert wurde. Zunächst zog es Prinz Friedrich Karl von Preußen zur Pirsch in das neue Revier. Preußenkönig Wilhelm I. hatte sich zwar das Marstallgebäude zum Jagdschloss herrichten lassen, kam aber erst 1871 als deutscher Kaiser zur Jagd in die Göhrde. Seitdem fanden dort wieder jährlich Hofjagden statt, an denen der Kaiser bis 1883 regelmäßig teilnahm. Für die wiedererlangte Bedeutung der Göhrde als Jagdgebiet spricht auch, dass Wilhelm I. einen Bahnhof in der Göhrde anlegen ließ um das Hofjagdrevier besser erreichen zu können. Ebenso veranlasste er den Bau eines neuen Jagdzeughauses in der Göhrde und die Verlagerung des Jagdzeuges von Hannover in das Revier.

Hofjagden haben zu allen Zeiten nicht nur die Jagdlust der Herrschenden befriedigt. Sie funktionierten auch als Rahmen für politische und diplomatische Verhandlungen und dienten besonders der Repräsentation. Als Wilhelm II. 1888 Kaiser und oberster Jagdherr wurde, machte er letzteres nicht an Prunk, sondern an der Stückzahl des erlegten Wildes fest. Die Hofjagden, die später zwischen der Göhrde und dem Saupark Springe abwechselten, verkamen zu einem Massenabschießen.

In der Göhrde fanden überwiegend mit Tüchern abgestellte Hauptjagen statt. Dabei wurde das eingelappte Wild zuerst am Kaiserstand vorbeigetrieben. Wilhelm II. war ein guter Schütze und erlegte nur die kapitalsten

Stücke. Was er fehlte oder als zu gering passieren ließ, blieb für die anderen Schützen übrig. Das eingestellte Wild wurde bei den Hofjagden ohne Ausnahme geschossen. Da die Höhe der Strecke das wichtigste war und diese mit der Zahl der geladenen Gäste wuchs, musste in der Göhrde ein hoher Wildbestand gehegt werden.

Büchsenspanner Josef Rollfing, der zum umfangreichen Dienstpersonal des Kaisers gehörte, überlieferte in seinen Erinnerungen, dass die Geweihe der gestreckten Hirsche im Vergleich zu den anderen Hofjagdrevieren nicht gut gewesen seien. Sie hätten viele Abnormitäten wie Korkenziehergeweihe aufgewiesen, denn das Rotwild wäre durch jahrzehntelange Überhege schwach geworden.

In preußischer Zeit war nur wenig von der alten weidgerechten Tradition der hannoverschen Jägerei übrig geblieben. Als Reminiszens an Vergangenes ließ der Kaisers zwei alte, ehemals königlich-hannoversche Hofjäger zu den Hofjagden einladen. Einer davon, Wildmeister Bühmann, unterwies Wilhelm II. im Gebrauch der Saufeder.

Über 200 Jahre alte Traubeneichen im Breeser Grund. Bekannt war die Göhrde auch für ihre Furniereichen.

GÖHRDE – HOFJAGDREVIER DES HOCHADELS

Jäger mit Saufeder. Die traditionelle Blankwaffe besteht aus einem langen Holzschaft mit scharfgeschliffener Eisenspitze. Früher wurde die gestellte Sau damit hinter dem Blatt abgefangen. Es war auch üblich, starke Stücke auf die Saufeder auflaufen zu lassen.

Mit der Einbürgerung von Mufflons erfuhr die Göhrde 1903 eine Bereicherung der Wildbahn. Die Wildschafe gewöhnten sich recht gut an ihren neuen Lebensraum und wurden 1910 für jagdbar erklärt. Ein Jahr darauf konnte Wilhelm II. das erste mal einen Muffelwidder erlegen. Am 30. und 31. Oktober 1913 gab es zum letzten Mal eine Hofjagd in der Göhrde, »64 Hirsche, 90 Stück Rotwild, 288 Stück Schwarzwild, vier Rehe und ein Hase« kamen dabei zur Strecke. Als Ehrengast war Österreichs Thronfolger Erzherzog Franz Ferdinand angereist, ein rücksichtsloser Schießer. Seine Ermordung löste den Ersten Weltkrieg aus, der das Ende der Kaiserzeit und damit auch der Hofjagden einleitete. Es wurde still in der Göhrde und blieb still selbst in der Zeit des Dritten Reiches. Reichsjägermeister Göring erklärte das ehemalige Hofjagdrevier zwar zur Staatsjagd, nutzte es aber nicht.

GÖHRDE – HOFJAGDREVIER DES HOCHADELS

Heute ist die über 6 000 Hektar große Göhrde im Besitz des Landes Niedersachsen. Seit 1961 ist sie Landschaftsschutzgebiet und wird seit Anfang der 1990er Jahre nach den Grundsätzen des LÖWE-Programms zur »langfristigen ökologischen Waldentwicklung« bewirtschaftet.

Noch jung ist das Naturschutzgebiet »Wälder am Jagdschloss Göhrde«, wo 2003 auf 170 Hektar die größten bodensauren Buchenwälder im niedersächsischen Tiefland unter Schutz gestellt wurden. Das Naturschutzgebiet umfasst auch alte Eichen-Mischwälder und rund 60 Hektar Naturwald, der sich ohne direkten menschlichen Einfluss entwickeln darf.

Nach wie vor spielt die Jagd, bei der sich die Interessen der Wildhege und der Forstwirtschaft ergänzen müssen, in der Göhrde eine wichtige Rolle.

In der Göhrde wurde 1903 zum ersten Mal Muffelwild ausgesetzt. Inzwischen ziehen gut 150 der Wildschafe durch das Waldgebiet.

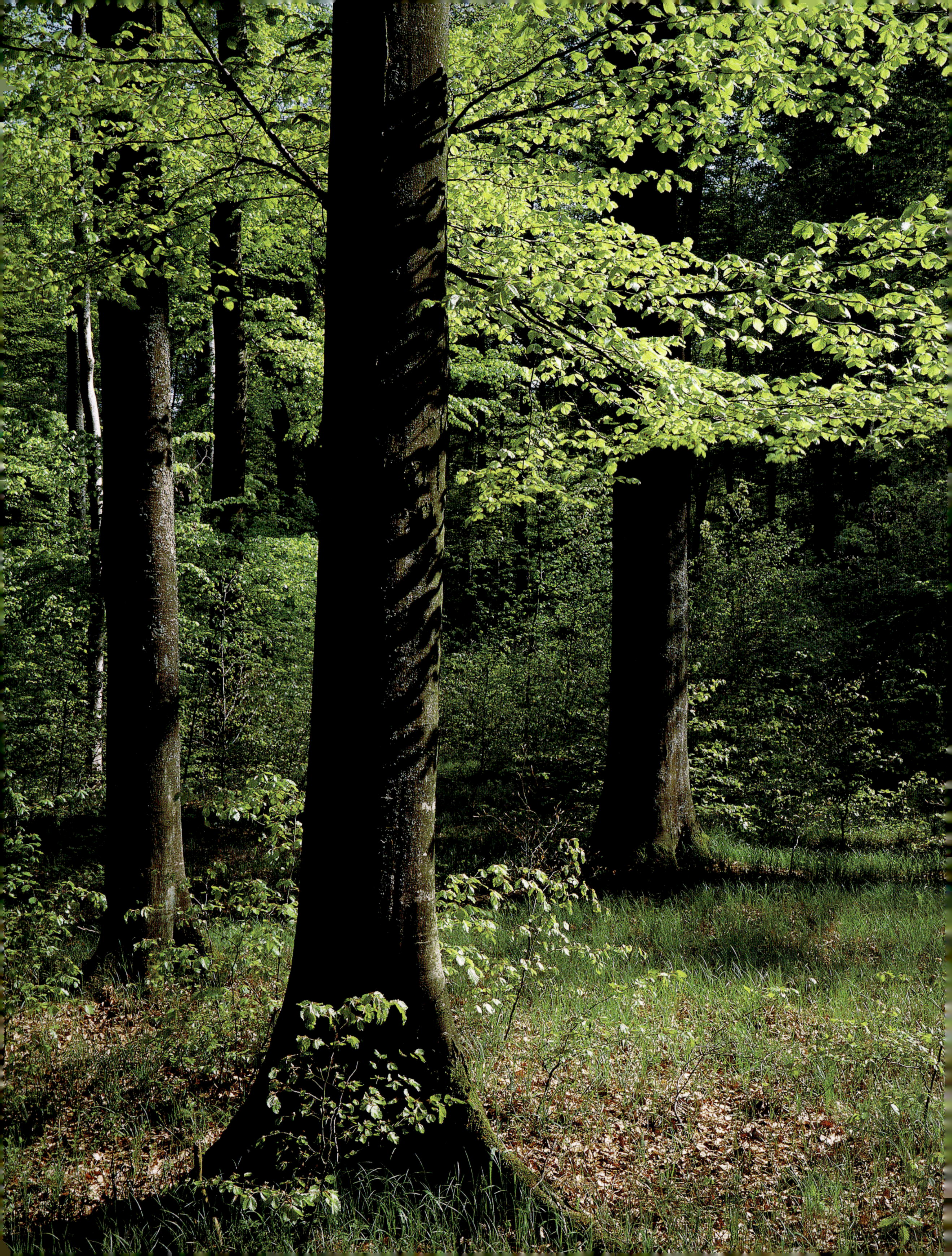

GÖHRDE – HOFJAGDREVIER DES HOCHADELS

Um den Wildbestand kümmert sich die Hegegemeinschaft »Hochwildring Göhrde« mit dem Forstamt Göhrde als Mittelpunkt. Das niedersächsische Forstamt übt die Jagd in Eigenregie aus und gibt auch privaten Jägern die Gelegenheit zum Weidwerk im ehemaligen Hofjagdrevier.

Das Jagdschloss Göhrde ist seit 1946 ein Bildungszentrum der Heimvolkshochschule. An die Zeit der großen Jagden erinnert noch die Hubertus-Statue vor dem Schloss. Von den ehemals 22 Nebengebäuden der Schlossanlage haben nur wenige die Jahrhunderte überdauern können. Dazu gehört der Celler Stall, wo heute ein Waldmuseum mit einer Ausstellung über Wald, Wild und die Entwicklung der Jagd informiert. Seit einigen Jahren ertönt im Herbst wieder Hörnerklang, Hundegeläut und Hufschlag in der Göhrde. In Erinnerung an die lange Parforcejagd-Tradition finden rund um das Jagdschloss einmal jährlich die Jagdreiter- und Parforcehornbläsertage statt.

Linke Seite: Viele alte Waldstandorte sind noch erhalten. Im Naturschutzgebiet »Wälder am Jagdschloss Göhrde« steht ein repräsentativer Hainsimsen-Buchenwald unter Schutz.

Der »Celler Stall« bot einst 79 Pferden Platz. Heute beherbergt er das Waldmuseum Göhrde und bewahrt die Geschichte des historischen Jagdgebietes.

Drückjagdzeit

November, Hubertusmonat. Auch wenn das Laub der Buchen und Eichen nicht mehr so farbenprächtig leuchtet wie im Oktober, wird es ein stimmungsvoller Spätherbsttag werden. Leichter Nebeldunst verhängt die Morgensonne, als sich vor dem Dorfgasthaus die Jäger zur Drückjagd sammeln.

Zu zweien, zu dreien stehen sie schon beisammen. Zerknautschte Hüte mit struppigen Saubärten auf den Köpfen, in verwitterten Lodenmänteln, die seit jahrzehnten Wind und Wetter getrotzt zu haben scheinen, den Zigarrenstummel im Gesicht, den alten Drilling über der Schulter, trotz der frühen Stunde schon laut und lachend im Gespräch. Weitere treffen ein und werden freundlich begrüßt, so wie der Jäger aus der Stadt, der die anderen nur einmal im Jahr bei dieser Gelegenheit sieht. Neben dem Jäger steht ein junger Mann, hochaufgeschossen und vielleicht gerade 19 Jahre. Der Hut ist so neu wie die saubere Joppe und die glänzenden Lederstiefel. Gedankenverloren hört er den Erzählungen der wettergegerbten Weidmänner zu. Als der Jäger ihn freundlich darauf hinweist, dass er seine Waffe brechen müsse, ist er peinlich berührt, entschuldigt sich und sagt, dass dies seine erste Gesellschaftsjagd sei.

Etwas abseits wartet die Treiberwehr recht lustlos auf ihren Einsatz. Die Männer mit den grellorangen Signalwesten passen so gar nicht in das harmonische grüne Bild. Manche von ihnen haben schon ein gerötetes Gesicht, nicht von der Morgenfrische, sondern von der hochprozentigen Stärkung, die sie zu sich nehmen. Voller Passion dagegen die Hunde. Sie spüren, das es gleich etwas zu tun gibt. Die Augen blitzen, die Rute steht nicht still und »Platz!« will nicht durch die Behänge dringen. Endlich blasen die Hörner »Aufbruch zur Jagd«, begleitet von wildem Jaulen und Keifen.

Ein Trecker rumpelt mit den Schützen im Hänger über den Feldweg bis zur Waldkante. Weiter geht's zu Fuß. Seit einigen Jahren ist der Jäger schon Gast in dem wildreichen Revier. Er schätzt die gute Organisation und die kameradschaftliche Jagd. Nur das Jagdglück war ihm dort bisher nicht wohlgesonnen. Egal wo er stand, das Wild wechselte ihn nicht an. Der Schützenstand, der ihm diesmal zugeteilt wird, liegt an einer vielversprechenden Schneise zwischen Buchenwald und einer Fichtendickung. Ziemlich weit auseinandergezogen sind die Stände, so dass er seinen Nachbarn zur Linken, dem er zuwinkt, gerade noch als lange dünne Silhouette erkennen kann. Es scheint der junge Jäger zu sein.

Der Nebel hängt noch in Schwaden zwischen den Baumkronen und es riecht nach feuchtem Laub, als der Jäger seinen Sitzstock neben einer Buche in den

Waldboden steckt. Er beobachtet durch das Fernglas wie sein junger Standnachbar Anschlagübungen macht, die gleich darauf von einem Häher mit lautem Rätschen kommentiert werden. Der Jäger schmunzelt. Vor ihm in der Fichtendickung gibt es ein Geräusch. Etwas nähert sich raschelnd. Ein Fuchs der sich davonstiehlt? Nein, der graubraune Balg eines starken Waldhasen kommt zum Vorschein. Der Hase macht einen Kegel und hoppelt dann gemächlich über die Schneise weiter in den Buchenwald. Der Jäger sieht ihm eine Weile nach.

Kein Schuss ist bis jetzt gefallen und auch die Treiber oder Hunde sind nicht zu hören. Aber es knackt erneut in der gegenüberliegenden Dickung. Der Jäger horcht auf, nimmt die Waffe von der Schulter und versucht angestrengt zwischen den dichten Ästen etwas zu erkennen. Nicht wo er das Geräusch vermutet hat, sondern an ganz anderer Stelle setzt eine Ricke mit ihrem Kitz über die Schneise und folgt dem Waldhasen in das Buchenaltholz. Die Chance ist vertan. Ein erster Schuss, wie ein gedämpfter Schlag, fällt weit entfernt. Und wieder schießt es, jetzt in einer anderen Ecke. Der Jäger vermeint, schon das Klopfen der Treiberstöcke an den Stämme hören zu können. Weil er immer noch auf die Fichtendickung starrt, entgeht ihm der schwache Gabler, der aus dem Buchenwald auf die Schneise tritt und unentschlossen verhofft.

Mehr aus dem Augenwinkel nimmt der Jäger den Hirsch mit den gedrungenen Stangen endlich wahr, hebt vorsichtig die Büchse, geht in Anschlag und kann durch das Zielfernrohr gerade noch sehen, wie der Gabler in die Fichten eintaucht. Enttäuscht hängt er die Waffe über die Schulter. Unmittelbar vor ihm müssen schon die Treiber sein. Er hört ihre Schritte und ihre Stimmen, als es am Nachbarstand knallt und poltert. Ein schneller Blick durch das Glas bringt keine Aufklärung. Da schälen sich keuchend die Treiber aus den Fichten. Hahn in Ruh!

Am Sammelplatz empfängt die Jäger das knisternde Lagerfeuer mit angenehmer Wärme. Ansehnlich ist die Strecke, und der Jagdherr zufrieden. Geringe Hirsche, weibliches Rot- und Rehwild, mehrere Überläufer, drei Füchse und eben jener Gabler mit den gedrungenen Stangen. Den hat der Standnachbar gestreckt und trägt stolz den Bruch am neuen Hut. – Nicht das Erlegen, denkt der Jäger, das Erleben gehört zu den schönsten Dingen der Jagd.

Paul Dahms

Mecklenburger Seenplatte

Kapitale Hirsche, starke Schaufler und Böcke

Ist der Oktober zur Hälfte verstrichen, wird es laut in den Revieren um Neustrelitz. Viel Bewegung ist im Holz und das Schreien der Hirsche ebbt nicht ab. Die Brunftzeit des Damwildes kommt in die »heiße Phase«. Der Wildbestand ist hoch und die Brunft verläuft entsprechend heftig. Mehrere der Brunftplätze liegen eng beieinander und es gibt einzelne Flächen, über 20 000 Quadratmeter groß, die das Damwild seit Jahrzehnten regelmäßig aufsucht. Diese riesigen Brunftplätze in abgelegenen, ruhigen Waldteilen mit dichter Bestockung ziehen Wild selbst aus weiter entfernten Einständen an.

Der Platz ist genau verteilt. Schon im September haben die Hirsche ihr Brunftrevier abgesteckt, Baumstämme und Buschwerk markiert und mit

MECKLENBURGER SEENPLATTE – KAPITALE HIRSCHE, STARKE SCHAUFLER UND BÖCKE

den Läufen Brunftkuhlen in den Waldboden geschlagen. Ein Ereignis und ein beeindruckender Anblick ist es, wenn dort bis zu 40 Schaufler gleichzeitig brunften. Betritt ein Rudel Kahlwild den Schauplatz, angelockt durch das beständige, unmelodische Knören der Geweihten, gerät die Masse der Hirsche in Aufruhr und Erregung. Trotzdem bleibt jeder in seinem abgesteckten Territorium und wartet auf ein brunftiges Tier, das er beschlagen kann. Ein starker Schaufler steht im Zentrum des Geschehens und verteidigt seinen Platz energisch gegen jeden Eindringling.

Denn immer wieder versucht einer der geringeren Hirsche vom Rand des Brunftplatzes in eine bessere Position zu gelangen, weil sich bei ihm kein Kahlwild einstellen will. Drohend senkt der Platzhirsch sein Geweih und hetzt den Knieper, bis dieser aus seinem Reich verschwunden ist und der

»Nachbarhirsch« die weitere Verfolgung übernimmt. Treffen gleichstarke Hirsche aufeinander, werden die Kräfte gemessen. Wie das Kreuzen von Säbeln klingt es, wenn die Schaufeln der Kontrahenten aneinanderschlagen. Wer wird weichen? Es ist ein kräftezehrender Kampf, denn gleichzeitig will der Platzhirsch das Kahlwildrudel zusammenhalten. Die große Zahl der Konkurrenten um ihn herum zwingt zu ständiger Aktivität. Das Schreien, ob Tag, ob Nacht, schallt vom Brunftplatz in den umliegenden Wald und selbst Regen und Sturm können den Brunftbetrieb nicht dämpfen. Verlässt das Kahlwild den Platz, erholen sich die erschöpften Schaufler und ruhen teils apathisch in der Brunftkuhle. Anfang November klingt die Brunft aus, dann ziehen Hirsche und Tiere wieder als gemeinsames Rudel. Zurück bleibt verwüsteter Boden und einzelne, im Kampf abgebrochene Stangen.

Obwohl Funde aus vorgeschichtlicher Zeit auf das Vorkommen von Damwild in Mitteleuropa verweisen, ist es im deutschen Raum erst im 16. Jahrhundert wieder anzutreffen, nachdem der König von Dänemark 30 Damhirsche für den Tiergarten des hessischen Landgrafen Wilhelm IV. schickte. Auf dieses Ereignis soll auch der Name Damwild von »Dänewild« zurückzuführen sein. Andere Theorien leiten es vom lateinischen Wort »damma« ab, das in antiken Schriften als Bezeichnung für hirschartige Tiere verwendet wird. Die Haltung des tagaktiven Damwildes erfreute sich an vielen herrschaftlichen Höfen großer Beliebtheit, nicht allein wegen der interessanten Trophäen. Die verschiedenen Farbschläge des Damwildes, das in der Größe zwischen Rot- und Rehwild liegt, ließen es zum reizvollen »Zierwild« der Parkanlagen werden. Neben der rostroten Sommerdecke mit den weißen Tupfen gibt es schwarze und fast weiße Varianten. Damwild wird immer noch gern in Gattern gehalten und wegen seines schmackhaften Wildbrets auch wie Weidevieh in »Herden« zur Fleischzucht. Wobei sich der Gedanke aufdrängt, ob für derartige Produkte die Bezeichnung »Wild«-bret wirklich noch passend ist.

Das erste Damwild kam 1551 nach Mecklenburg und stammte ebenfalls aus Dänemark. Aussetzungen sind für das 16. und 17. Jahrhundert belegt, und aus verschiedenen Gattern entwichen immer wieder Stücke der wanderfreudigen Wildart in die Freiheit. Um 1850 hatte der Großherzog von Mecklenburg-Strelitz in Serrahn ein Wildgatter errichten lassen, in dem sich auch Damwild befand. Der heutige Bestand im Raum Mirow – Feldberg – Wesenberg – Neustrelitz hat sich aber aus einem Gatter im Staatsjagdgebiet Müritz entwickelt, das 1970 geöffnet worden war. Der Bestand wuchs derart sprunghaft an, dass in der Nachwendezeit über 1000 Stücken zum Abschuss freigegeben wurden. In den Mecklenburg-Strelitzer Revieren ist Damwild heute stellenweise mit einer Dichte von

Linke Seite: Die Damwildbrunft in den Mecklenburg-Strelitzer Revieren wird zum Spektakel, wenn sich im Herbst die Schaufler auf den riesigen Brunftplätzen eingefunden haben.

MECKLENBURGER SEENPLATTE – KAPITALE HIRSCHE, STARKE SCHAUFLER UND BÖCKE

Abendstimmung im Naturpark Feldberger Seenlandschaft. Zu den fast 70 Wasserflächen der Region gehören eiszeitlich geformte Rinnenseen mit besonders klarem Wasser.

zehn Stück auf 100 Hektar anzutreffen. Bekannt ist die Region für ihre starken Schaufler, denen so manch vergeblicher Ansitz und manch missglückte Pirsch gilt. Denn Damwild hat ausgezeichnete Sinne und wie es scheint, auch Humor. Wenn der Jäger einen Schuss fehlt, »applaudieren« sie dem Schützen, indem sie beim Abspringen ihren langen Wedel gegen die Keulen klatschen.

Beeindruckende Wald- und Seenlandschaft

Zur Hirschbrunft rasten gleichzeitig Tausende von Kranichen am Rederangsee im Müritz-Nationalpark.

Die Mecklenburgische Seenplatte ist aus der Vogelperspektive ein Fleckenteppich. Mehr als 400 Seen aller Größenordnungen liegen wahllos in der Landschaft verteilt, als blaue Kleckse zwischen grünen Wiesen und Wäldern. Das größte zusammenhängende Seengebiet Deutschlands ist dünn besiedelt und landwirtschaftlich geprägt. Es zieht sich von der Feldberger Seenlandschaft im Südosten bis zum Schweriner See im Nordwesten. Die gesamte Region ist nicht nur wasserreich, sie besitzt auch noch den meisten Wald im waldarmen Bundesland Mecklenburg-Vorpommern.

Um diese typisch mecklenburgische Wald- und Seenlandschaft zu sichern, sind seit 1990 Schutzgebiete, wie der 322 Quadratkilometer große Müritz-Nationalpark, eingerichtet worden. Er beginnt am Ostufer der Müritz und ist großflächig von Wald bedeckt. Kiefernforste beherrschen zu 70 Prozent die Standorte, Buche, Birke und Erle teilen sich seit Ende des 19. Jahrhunderts die verbliebene Fläche mit der Fichte und den nichtheimischen Baumarten Douglasie, Lärche und Roteiche. Allein 107 Seen mit einer Größe von über einem Hektar liegen im Nationalpark, die sich

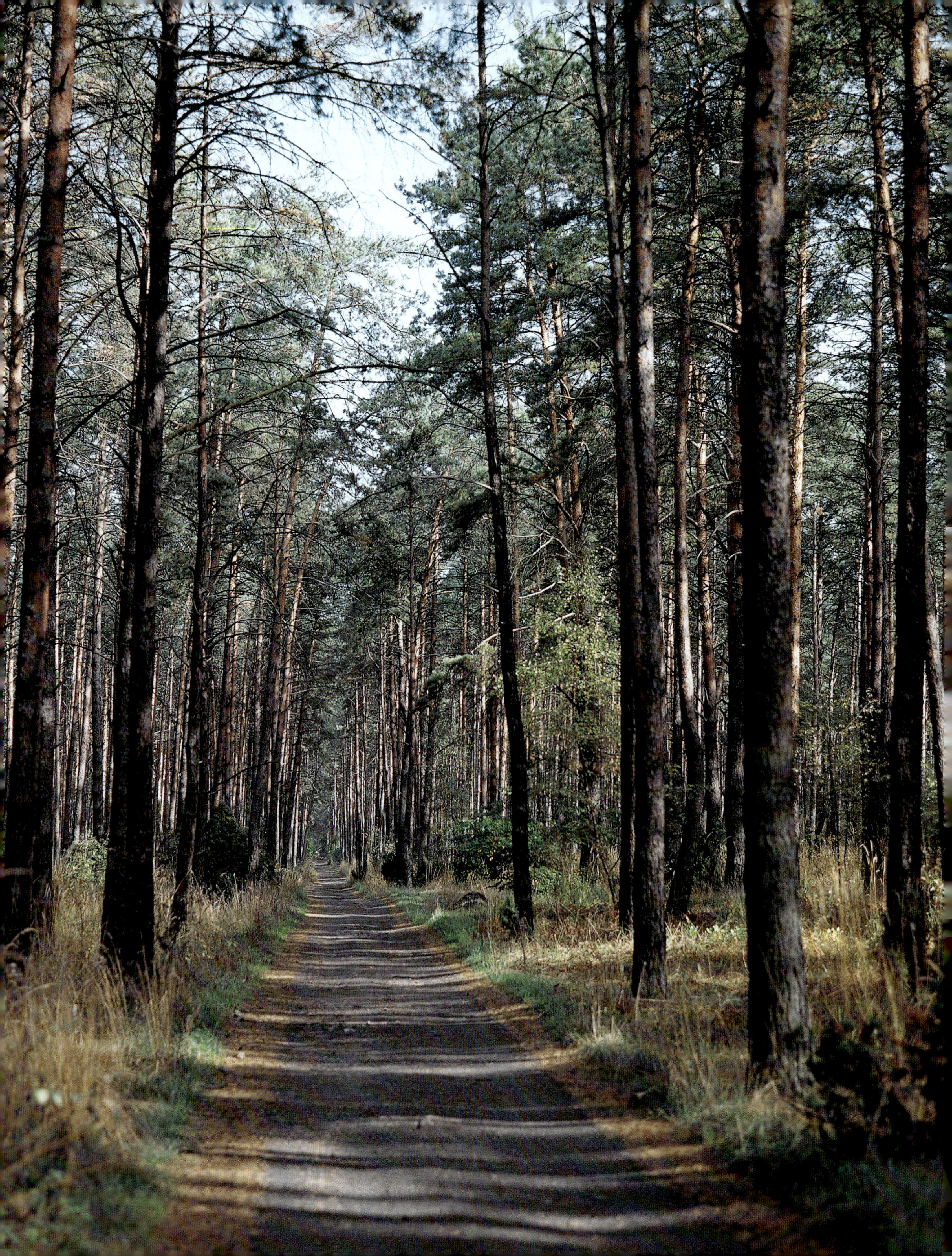

MECKLENBURGER SEENPLATTE – KAPITALE HIRSCHE, STARKE SCHAUFLER UND BÖCKE

im Wechselspiel der Jahreszeiten mal sonnenbeschienen und wellenbewegt im Lärm der rastenden Zugvögel präsentieren oder zu Milchglasscheiben gefroren in einsamer Stille.

Die heutige Nationalparkregion besteht aus zwei getrennten Gebieten, die erst in den letzten zehn Jahren touristischer wurden. Davor sperrten Truppenübungsplätze und Staatsjagdgebiete Besucher aus. Die Natur ist in weiten Teilen recht ursprünglich und beheimatet eine große Zahl bedrohter Pflanzen und Tiere.

Linke Seite: Kiefernforste als Resultat von Übernutzung des Waldes beherrschen weiträumig die Landschaft. Die ursprünglichen Laubmischwälder wurden in vergangenen Jahrhunderten in Teeröfen und Ziegeleien verheizt.

Müritz Nationalpark

Der größere Teil des Nationalparks breitet sich auf 260 Quadratkilometer von Waren bis Neustrelitz aus. Einer der bestbesuchtesten Kranich-Rastplätze Deutschlands befindet sich in diesem Gebiet. Von September

Die Große Rohrdommel verharrt bei Gefahr in Pfahlstellung. Im Schilf ist sie durch ihr Federkleid gut getarnt und verschwimmt fast mit der Umgebung. Sie ernährt sich ausschließlich von tierischer Nahrung.

MECKLENBURGER SEENPLATTE – KAPITALE HIRSCHE, STARKE SCHAUFLER UND BÖCKE

Jagdschloss Speck war im III. Reich Treffpunkt prominenter Jagdgesellschaften und Ausgangspunkt großer Drückjagden. In der DDR wurde es vom Militär als Hotel genutzt. Seit 1989 ist es sich selbst überlassen.

bis Anfang November halten sich bis zu zehntausend der großen, grauen Vögel am Rederangsee bei Federow auf, wo sie im Wasser stehend übernachten. Sicher vor behaarten Beutegreifern wie dem Fuchs, der ungern seinen Balg ins Wasser taucht. Aber vor dem Angriff aus der Luft sind sie nicht geschützt. Mit einer beeindruckenden Flügelspannweite von 2,50 Meter gleitet der Seeadler über Wald und Wasser auf der Suche nach geeigneter Beute. Das reiche Vorkommen von Wassergeflügel macht den Müritz-Nationalpark zu einem gedeckten Tisch. Mehrere Seeadler-Paare brüten dort, besonders in den schwer zugänglichen Bereichen am Ostufer der Müritz. Aus dem dichten Röhricht entlang der Seen klingt in der Dämmerung der dumpfe Ruf der Rohrdommel.

Mit einer Wasserfläche von fast 117 Quadratkilometer ist die Müritz der größte norddeutsche Binnensee, aber nur das Ostufer ist Teil des Nationalparks. Diese zehn Kilometer lange, flache Sandebene ist Ende des 18. Jahrhunderts durch eine künstliche Absenkung des Seespiegels entstanden.

MECKLENBURGER SEENPLATTE – KAPITALE HIRSCHE, STARKE SCHAUFLER UND BÖCKE

Zurück blieben Restseen, weite Moore und ausgedehnte Schilfflächen. Auf dem Schlamm der Müritzniederung haben sich große Bestände des gefährdeten Moor-Greiskrauts gebildet, einer bis zu einem Meter hohen Staude, die im Juni und Juli ihre gelben Blüten entfaltet.

Ein Stück dieses wertvollen Biotops war 1931 schon Vogelschutzgebiet, 1949 wurde es zum Naturschutzgebiet »Ostufer der Müritz« erweitert. Vor Ort bildete der Müritzhof als erste Lehrstätte für Naturschutz in Europa von 1954 bis 1989 haupt- und ehrenamtliche Naturschützer aus. Heute ist ein neuer Träger im historischen Gebäude ansässig, der sich um die Landschaftspflege im Vorland der Müritz kümmert. Die Seen im Nationalpark sind meist von Schilf umgeben. Vom Müritzhof bis zum Specker See hingegen wird das Röhricht vom Schneidried gebildet, einem seltenen Sauergras, das dort als eine der größten Schneidriedflächen Norddeutschlands wächst. Wegen der starken Rotwildvorkommen, die sich gerne in die Ried- und Schilfbestände zurückziehen, war das Gebiet auch jagdlich interessant. In den 1930er Jahren ging ein solventer Staatsrat dort zur Jagd und lies sich in Speck ein ehemaliges Gutshaus zum Jagdschloss ausbauen. Von 1956 an war das Ostufer Wildschutzgebiet, bis es von 1970 bis 1989 dem Staatsjagdgebiet Müritz zugeschlagen wurde.

Immer wieder Wasser und Wald im Wechsel. Die Mecklenburger Seenplatte ist das größte zusammenhängende Seengebiet in Deutschland.

MECKLENBURGER SEENPLATTE – KAPITALE HIRSCHE, STARKE SCHAUFLER UND BÖCKE

Die fischreichen Gewässer im Naturpark Nossentiner/Schwinzer Heide sind für den bedrohten Fischadler eine gute Nahrungsquelle. Er erbeutet die Fische als Stoßtaucher. Den Winter verbringt der Greif im tropischen Afrika.

Das Gebiet Serrahn ist eine Enklave des Nationalparks im Naturpark Feldberger Seenlandschaft. In dem nur 62 Quadratkilometer kleinen Teilstück befinden sich große Laubwälder, überwiegend aus Buchen, die seit 40 Jahren ohne forstliche Eingriffe auf dem Weg zur Wildnis sind. Es wurde vom Nationalpark als Jagdruhezone ausgewiesen.

Der Naturpark selbst, im Südosten der Mecklenburger Seenplatte gelegen, umfasst 34 500 Hektar. Den oberen Teil dieser Landschaft zwischen Woldegk und Neustrelitz mit seinen fruchtbaren Böden nutzt die Landwirtschaft. Ein Überbleibsel aus der Zeit der Schafweide ist der Cantnitzer Wacholderberg mit kräftig gewachsenen Exemplaren des stechenden Busches. Im unteren Teil des Naturparks befindet sich der Wald, mit über einem Drittel naturnaher Laubwälder. Die Mecklenburger Seenplatte besitzt viele Superlativen, dazu gehört auch der älteste Buchenwald Deutschlands. Schon 1850 hatte Großherzog Georg von Mecklenburg-Strelitz die

MECKLENBURGER SEENPLATTE – KAPITALE HIRSCHE, STARKE SCHAUFLER UND BÖCKE

»Heiligen Hallen« als »für alle Zeiten zu schonen« bestimmt. Die Bäume in dem 25 Hektar großen Naturschutzgebiet sind teilweise über 350 Jahre alt und manche haben eine Wuchshöhe von über 50 Metern erreicht.

In der Feldberger Seenlandschaft glitzern 69 Wasserflächen und Hunderte von Söllen und Tümpeln. Wo das eiszeitliche Gletscherwasser Rinnen ausspülte, entstanden zahlreiche Rinnenseen mit sehr klarem Wasser und großer Sichttiefe. Der Schmale Luzin ist ein solcher, 7 Kilometer lang, aber nur 150 Meter bis 300 Meter breit, mutet er mehr wie ein Fluss denn ein See an. Stockenten, Reiher- und Tafelenten auf dem Wasser lassen sich nicht stören, wenn die handbetriebene Fähre übersetzt. Der Breite Luzin, wie der Name andeutet, ist das genaue Gegenteil und mit 58 Metern der zweittiefste See Mecklenburgs. In seinem Wasser lebt die seltene Tiefenmaräne, eine Fischart, die nur dort vorkommt.

An die 137 Vogelarten brüten in der abwechslungsreichen Feldberger Seenlandschaft. Die feuchten Laubwälder mit Erlenbruch und Birken, wo sich im Frühjahr freie Wasserflächen bilden, verzeichnen landesweit die größte Dichte von brütenden Kranichpaaren. Aus Söllen und Mooren ist ab März das Konzert der Frösche und Unken zu hören, wie ein knarrendes Begrüßungslied für die ersten Kraniche, die im Brutrevier eintreffen. Der Pommernadler, korrekt als Schreiadler zu bezeichnen,

Legionen von Haubentauchern bevölkern im Frühjahr die großen Seen im Naturpark Mecklenburgische Schweiz – Kummerower See. Sie bauen ihr meist schwimmendes Nest am Schilfrand der Gewässer aus einem Haufen Wasserpflanzen.

MECKLENBURGER SEENPLATTE – KAPITALE HIRSCHE, STARKE SCHAUFLER UND BÖCKE

Rehwild ist im Gebiet der Mecklenburger Seenplatte überall anzutreffen. Es findet in der durch Wald- und Agrarflächen gestalteten Landschaft ausreichend Äsung und Deckung.

geht in Mooren und Wiesen auf Nahrungssuche. Er brütet in den abgeschiedenen Wäldern und hat an der Seenplatte seine westlichste Verbreitungsgrenze erreicht.

Zwischen Krakow am See im Norden, Plauer See im Süden, der Stadt Waren im Osten bis hinter Kloster Dobbertin im Westen dehnt sich der Naturpark Nossentiner/Schwinzer Heide aus. Das im 13. Jahrhundert gestiftete Kloster Dobbertin beeinflusste die Entwicklung dieser Region. 1760 sorgte es für die Errichtung des ersten Forsthofes in Schwinz und die Anlage von Kiefernforsten, wovon noch einige alte Kiefern im Naturschutzgebiet Jellen übrig sind. Nach mehr als 250 Jahren Raubbau am Wald waren Aufforstungen notwendig geworden. Glashütten, Kohlenmeiler, Kalköfen und Ziegeleien fraßen den Laubwald. Dazu kamen noch 23 Teeröfen, die in der von Wasser geprägten Gegend den so wichtigen Teer für den Bootsbau herstellten.

Wasser bedeckt fast ein Viertel der 36 500 Hektar Fläche. Die Südhälfte des Krakower Sees, der Goldberger und Drewitzer See sind die größeren der insgesamt 60 Gewässer. Auch das Nordufer des Plauer Sees gehört noch zum Schutzgebiet. Im Naturpark entspringen die Flüsse Mildenitz und Nebel, durchfließen und verbinden eine Reihe von Seen. Der Fischotter, der die gesamte Region bewohnt, nutzt diese Wasserstrecken gerne. Die Fischereibetriebe müssen mit ihm teilen und dürfen im Naturschutzgebiet nur Reusen mit Otterausstieg verwenden. Ebenso beansprucht der Fischadler seinen Anteil. Mit 10 Brutpaaren ist er im Naturpark vertreten. Weil geeignete Horstbäume rar sind, nimmt er mit Hochspannungsmasten vorlieb.

Der See der Hirsche

Die Nossentiner Heide mit ihren riesigen Wäldern war von 1962 bis 1989 das größte Staatsjagdgebiet der DDR, 20 136 Hektar standen dem SED-Politbüro und seinen Gästen zur Verfügung. Das Rehwild, überall vorhanden, wurde als »Hirsch des kleinen Mannes« von den »Staatsgrößen« verschmäht. Das jagdliche Interesse galt Schwarzwild, mit Kirrungen vermehrt ins Revier gelockt, und Damwild, dessen Bestand trotz konsequenter Abschüsse stets hoch blieb. An erster Stelle rangierte aber das Rotwild. Sein Bestand wurde künstlich erhöht, um möglichst viele starke Geweih-

Röhrichte und Sumpfflächen werden vom Rotwild gerne als Rückzugsraum angenommen. Der Grassee bei Alt-Gaarz ist ein beliebter Einstand und lieferte der DDR-Staatsjagd höchst kapitale Trophäen.

Rechte Seite: Über 1 000 Jahre alt sind diese Eichen. Die eindrucksvollen Naturdenkmale stehen im historischen Tiergarten von Ivenack, den das Forstamt Stavenhagen betreut.

träger strecken zu können. In den Jahren 1965 bis 1988 erlegten die Gäste 7 500 Stück Rotwild, was einem jährlichen Durchschnitt von 322 Stücken entspricht. Dabei spielte der Grassee eine besondere Rolle. Die 75 Hektar aus unbegehbarem Schilf, Sumpfland, Seen und Bruch südlich von Alt Gaarz gehörten zu den bevorzugten Einständen des Rotwildes, wo sich zur Brunft mehr als 100 Stücken versammelten. In diesem verlandeten Flachwassersee wurden die stärksten Hirsche gestreckt, darunter zehn Goldmedaillen- und 67 Silbermedaillenhirsche. Den Kapitalsten erlegte DDR-Staatschef Erich Honecker, das Geweih erhielt in der Trophäenbewertung 230,5 Punkte, wurde aber nie öffentlich gezeigt. Für Honecker war 1983 ein luxuriöses, neues Jagddomizil am Drewitzer See errichtet worden, das er aber nur an zwei Tagen im Jahr nutzte. Dafür bietet es heute als »Jagd- und Naturparkresidenz« seinen Gästen Erholungs- und Jagdmöglichkeit in der Nossentiner/Schwinzer Heide.

Der dritte Naturpark »Mecklenburgische Schweiz und Kummerower See« befindet sich im nördlichen Bereich der Mecklenburgischen Seenplatte. Sein langer Name sagt im wesentlichen, was die Landschaft auf 67 300 Hektar bereit hält. Wald ist weniger üppig vorhanden als in den anderen Schutzgebieten. Feldgehölze und Hecken gliedern die Agrarlandschaft und sind Lebensraum des Neuntöters, des Vogels mit der schwarzen Augenbinde, der seine kleinen Beutetiere auf Dornen spießt. Die Mecklenburgische Schweiz bilden Hügelketten, die stellenweise mehr als 100 Meter Höhe erreichen. Das Klima in den Senken begünstigt den Wuchs wärmeliebender Pflanzen. In den Magerrasen am Ostufer des Kummerower Sees lockt die Stein-Nelke, eine Tagfalterblume, mit ihren roten Kelchen die Schmetterlinge an.

Die beiden großen Seen, Kummerower und Malchiner See, gehören mit dem Teterower See zu den Rast- und Ruheplätzen für durchziehende Wasservögel. Weite Teile des Naturparks sind deshalb als Europäisches Vogelschutzgebiet klassifiziert. Zu den ziehenden Gänsen und Enten gesellen sich noch über tausend Haubentaucher, die im Frühjahr auf den Gewässern »Balztänze« vollführen. An den Ufern der Seen und im Peenetal ist eine ebenso reiche Vogelwelt zu beobachten. Die seltene Beutelmeise hängt ihr kunstvolles Nest zwischen die Schilfhalme und der aus dem Osten vorgedrungene Karmingimpel fügt einen weiteren Farbton in die mecklenburgische Vogelwelt. Das Peenetal erstreckt sich bis zur alten Hansestadt Demmin, dem nördlichsten Punkt des Naturparks, wo die Peene Richtung Ostsee weiterfließt. Von Süden kommend, am Malchiner See entlang, führt die deutsche Alleenstraße ein Stück durch den Naturpark und hinaus in die weite mecklenburgische Landschaft. Zwischen den alten Dörfern, Backsteinkirchen, Gutshäusern und Parkanlagen scheint

MECKLENBURGER SEENPLATTE – KAPITALE HIRSCHE, STARKE SCHAUFLER UND BÖCKE

die Zeit stillzustehen. Der Zeit getrotzt haben auch die ältesten deutschen Eichen unweit von Stavenhagen, der Geburtsstadt des bekannten Schriftstellers Fritz Reuter. 1 000 Jahre haben sie überdauert, ein Relikt der mittelalterlichen Waldweide. Die älteste unter ihnen soll 1 300 Jahre alt sein und ihre Krone fast 30 Meter messen. Monumente der Natur, die daran erinnern, wie kurz und vergänglich dagegen das eigene Leben ist. Standen Anfang des 20. Jahrhunderts noch elf dieser Veteranen, gibt es heute sechs der mächtigen Eichen im Damwildgatter der historischen Tiergarten-Försterei Ivenack zu bewundern. Nach dem Nutzvieh hält seit 300 Jahren Damwild den Jungwuchs rund um die alten Bäume kurz. Und entwischt ein Stück Wild in die vermeintliche Freiheit, kann es ihm ergehen wie dem Hirschen in Reuters plattdeutschem Gedicht:

»Un twischen Graben, twischen Muur,
Dor ward he stellt un senkt't Gehüürn.
Dor schallt't Hallali em in't Uur.
Dat helle, lichte Oog ward trüüv.«

Bunte Strecke

Wenn der Oktober anbrach, freute sich der Jäger ganz besonders auf den ersten Sonnabend des noch jungen Monats. Es war der Tag, an dem er sich mit den Reviernachbarn zur Stökerjagd traf. Hinter dem eigentümlichen Namen verbarg sich schlicht die jährliche Suche auf Niederwild.

Als der Jäger seine Sachen in den Geländewagen räumte, die Waffe, die Gummistiefel, war es noch dunkel. Cora, die Deutsch-Drahthaarhündin, nahm im Fond platz und los ging es auf's platte Land, wie der Jäger zu sagen pflegte. Um neun war er mit den anderen am kleinen Wasserwerk verabredet. In der Morgendämmerung fuhr er über den Wirtschaftsweg zum Treffpunkt. Die braunen Ackerschollen dehnten sich endlos bis zu einem Feldgehölz, dahinter schloss sich der lange Entwässerungsgraben an.

Wider erwarten hatte es in den vergangenen Tagen nicht geregnet, so dass der Acker einigermaßen begehbar war. Revierübergreifend hielt man die Füchse kurz, was mit einem üppigen Hasenbesatz gedankt wurde. Die Aussichten standen gar nicht schlecht, dass jeder der Schützen nach dem Ende der Jagd ein Langohr mit nach Hause nehmen würde.

Cora suchte mit Leidenschaft in weiten Zickzackbögen die Ackerfläche ab und stand bald vor. Jeder Muskel war angespannt, die Flanken zitterten. Eh' noch der Jäger den Hund erreichte, sauste ein Hase aus der Sasse, schlug einen Haken um den Weidmann und wollte das Weite suchen. Der Jäger sandte ihm eine doppelte Ladung Schrot hinterher, Wolle stob und der Hase lag. Cora apportierte und der erste Hase konnte im Rucksack verstaut werden. Weiter ging es über den Acker, dessen Krume sich an die Stiefel heftete und den Gang beschwerlicher machte. Am leicht trüben Himmel zogen Keile von Wildgänsen über die Köpfe der Jäger hinweg. So hoch, das an einen Schuss gar nicht zu denken war. Cora suchte brav weiter, aber es blieb beim Suchen. Mit jedem Schritt, den die Jäger auf den Entwässerungsgraben zu machten, schwand die Hoffnung auf den Hasensegen. Es blieb bei einem einzigen.

Der Entwässerungsgraben führte kaum Wasser und war beiderseits dicht mit Röhricht bewachsen. Die Deutsch-Drahthaarhündin preschte zwischen die Halme und mit lautem »quähkquähkquähk« strich ein Stockentenpaar ab. Es knallte und der Erpel plumpste auf den Acker. Die Jäger hatten sich aufgeteilt, je zwei gingen auf einer Seite am Graben entlang, Cora stöberte durch das Schilf. Ein Flattern. »Achtung, Henne!« Sie flog ins Feldgehölz. Gleich darauf machte Cora einen Fasanenhahn hoch, der die Schrote bekam, himmelte und ebenfalls auf dem Acker landete. Der Jäger hängte ihn gerade in den Galgen der Jagdtasche, als sein Nachbar »Achtung, Hahn!« rief und schoss. Geflügelt segelte der bunte Jagdfasan zur Erde und versuchte zu »Fuß« zu flüchten, aber der Hund war schneller und apportierte ihn.

Klein war die Strecke, gewiss, aber keiner der Jäger war enttäuscht, letztlich hatte jeder der Schützen doch bescheidenes Jagdglück gehabt. Bis zum frühen Abend saßen sie noch beieinander. Dann nahm der Jäger seinen Fasan, setzte den Hund in den Geländewagen und machte sich auf den Heimweg. Im Scheinwerferlicht zählte er die Hasen auf den Äckern und Brachen entlang des Wirtschaftsweges. Als er auf die Landstraße einbog, war er bei achzehn angelangt.

Paul Dahms

Schorfheide

Revier der Herrschenden

Kein Jagdrevier hierzulande ist so mit Legenden behaftet wie die Schorfheide. Herrscher aller Epochen und politischer Systeme schätzten den großen Wald und seinen Wildbestand als Jagdmöglichkeit in unmittelbarer Nähe zum Regierungssitz. Kaiser Wilhelm II., Reichsjägermeister Hermann Göring oder DDR-Staatsoberhaupt Erich Honecker beanspruchten und verteidigten die Schorfheide fast eifersüchtig als persönliches Pirschrevier.

Lange Zeit ist sie eines der wildreichsten Gebiete Deutschlands gewesen, nicht unbedingt zum Vorteil für Wald und Wild. Heute zeigt sich die märkische Landschaft, der Wald genesen von verordneter Vernachlässigung, das Wild von Überhege, als Teil des Biosphärenreservates Schorfheide-Chorin und auf dem bestem Wege, erstmals in ihrer Geschichte, Jagd und

SCHORFHEIDE – REVIER DER HERRSCHENDEN

Blaubeersträucher gedeihen gut auf den sandigen Böden der lichten Nadelholzwälder. Wenn die blauschwarzen Beeren im Juli reif sind, werden sie auch vom Wild nicht verschmäht.

Natur in Einklang zu bringen. »Große Werbellinische Heyde« hieß sie bis ins 19. Jahrhundert und groß ist sie immer noch, obwohl ihre Gebietsgrenzen über die Zeiten variierten. Grob umrissen beginnt sie im Norden unterhalb der uckermärkischen Stadt Templin, erstreckt sich zwischen Zehdenick im Westen und der A 11 im Osten mit dem Oder-Havel-Kanal als südliche Grenze.

Heide sind die 45 000 Hektar allerdings nie gewesen, sondern bis heute dünn besiedeltes, wasserreiches Waldgebiet mit 17 Seen. Um den Werbellinsee, den »schönsten der Mark«, wie Dichter Theodor Fontane schrieb, steht üppiger Laubmischwald. Die lehmigen Böden der Eichheide mit Buchen und Eichen werden in der Mitte des Waldgebietes von den trockenen, sandigen Böden der Kienheide abgelöst, wo überwiegend Kiefern mit dichtem Blaubeerunterwuchs stocken. Vereinzelte kleine Kuppen, selten über 100 Meter, wölben sich an einigen Stellen aus dem flachen Gelände. Ehemalige Huteflächen bilden größere Lichtungen im Wald, Erlenbruch verweist auf viele Moorstellen.

Wenn Markgrafen und Kurfürsten zur Jagd in ihr Leibrevier ausritten, zeigte sich ihnen die Schorfheide noch lange als Urwald. Um 1550 waren Teile des Waldes mit dem »Großen Wildzaun« umgeben worden, der, rund 80 Kilometer lang und zwei Meter hoch, fast 200 Jahre lang das herrschaftliche Wild vor den Jagdgelüsten der Anrainer schützte. Als Jagdquartier nutzten die brandenburgischen Regenten seit dem 13. Jahrhundert Burg Grimnitz am Westufer des Grimnitzsees. Erst Mitte des 17. Jahrhunderts ließ der Große Kurfürst Jagdhaus Groß Schönebeck als neues Domizil erbauen. Im Südwesten der Schorfheide gelegen diente es ihm und seinen Nachfolgern für Jagdaufenthalte.

Das letzte Gebäude, das sich die Hohenzollern in der Mark Brandenburg für Jagdzwecke errichten ließen, war Jagdhaus Hubertusstock. Laut heimatkundlicher Überlieferung geht der Name darauf zurück, dass König Friedrich Wilhelm IV., müde von der Jagd, seinen Stock in den Waldboden gestoßen haben soll und dabei ausrief »hier soll es stehen«. Hubertusstock hatte wenig von einem Schloss. Der Bau wurde 1848 unweit des Werbellinsees im alpenländischen Stil ausgeführt. Um das Obergeschoss lief ein Balkon mit reich geschnitztem Geländer, eine Vielzahl von Geweihen war als Schmuck angebracht worden.

Durch das neue Jagdschloss bürgerte sich die Bezeichnung des Revierteils »Schorff Heyde«, der unweit Hubertusstock lag, für das ganze Waldgebiet ein. Die Schorfheide wurde unter Friedrich Wilhelm IV. wieder zu einer gegatterten Hochwildbahn. Es war die Epoche der Hofjagden und großen

SCHORFHEIDE – REVIER DER HERRSCHENDEN

Wildstrecken. Auf den über 40 000 Hektar des »Großen Wildgatters« fanden bis zum Regierungsantritt Kaiser Wilhelm II. vor allem Lappjagden und eingestellte Jagen auf Rotwild statt.

Der Kaiser pirscht

Wilhelm II, seit 1888 auf dem Kaiserthron, erklärte die Schorfheide zu seinem Pirschrevier, wo keine großen Gesellschaftsjagden mehr abgehalten werden durften. Es umfasste im wesentlichen die Reviere der Oberförstereien Groß Schönebeck, Pechteich, Grimnitz, Reiersdorf und Zehdenick. Verantwortlich vor Ort war Forstmeister Balduin von Hövel, der dem Kaiser auf der Jagd zur Seite stand. Bis zu zwei mal jährlich kam Wilhelm II. für mehrere Tage in die Schorfheide. Er reiste mit dem Sonderzug bis zum Bahnhof Werbellinsee und mit dem Wagen weiter nach Hubertusstock.

In den großen Wäldern der Schorfheide verläuft sich der Ausflugsverkehr. Die Natur lädt ein in ihre stillen Winkel.

SCHORFHEIDE – REVIER DER HERRSCHENDEN

Jagdschloss Hubertusstock passt mit seiner Architektur eher in die Berge als in den märkischen Wald. Preußenkönig Wilhelm IV. ließ das Gebäude 1848 errichten.

Bei seinem Eintreffen ließ die Jägerei ihre Hörner erklingen und intonierte den »Fürstengruß« zum Empfang am Jagdschloss. Der Kaiser nutzte Hubertusstock regelmäßig und erwarb das Gebäude 1907 zusammen mit dem Grundstück.

In der Schorfheide unternahm Wilhelm II. Pirschfahrten in einer zweispännigen Kutsche. Er schoss die Rothirsche und Damhirsche vom Wagen aus, was meist ohne Schwierigkeiten gelang, da das Wild durch Fütterungen fast halbzahm und vertraut war. Nach der Brunft im Oktober wurden regelmäßig Kartoffeln, Kastanien, Eicheln und Heu ausgebracht. Wenn die Hirsche ihr Geweih abgeworfen hatten, gab es Hafer und Mais als Kraftfutter und noch Wildpulverzusätze, um die Geweihstärke anzuheben. Als Spätfolge einer zu hohen Rotwilddichte in der Zeit der großen Hofjagden, die 1879 mit 15 Stück auf 100 Hektar ihren Höchststand erreicht hatte, wiesen die Geweihe der Hirsche kein starkes Gewicht auf. Obwohl der Kahlwildbestand inzwischen reduziert worden war, hatten sich die Hirschtrophäen in ihrer Stärke noch nicht nach den Vorstellungen des Kaisers entwickelt. Mit fast fünf Stücken auf 100 Hektar war der Rotwildbestand immer noch hoch, Rudel von 200 Stück im Revier kein seltener Anblick. Zur Hirschbrunft fanden sich auf kleinen Lichtungen ebenfalls große Rudel und viele jagdbare Hirsche ein. An diesen Brunftplätzen gab es für den Kaiser jeweils eine Kanzel. Die Forstbeamten brachten ihren Jagdherren auch dort gezielt zu Schuss, indem sie ihm das Wild vor die Kanzel drückten. Im Zeitraum 1895 bis 1913 konnte Wilhelm II. in der Schorfheide 39 Damschaufler und 564 Hirsche erlegen.

Nach dem Ende der Monarchie pirschte der sozialdemokratische Ministerpräsident Otto Braun zeitweilig im ehemaligen kaiserlichen Hofjagdrevier. Ihm gleich tat es Reichspräsident Paul von Hindenburg, der zur Jagd ein schlichtes Blockhaus am Werbellinsee bewohnte.

Göring kommt!

Mit der republikanischen Bescheidenheit war es vorbei, als die Nationalsozialisten an die Macht kamen. Fortan ertönte der »Fürstengruß« dem selbsternannten Herrscher über die Schorfheide, Reichsjägermeister Hermann Göring, der das große Waldgebiet für sich vereinnahmte.

SCHORFHEIDE – REVIER DER HERRSCHENDEN

Göring, natur- und jagdbegeistert, hatte 1934 für die Verabschiedung des Reichsjagdgesetzes gesorgt und ließ 1935 das Reichsnaturschutzgesetz folgen. Ein Jahr darauf machte er die Schorfheide zum Naturschutzgebiet. Schon Ende der 1920er Jahre waren 40 000 Hektar unter Schutz gestellt worden. Göring ging mit seiner 1936 eingerichteten Stiftung noch weiter. Die Schorfheide sollte der Erholung der Bevölkerung dienen, die Naturverbundenheit fördern und ein Schutzgebiet für bedrohte Tier- und Pflanzenarten sein. Aus einem »Sonderkredit Schorfheide« flossen Geldmittel für die Wiederansiedlung von ausgestorbenen – oder die Einbürgerung von neuen Wildarten. Gemeinsam mit Lutz Heck, dem Direktor des Berliner Zoos, wollte der Reichsjägermeister verschwundenes Großwild zurück in die Schorfheide holen, die in Görings Phantasie wieder zum Urwald wurde, den »brausende Urwildherden« durchziehen.

Ein kleines Gatter mit einigen reinblütigen, europäischen Wisenten wurde angelegt und ein weiteres, 1 800 Hektar großes, zur Verdrängungszucht und für die Jagd. Stiere, die sich nicht für die Nachzucht eigneten, waren zum Abschuss frei. Die Stiftung befasste sich auch mit Rückzüchtungen von Auerochsen und Wildpferden. Biber wurden ausgesetzt und zwei Uhus. Die größten einheimischen Eulen nahmen den neuen Lebensraum nicht an, der genauso wenig für die Elche aus dem Elchgatter taugte.

Die Stiftung Schorfheide nutzte der Wildforschung und Görings jagdlichen Ambitionen. Schon 1933 hatte sich der Reichsjägermeister an einer der landschaftlich schönsten Stellen der Schorfheide ein Jagdhaus im »Heimatschutzstil« hinsetzen lassen. Auf der Landenge zwischen Wuckersee und Großem Döllnsee stand das luxuriös ausgestattete Jagdhaus »Carinhall« und erfuhr Mitte der Dreißiger Jahre umfangreiche Erweiterungsbauten. Es diente Göring zum Empfang von Staatsgästen und war Ausgangspunkt der Jagden, zu denen Prominenz, Militär und Diplomatie geladen wurden.

Anfangs war der Zehdenicker Forst im Bereich des Naturschutzgebietes »Schorfheide« als Jagdgebiet für Göring eingezäunt worden. Durch die Stiftung Schorfheide waren seine Jagdmöglichkeiten 1937 auf eine Ausdehnung von 52 000 Hektar angewachsen. Göring bemühte sich stets, das Gebiet durch Flächenankauf, Flächentausch und auch Enteignung noch zu erweitern. Die Schorfheide war sein persönliches Jagdrevier, das in der Bewirtschaftung einem Staatsjagdrevier glich.

Kapitale Rotwildtrophäen zu erbeuten stand in der Schorfheide lange im Zentrum des Jagdinteresses. Wald, Wild und Weidgerechtigkeit wurden diesem Ziel geopfert.

SCHORFHEIDE – REVIER DER HERRSCHENDEN

Die Schwarzwildpopulation ist hoch und ebenso die jährliche Strecke. Weil zu wenig weibliche Stücke erlegt werden und die Lebensbedingungen für die Wildschweine gut sind, wächst ihre Zahl weiter.

SCHORFHEIDE – REVIER DER HERRSCHENDEN

SCHORFHEIDE – REVIER DER HERRSCHENDEN

Der »Oberste Naturschützer« und Vorsitzende der Stiftung Schorfheide, der nie eine ordentliche jagdliche Ausbildung erfahren hatte, jagte in der Schorfheide auf Rehbock, Damhirsch, Rothirsch, Keiler und die Widder des 1934 wieder eingebürgerten Muffelwildes. Hermann Göring war begeistert von mächtigen Trophäen und investierte zur Hebung der Trophäenstärke große Geldsummen der Stiftung in die Wildfütterung und den Ankauf von starken ausländischen Hirschen und Muffelwiddern.

Die Wildhege stand an erster Stelle. Als während des Krieges Lebensmittel streng rationiert waren und Hunger den Alltag beherrschte, wurden auf Görings Weisung Kartoffeln für die Rotwildfütterung in der Schorfheide eingelagert. Auch der Wald musste hinter dem Wild zurückstehen. Von der zeitweilig praktizierten Dauerwaldidee war Göring wieder abgerückt. 1941 erging sein Erlass, dass die forstlichen Maßnahmen in der näheren und weiteren Umgebung von Carinhall ausschließlich der Waldesschönheit zu dienen hätten und Wälder mit urwaldartigem Charakter zu schaffen seien. In der übrigen Schorfheide fand Kahlschlagwirtschaft statt. Zugleich verfügte er, dass kapitale Hirsche nicht von Gästen, sondern nur von ihm geschossen werden dürften. Den Abschuss von Keilern und Muffelwiddern hatte er schon lange für sich reserviert. Trotz allem war Hermann Göring noch ein weidgerechter Jäger. Seine Urwaldträume, Wisente und »Carinhall« gingen 1945 im Inferno des Kriegsendes unter.

Die Stockente ist die häufigste Wildente. Den ersten September als den Aufgang der Jagd auf das Wassergeflügel mit dem schmackhaften Wildbret erwarten die Jäger mit Ungeduld.

In der Nachkriegszeit wurde fast ein Drittel der Waldflächen abgenutzt. Holz war als Reparation an die Sowjetunion geliefert worden, deren Soldaten in der Schorfheide dem Wild mit Kriegsgerät nachstellten, um die Kessel ihrer Feldküchen zu füllen. Später jagten hohe sowjetische Offiziere dort, seit den 1950er Jahren kümmerten sich Jagdkommandos der Volkspolizei um den Wildbestand. Als Vorläufer der späteren DDR-Staatsjagdgebiete war 1955 auf 7 000 Hektar das »Sonderjagdgebiet Hubertusstock« eingerichtet worden, ein erstes »Privatjagdgebiet« für Partei- und Staatsfunktionäre. In den 1960 er Jahren übernahm das Militär, die Nationale Volksarmee (NVA), die Schorfheide mit einem eigenen Forstwirtschaftsbetrieb und einer selbstständigen Jagdwirtschaftseinrichtung. Ein 120 Kilometer langer Wildzaun mit Einsprüngen und Sauklappen umfasste den Wald.

Sozialistischer Jagdbetrieb

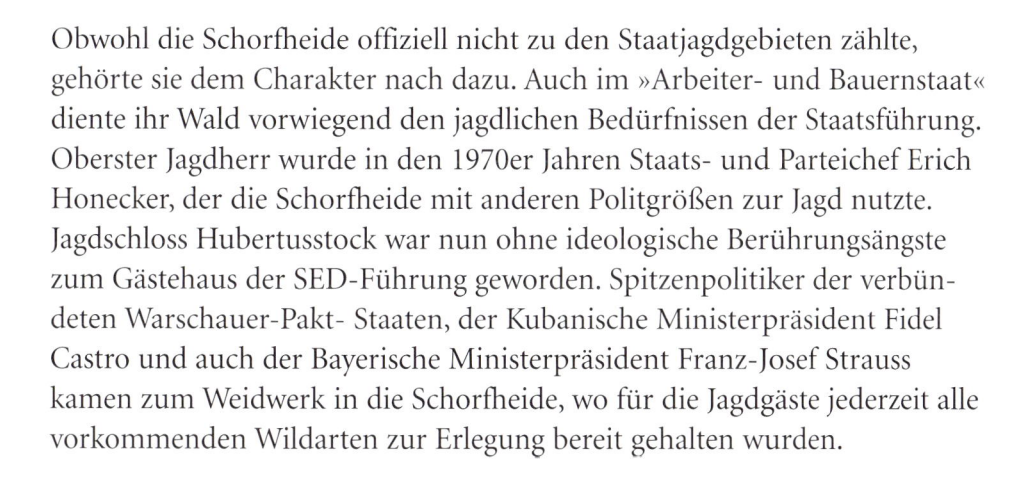

Mit etwas Glück gelingt es, den farbenprächtigen Eisvogel bei der Jagd zu beobachten, wenn er an stillen Wasserflächen nach kleinen Fischen taucht.

Obwohl die Schorfheide offiziell nicht zu den Staatjagdgebieten zählte, gehörte sie dem Charakter nach dazu. Auch im »Arbeiter- und Bauernstaat« diente ihr Wald vorwiegend den jagdlichen Bedürfnissen der Staatsführung. Oberster Jagdherr wurde in den 1970er Jahren Staats- und Parteichef Erich Honecker, der die Schorfheide mit anderen Politgrößen zur Jagd nutzte. Jagdschloss Hubertusstock war nun ohne ideologische Berührungsängste zum Gästehaus der SED-Führung geworden. Spitzenpolitiker der verbündeten Warschauer-Pakt- Staaten, der Kubanische Ministerpräsident Fidel Castro und auch der Bayerische Ministerpräsident Franz-Josef Strauss kamen zum Weidwerk in die Schorfheide, wo für die Jagdgäste jederzeit alle vorkommenden Wildarten zur Erlegung bereit gehalten wurden.

Der Wildbestand überschritt in dem knapp 16 000 Hektar großen Gebiet die wirtschaftlich tragbare Dichte um ein Vielfaches. In der Zeit von 1966 bis 1970 war er von fast 16 auf über 23 Stücke pro 100 Hektar angewachsen und hatte sich beim Rotwild nahezu verdreifacht. Als neue Zielstellung sollte bis Mitte der 1970er Jahre unter »bestmöglichen Lebensbedingungen« ein Wildbestand von 2 000 Stück Rotwild, 1 600 Stück Damwild, 1 000 Rehen, 800 Muffel und 1 200 Wildschweinen in der Schorfheide gehegt werden, wobei die Rothirsche über 10 Jahre Medaillenqualität besitzen sollten. Um die angestrebte Wilddichte zu erreichen, wurde nur wenig weibliches Wild gestreckt, und so stieg die Populationen weit über die Vorgaben. Sie lag 1978 bei fast 49 Stücken je 100 Hektar. Das Rotwild kam mit 12 Stück auf 100 Hektar fast auf eine Dichte wie zu Zeiten der Kaiserlichen Hofjagden. Die konstant überhöhten Hochwildbestände wurden ganzjährig gefüttert.

Abermals musste sich der Waldbau der Jagd unterordnen. Der starke Wildverbiss verhinderte wirksame Kulturmaßnahmen. Schon 1960 war der Einschlag reduziert worden und es existierte eine Anweisung, in den Wald-

SCHORFHEIDE – REVIER DER HERRSCHENDEN

Rechte Seite: Wisente sind in Deutschland seit dem 18. Jahrhundert in freier Wildbahn ausgestorben. Pläne, die bis zu 1000 Kilo schweren Wildrinder in der Schorfheide auszuwildern, scheiterten. Heute leben Exemplare der imposanten Kolosse im Wildpark Groß Schönebeck.

beständen nur noch die Ränder und Wege »für das Auge« zu pflegen. In der trockenen Kienheide wurden Wildäcker mit Beregnungsanlagen installiert, künstliche Suhlen angelegt und andernorts ein Feuchtgebiet zwecks besserer Begehbarkeit für die Wildbergung entwässert. Es gab beleuchtete Kirrungen und am Trämmersee sollte auf künstlich überstauten Wiesen ein bejagbares »Entenparadies« entstehen. Selbst die Aussetzung von Auer- und Birkwild war im Gespräch. Die Kosten eines derartigen Jagdbetriebes, der zu Lasten des Staates ging, schlugen im Jahr 1986 mit über acht Millionen Mark zu Buche. Offiziell tauchte diese Summe nicht auf, sie wurde im Verteidigungshaushalt abgerechnet.

Gab es vor Honecker noch Gesellschaftsjagden großen Stils, fanden in seiner Ära in der »Jagdwirtschaft der NVA« nur wenige statt. Erich Honecker war ein Schießer, dem es um seine persönliche große Strecke mit möglichst starken Trophäenträgern ging. Für die Jagd standen ihm in der Schorfheide 173 Kanzeln, 47 Schirme und ein Pirschwegenetz von 200 Kilometern Länge zur Verfügung. Die Pirsch fand mit dem Auto statt, und vom Auto aus wurde auch geschossen und das Wild innerhalb kürzester Zeit erlegt. Ein Bergekommando, dass dem Jagdwagen folgte, versorgte die Stücke. Die Nachsuchen waren meist kurz und nicht ausreichend. Nicht nur Hirsche und Widder, auch Schonzeiten und Weidgerechtigkeit blieben dabei auf der Strecke. Die jagdlichen Entgleisungen der DDR-Oberen erinnerten stark an das Gebaren barocker Fürsten. Mit der politischen Wende in Deutschland hörte der Spuk endlich auf. Als eine ihrer letzten Amtshandlungen stellte die DDR-Regierung das Gebiet 1990 als »Biosphärenreservat Schorfheide-Chorin« unter Schutz.

Die stille Schorfheide ist heute nach wie vor eines der reizvollsten und beliebtesten Ausflugs- und Jagdgebiete mit reichem, aber dem Wald angepasstem Wildbestand. Wie eine Erinnerung an die Stiftung Schorfheide nimmt sich der Wildpark bei Groß Schönebeck aus, wo in großen Freigehegen wieder Wisente und Elche durch die Schorfheide ziehen.

Im Jagdschloss Groß Schönebeck dokumentiert das Schorfheide-Museum die wechselvolle Geschichte des ehemaligen Hofjagdreviers. Jagdschloss Hubertusstock hingegen ist nicht mehr zugänglich. Die Anlage, zeitweilig noch als Hotel betrieben, wartet nun auf neue Nutzer und reiht sich ein in die steinernen Zeugen der Vergangenheit, die etwas über die historische Schorfeide »erzählen«. Wie die Mauerreste von Jagdschloss Grimnitz, die Trümmer von »Carinhall« oder die vielen Gedenksteine an kaiserliche Jagderfolge, über die man bei der Pirsch in den Revieren »stolpern« kann: »Wilhelm der II. faellete allhier seinen 1 000. edel Hirschen«.

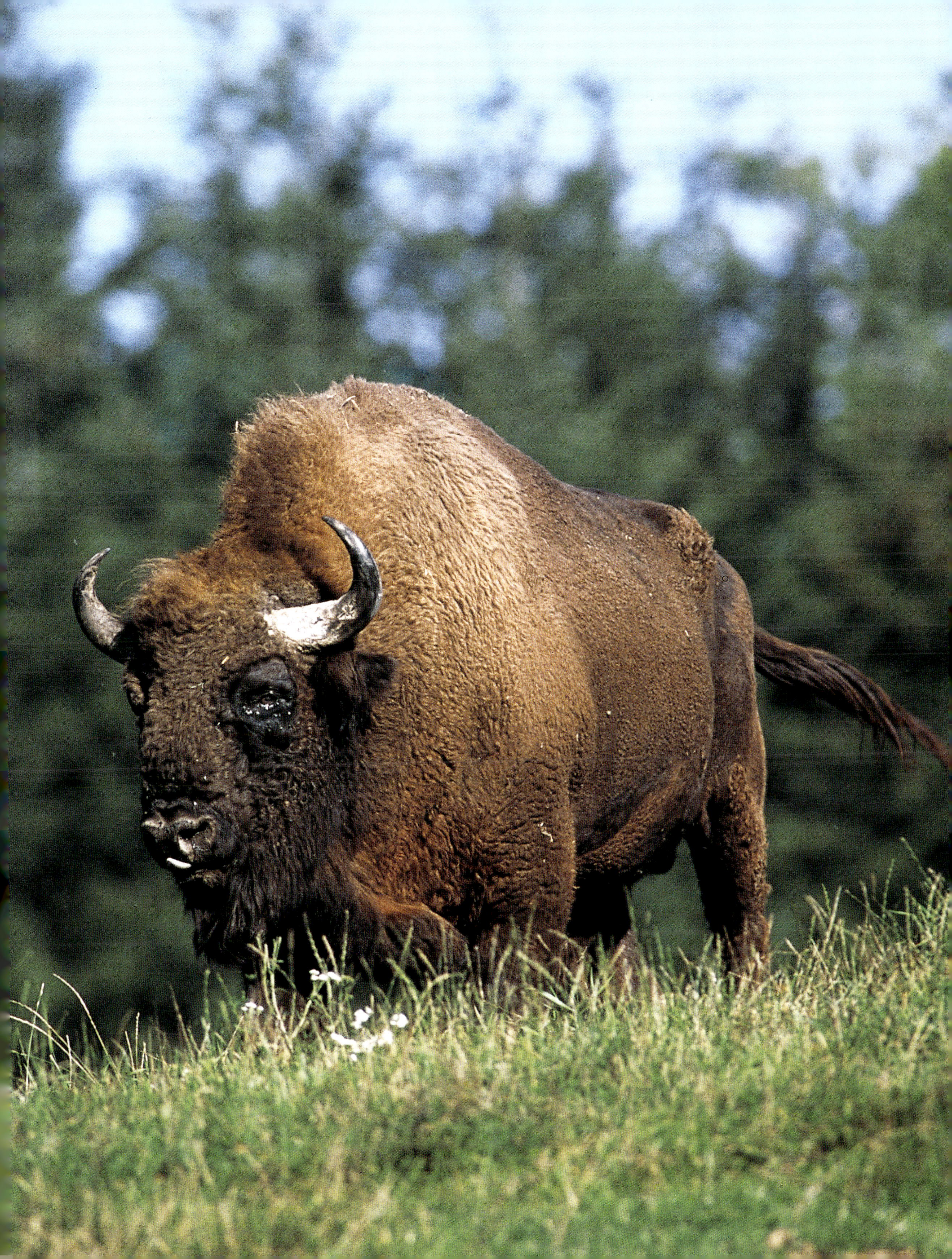

Die jüngst vergangenen Jagden Sr. Majestät Kaiser Wilhelm II.

Zum Weidwerk rechnen wir die Art und Weise, wie der Kaiser in Rominten auf Brunfthirsche jagt; dort wird der einzelne und zwar nur sehr gute Hirsch von der Jägerei möglichst genau bestätigt und dann vom Kaiser angebirscht und mit der nur selten fehlenden Fernrohrbüchse erlegt – ein oder zwei solcher Recken bilden die Tagesstrecke.

Wenn wir aber lesen, dass der Kaiser in der Schorfheide in vier Jagdtagen 24 starke Hirsche erlegt hat, innerhalb einer halben Minute eine Triplette auf einen 16-Ender und zwei 14-Ender macht, an einem Vormittag neun Hirsche streckt, dass der Kaiser neben dem Futterwagen hergeht – wobei der »Fütterer unter heftigem Klappern die Kartoffeln auf die Bahn streut« – und nun den herbeikommenden Hirsch erlegt, ebenso einen anderen, der vertrauensvoll bis auf 40 Schritte an den Wagen herankommt – so kann uns das als Weidwerk kaum anmuten!

Noch weniger aber die Jagd des Kaisers in Bückeburg beim Fürsten zu Schaumburg-Lippe am 11. Dezember v.J. Dort waren in einem alten Laubholzbestand von nur 800 Meter Durchmesser 40 Hirsche mit Mutterwild eingefüttert und dann mit hohem Gatter umstellt worden; innerhalb dieses Gatters birschte nun der Kaiser, begleitet von seinem Leibjäger, und erlegte in einigen Stunden 15 Hirsche und drei Tiere, welch letztere als unfreiwillige Opfer hinter durchschossenen Hirschen fielen. Sodann wurde schleunigst in ein zweites Revier gefahren, woselbst Hirsche und Mutterwild in ähnlicher Weise eingegattert waren, und erlegte der Kaiser hier binnen einer Stunde 13 weitere Hirsche und zwei Tiere, sodaß die Gesamtstrecke dieses Tages 28 Hirsche und fünf Tiere betrug.

Ob wohl der Kaiser vor der am Abend gelegten Strecke etwas von dem Hochgefühl empfunden hat, das des Weidmanns Herz durchströmt, wenn er nach tagelanger Mühe endlich vor dem erlegten guten Hirsch steht? Ob die hier erbeuteten »Trophäen« ihm auch später noch Freude bereiten, die Erinnerung an herrliche Jagdtage in ihm hervorrufen?

Desgleichen las man von den Fuchsjagden des Kaisers bei dem Fürsten zu Fürstenberg, woselbst Seine Majestät vom 14. bis 17. November vor Js. in vier Jagdtagen 85 Füchse erlegte, hierunter sechs, acht, neun in einem Trieb! Daß ein solches Resultat doch wohl nur unter Anwendung besonderer Hilfsmittel erzielt werden kann, liegt nahe, und gleiches gilt wohl für die Fasanenjagden

SCHORFHEIDE – REVIER DER HERRSCHENDEN

des Kaisers in Schlesien. Dort hat der Kaiser in drei Jagdtagen 676, 997 und 936 Fasanen erlegt, in Summa 2 609 Fasanen, dazu noch elf Stück anderes Wild, und hiezu 3 097 Schuß abgegeben.

Wir bewundern die Schussfertigkeit des Kaisers und seine körperliche Leistungsfähigkeit; denn in wenigen Stunden über 1 000 Schüsse abzugeben, bedeutet eine nicht geringe Anstrengung und ist wohl nur bei Gewehren möglich, die auch nicht den geringsten Rückstoß haben – aber beneiden können wir den Kaiser um seine Strecke nicht. Diese Art des Jagens ist englischer Schießsport, nicht aber gut deutsches Weidwerk!

Otto Grashey, 1900

Harz

Zu den Tälern der Mufflons

Es scheint etwas ganz selbstverständliches zu sein, dass Muffelwild zu den jagdbaren Schalenwildarten Deutschlands gehört. Seine Vorkommen liegen verstreut im Bundesgebiet und sind gemessen an den Rot- und Rehwildbeständen eher klein. Wer Mufflons im Revier hat, schätzt die spannende Jagd auf die heimlichen Wildschafe, die inzwischen zwar heimisch geworden, aber keine heimische Wildart sind. Ihr Ursprung wird in Vorderasien vermutet, als Heimat Korsika und Sardinien genannt. Gerade einmal 100 Jahre ist es her, dass sich Mufflons zum ersten mal ihre Schalen auf deutschem Boden abliefen.

Sie waren 1902 auf Veranlassung des Grafen von Seydlitz im Eulengebirge in Schlesien ausgesetzt worden. Ein Jahr darauf gab es im preußischen

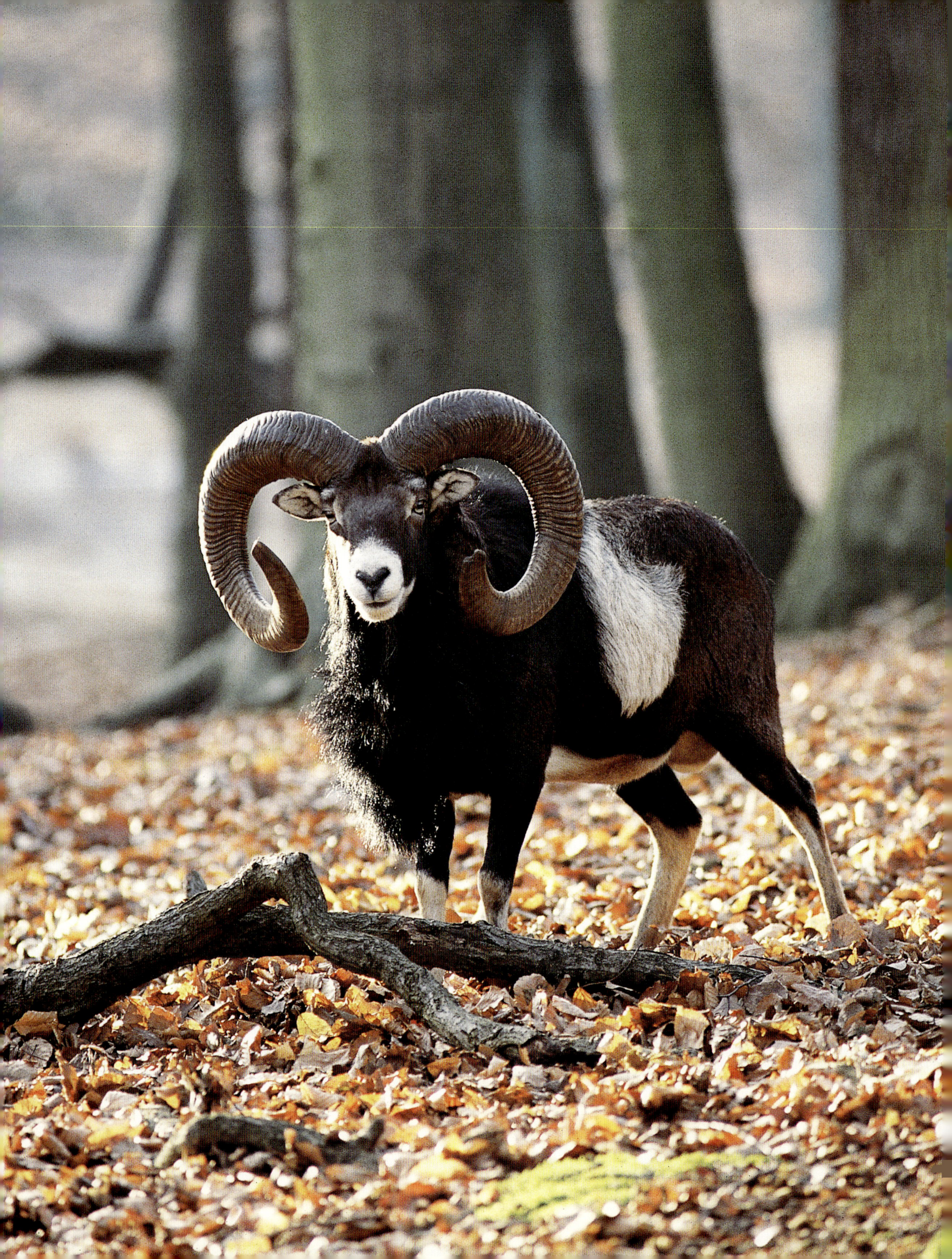

Hofjagdrevier Göhrde einen zweiten Einbürgerungsversuch. Oskar Tesdorpf, Kaufmann aus Hamburg, hatte dem Kaiserlichen Hofjagdamt Muffelwild zum Geschenk gemacht. Der zoologisch interessierte Tesdorpf förderte diese kleinste Wildschafart, die in ihrer Heimat durch zu starke Bejagung vom Aussterben bedroht war. Fast paradox klingt es, dass die Mufflons zugleich wegen ihrer Tagaktivität, ihrem Wildbret und der Widdertrophäe als Bereicherung der heimischen Jagdmöglichkeiten angepriesen wurden.

Die gedrehten Stirnwaffen des Widders, die Schnecken, sind echte Hörner. Sie beginnen schon beim drei Monate alten Widderlamm zu wachsen und können imposante 80 Zentimeter lang werden. Die Bemerkung eines preußischen Forstmannes aus der Göhrde, dass die immer gleichen Windung der Widderschnecken im Vergleich zum Rothirschgeweih langweilig seien, wird heute wohl niemand mehr teilen. Zudem besitzt der Widder noch eine weitere Trophäe: seine braune Decke mit dem weißen Sattelfleck.

Nachdem sich die Mufflons in der Göhrde recht gut eingelebt hatten und die Erfahrungen mit dieser neuen Wildart als gut bewertet wurden, bekam Oskar Tesdorpf eine weitere Aussetzungsmöglichkeit in einem 2 500 Hektar

Im Gegensatz zu anderen Schalenwildarten äugen Mufflons gut, was die Jagd erschwert. Sie halten auch keine festen Wechsel ein.

Linke Seite: Ein starker Muffelwidder imponiert mit seinen Schnecken. Bei einem Angriff wehrt er sich energisch mit den Stirnwaffen und Vorderläufen.

HARZ – ZU DEN TÄLERN DER MUFFLONS

»Der Widder tot, Muffel ist tot. Rund ist die Schneck', g'sattelt die Deck' ... Halali!«

großen Staatsforst im Ostharz. Im Sommer 1906 trafen die ersten Mufflons beim Forstamt Harzgerode ein. Auf Wunsch des Oberförsters Otto, der das Forstamt leitete, waren die Transportkästen für die Bahn mit der Aufschrift »lebendes Damwild, bitte nicht füttern« versehen worden. Otto wollte vermeiden, das »Kurgäste und Tageblätter« auf die ungewöhnliche Fracht aufmerksam wurden.

Ankunft der Mufflons

Zunächst erreichten zwei Widderlämmer, drei Schaflämmer und ein einjähriger Muffelwidder den Harz. Sie stammten aus verschiedenen Zoologischen Gärten, waren aber echte Mufflons. Oskar Tesdorpf achtete sehr auf Reinblütigkeit, da bei Kreuzungen mit Hausschafen immer wieder unerwünschte Eigenschaften auftraten. »Mischlinge« richteten Feldschäden an und schälten Bäume. Die sechs Mufflons kamen zunächst in ein Eingewöhnungsgatter im Revier Drahtzug, das heute zum Revier Alexisbad gehört. Noch weitere fünf Jahre, bis 1910, wurde Muffelwild in den Harz geliefert. Von insgesamt 45 Stücken konnten 26 in die freie Wildbahn entlassen werden. Es sollte nicht lange dauern, bis sich daraus ein stattlicher Bestand entwickelt hatte.

Die Mufflons leben im Wald in gemischten Rudeln. Tagsüber stehen sie gerne auf Lichtungen und zwischen lichten Baumbeständen, während ihnen Laub- und Nadelholzdickungen als Rückzugsraum dienen. Die

HARZ – ZU DEN TÄLERN DER MUFFLONS

Schafe setzen Ende April bis Anfang Mai meist ein Lamm, nachdem sie im zurückliegenden Herbst vom Widder beschlagen worden sind. Die Brunft findet im Oktober und November statt. Der starke Widder stellt sich zum Schafrudel und duldet keine Nebenbuhler. Er verteidigt seine Position und es hallt oft weit durch den Wald, wenn ebenbürtige Widder mit ihren Schnecken frontal aufeinanderprallen.

Den ersten Widder in freier Harzer Wildbahn konnte Oberforstrat Reuß, der auch für die Einbürgerung im Harz zuständig gewesen war, strecken. Jagd auf Muffelwild ist gleichermaßen schwierig und reizvoll, denn es verfügt über gute Sinnesleistungen und kann als »Augentier« den ansitzenden Jäger auf der Leiter erkennen. Die Pirsch oder Riegeljagd verspricht den meisten Erfolg. Wenn auch der kapitale Muffelwidder das Objekt der jagdlichen Begierde darstellt, gebietet die Hegepflicht vorrangig den Abschuss von hinkenden Stücken mit ausgewachsenen Schalen und von »Scheuerern« und »Einwachsern«, den Widdern mit krankhaftem Schneckenwachstum.

Die Muffelwildpopulation im östlichen Teil des Harzes ist die zahlenmäßig größte in Deutschland. Sie hat sich trotz der Einbrüche in zwei Weltkriegen immer wieder erholt, und ihr Bestand geht heute in die Tausende. Nach der Aussetzung markierten zunächst die Selke im Osten und die Bode im

Zwischen Alexisbad und Mägdesprung passiert die Selke das historische Einstandgebiet der Harzer Mufflons.

HARZ – ZU DEN TÄLERN DER MUFFLONS

Rechte Seite: Die Roßtrappenfelsen ragen 403 Meter über das Bodetal. Die wilde Bode umfließt das Granitmassiv in einer letzten großen Kehre bevor sie den Harz verlässt.

Die Wasseramsel lebt vorzugsweise an Gebirgsbächen. Als einziger Singvogel taucht sie zur Nahrungssuche auf den Grund der Wasserläufe. Charakteristisch ist ihr ständiges Knicksen.

Westen die Verbreitungsgrenze. Obwohl dieses Wild ungern Wasserläufe überquert, ist es heute längst über die Flüsse hinausgewechselt. Trotzdem bleiben die bewaldeten, felsigen Hänge in den Tälern der Selke und Bode seine bevorzugten Einstände.

Das Selketal, die Keimzelle des Harzer Muffelwildes, erstreckt sich über zehn Kilometer zwischen dem historischen Kurort Alexisbad und Meisdorf. Steile Felswände türmen sich entlang der Selke auf, die aus mehreren Quellen am Rammberg entspringt und sich erst bei Güntersberge zu einem einheitlichen Wasserlauf zusammen schließt. Die Harzer Fließgewässer sind Gebirgsbäche, die auf Grund ihres starken Gefälles hohe Geschwindigkeiten erreichen und mit schäumender Gischt über bemooste Gesteinsbrocken und Wasserfälle tosen. Auch die Bode hat Wildbachcharakter. Bei Wendefurth zu einem Fluss vereint, schneidet sie auf ihrem Weg aus dem Gebirge tief in das Felsgestein, rauscht durch das Bodetal zwischen den atemberaubenden Felsabstürzen des Bodekessels hindurch, passiert die schrundigen Felsen der Roßtrappe und den Hexentanzplatz, um bei der Stadt Thale das Gebirge zu verlassen. Die wildzerklüfteten Hänge des rechten Bodeufers sind ebenfalls bevorzugte Muffelwildeinstände.

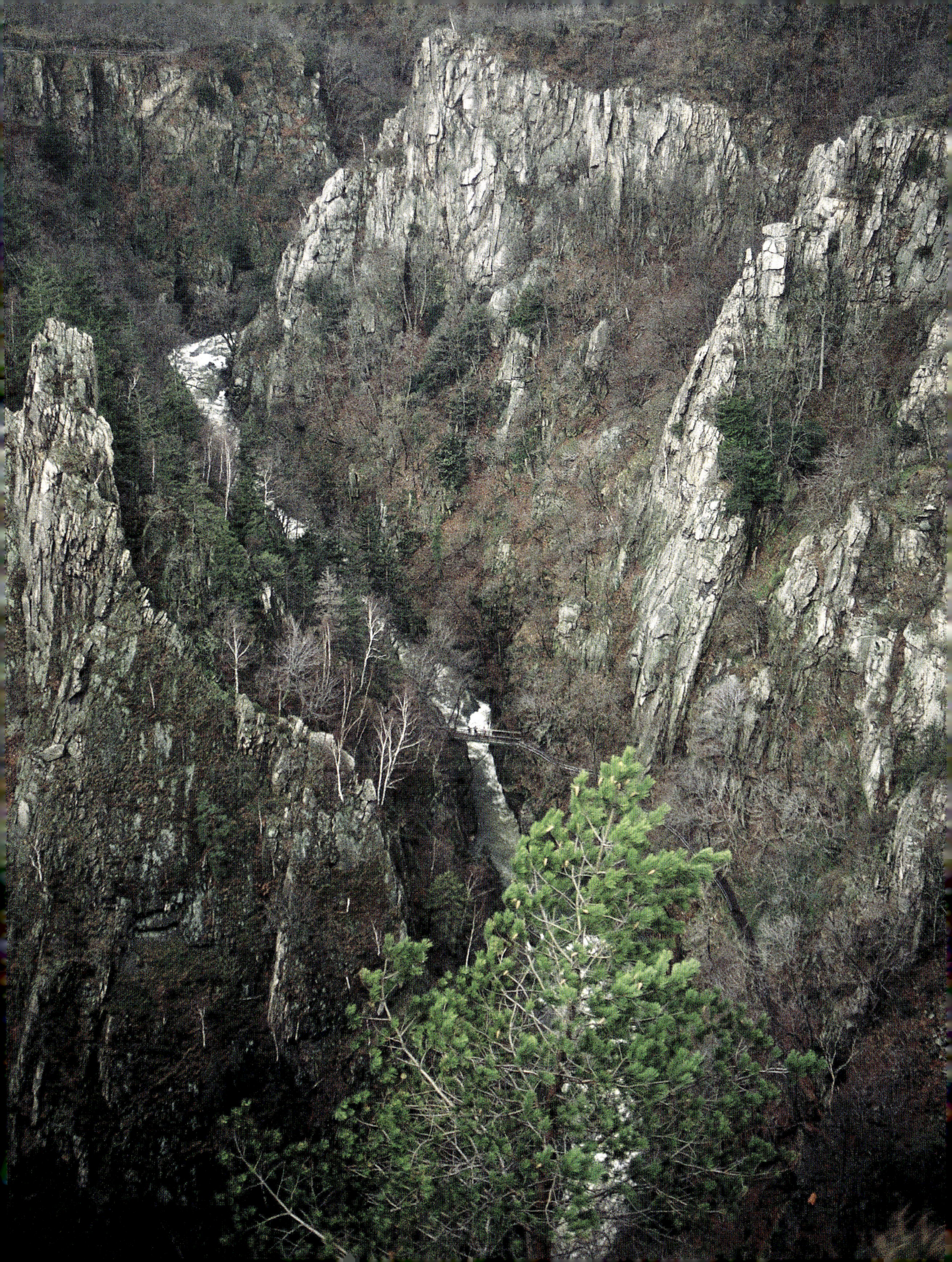

Um Ostern herum liegen die Höhenzüge des Gebirges oft noch unter einer dichten Schneedecke.

Die Täler der Mufflons gehören zum nördlichsten Mittelgebirge Deutschlands. Geteilt in Ober- und Unterharz erhebt es sich fast steil aus der umgebenden Landschaft, den fruchtbaren Ebenen der Börde am Nordrand und der Goldenen Aue am Südrand, um im Osten unmerklich in das Mansfelder Hügelland überzugehen. 2 200 Quadratkilometer Bergzüge und Hochebenen, durch viele Flusstäler gegliedert, verteilen sich auf die Bundesländer Niedersachsen, Sachsen-Anhalt und Thüringen.

Reiche Felswildnis

Im Mittelalter machten deutsche Könige und Kaiser die Harzregion für mehrere Jahrhunderte zu einem politischen und wirtschaftlichen Zentrum. Rings um den Harz entstanden ihre Pfalzen, die bekanntesten, Goslar und Quedlinburg, zeigen wie viele Harzstädte in Fachwerk und Schieferschindeln noch heute ein mittelalterliches Gesicht. Im Harz selbst, der ein wildreicher königlicher Bannwald war, lagen mehrere hochherrschaftliche Jagdhöfe.

Wildreichtum und Bodenschätze verleiteten die Fürsten angrenzender Territorien dazu, ihren Besitz immer weiter in das Banngebiet vorzutreiben. In den Tälern um das Waldgebirge bildete sich ein Kranz kleiner Residenzstädte, die wie Wernigerode, Blankenburg, oder Ballenstedt, nach dem Grafengeschlecht des Gründers benannt sind. Das 9. bis 12. Jahrhundert war zugleich die Zeit der großen Rodungen, die in das Innere des östlichen Harzes vordrangen. Herrenburgen wurden errichtet, darunter Burg Falkenstein im Selketal, eine der am besten erhaltenen Zwingfesten, und Dörfer. Viele der Siedlungsnamen enden auf »rode« und verweisen damit auf die Entstehung des Ortes als Rodungsinsel im dichten Harzwald.

Burg Wernigerode. Der gleichnamige Ort besitzt eine sehenswerte historische Altstadt mit Gebäuden aus fünf Jahrhunderten.

Die geologische Entwicklung des Harzes hatte zur Bildung unterschiedlichster Mineralien und Erze geführt. Sie waren die Grundlage für den Bergbau, dessen Anfänge bis zum Beginn der Zeitrechnung zurückreichen. Im Mittelalter setzte eine kontinuierliche Bergbautätigkeit ein, die besonders auf die Gewinnung von Silber ausgerichtet war. Im westlichen Harz besaß der Rammelsberg bei Goslar reiche Silbervorkommen, die über Jahrhunderte durchgängig abgebaut wurden. Der Westharz erfuhr im Unterschied zum Ostharz eine späte Besiedlung. Die sieben Oberharzer Bergstädte Wildemann, Grund, Clausthal-Zellerfeld, Lauthental, St. Andreasberg und Altenau entwickelten sich erst um 1500.

Ein immenser Holzverbrauch bei der Erzverhüttung und dem Stollenbau führte zur Übernutzung der Wälder und schließlich zur Waldzerstörung. Ursprünglich waren die Harzhochfläche und die Randberge mit Laubmischwald bedeckt, Fichtenwald auf die Hochlagen beschränkt. Durch den Bergbau wurden weite Teile im Harz entwaldet und später mit der schnell und gerade wachsenden Harzer Fichte aufgeforstet. Sie erlangte eine Vormachtstellung und verdrängte seit dem 17. Jahrhundert andere Baumarten. Als Spätfolge bestimmen dunkle Fichtenwälder das Landschaftsbild im Oberharz.

Der Bergbau hat den gesamten Westharz unübersehbar geprägt. Reste von Halden und Stollen befinden sich überall in der Landschaft, es gibt Schwermetallfluren mit den charakteristischen »Erzblumen«, dem gelben Galmei-Veilchen oder der Galmei-Grasnelke. Ein technisches Denkmal ist das Oberharzer Wasserregal: Über 100 Kilometer Wassergräben, 65 Stauteiche und 20 Kilometer Wasserläufe in Stollen, die einst der Energieversorgung von Bergwerken und Verarbeitungsbetrieben dienten.

Galmei-Veilchen wachsen auf schwermetallreichen Böden. Die violette Variante stammt aus Westfalen.

HARZ – ZU DEN TÄLERN DER MUFFLONS

Seit 1990 ist der Brockengipfel wieder frei zugänglich. Wetterwarte, Hotel und Fernsehturm trotzen jährlich gut 80 Sturmtagen.

Stürmischer Gipfel

Nach dem Ende des Bergbaus kam dem Fremdenverkehr wachsende Bedeutung zu. Viele Harzorte empfingen ihre Gäste zur Luft- und Bäderkur. Schon im ausgehenden 18. Jahrhundert hatten berühmte deutsche Dichter das Harzgebirge bereist und durch ihre Schilderungen die Aufmerksamkeit auf die Region gelenkt. Es war kein geringerer als Johann Wolfgang von Goethe, der 1777 die erste Winterbesteigung des 1 142 Meter hohen Brockens unternahm. Ende des 19. Jahrhunderts erfolgte die Erschließung des inneren Harzes durch Schmalspur-Eisenbahnlinien. Zuerst mit der Strecke Blankenburg – Tanne, dann mit der Selketalbahn und seit 1899 fährt die Brockenbahn Besucher fast bis auf den Gipfel des höchsten Harzer Berges.

Der Brocken ist die einzige Erhebung im deutschen Mittelgebirgsraum mit einer natürliche Waldgrenze. Auf seinen Hängen stehen Bergfichtenwälder, die am Osthang schon 300 Jahre wurzeln. Doch schon unterhalb der Waldgrenze hat die Fichte mit erschwerten Wuchsbedingungen zu kämpfen. Niedrige, zerzauste Wetterfichten zeugen von der Härte der Umgebung. Ein extrem raues Klima und eine den Winden ausgesetzte Lage verhindern das Entstehen eines geschlossenen Waldes auf dem Gipfelplateau. Der Brocken ist die stürmischste Region Europas und eine Art »Wetterscheide«, das erste größere Hindernis für die atlantischen Luftmassen, die mit dem Westwind andrängen. Daher fallen im Westharz viele Niederschläge, während im Ostharz die Witterung sommers und winters relativ trocken bleibt.

Schon 1736 war die erste Schutzhütte, 1800 die erste Gaststätte auf dem stürmischen Gipfel errichtet worden, der an 200 Tagen im Jahr im Wolkennebel verschwindet. Das Klima auf dem Brockengipfel beeinflusst nicht nur den Baumwuchs. Es ermöglicht über 1 600 Pflanzen aus alpinen Gebieten im Brockengarten zu gedeihen. Die Brockenanemone und das Brockenhabichtskraut wachsen deutschlandweit nur auf dem Brockengipfel. Der Berg, im Volksmund Blocksberg genannt und als Versammlungsplatz der Hexen in die Geschichte eingegangen, war seit 1937 schon Naturschutzgebiet. Er befand sich bis 1945 im Privateigentum der Grafen- und Fürsten zu Stolberg-Wernigerode und wurde nach dem Zweiten Weltkrieg zum militärischen Sperrgebiet erklärt. Zwischen dem Brocken in Sachsen-Anhalt und dem Wurmberg in Niedersachsen verlief, mitten durch den Harz, die deutsch-deutsche Grenze. 1990 wurde der Brocken Mittelpunkt des neu gegründeten Nationalparks Hochharz in Sachsen-Anhalt. Im angrenzenden

Die Brockenanemone war zum »Brockenstrauß« gebunden früher ein beliebtes Mitbringsel von der Gipfelbesteigung. Heute ist die Pflanze streng geschützt.

Niedersachsen entstand 1994 der Nationalpark Harz. In diesem Jahr haben sich beide Einrichtungen zum Nationalpark Harz zusammengeschlossen und schützen länderübergreifend auf 24 700 Hektar Wald- und Felswildnis. Das Gebiet ist Teil eines der größten geschlossenen Rotwild-Lebensräume in Deutschland. Muffelwild wird im Nationalpark Harz nicht geduldet. Es gilt als Faunaverfälschung und wird erlegt.

Pestizide und Verfolgung ließen die Population des größten heimischen Falken im Harz erlöschen. Mit der Auswilderung eines Wanderfalkenpaares 1980 wurde die erfolgreiche Rückkehr der Flugjäger in die Felsregion eingeleitet.

Der »Wilde Rabe«

Endlich! Von der Rabensteinkanzel aus hörte ich ihn abends schreien und entdeckte ihn drüben im Rübeländer Hang, etwa 100 Meter über der Rappbodewiese, die er offensichtlich mit einem Alttier überqueren wollte, um wieder in den Rabenstein zu gelangen. Jetzt musste es einfach etwas werden.

Schnell lief ich, von der Dickung gedeckt, den Hang hinunter ins Bodetal, bis ich ihn mir gegenüber wusste und hörte. Einen Stand mit Ausblick fand ich schnell, und ich richtete mich zum Schuß ein: Den Bergstock vor mir eingestemmt, ich am Hang fest sitzend, der Hirsch auf 120 Meter – das konnte nicht schief gehen! Da stand er faul und abgebrunftet mit seinem Alttier; ein kleines Kronenende konnte ich in der rechten Stange noch entdecken. Langsam zog er eine kleine Felsrippe herunter, war dicht an der Wiese. Wenn er die erreicht hatte, musste es knallen.

Trotz aller Spannung hatte ich wehmütige Gedanken: Drei Jahre hatte er mich zur Jagdzeit in Atem gehalten, wie oft war in Gesprächen sein Name gefallen, wie oft dieser im Hüttenbuch vermerkt? Jedes Jahr zur Brunft hatten wir eine gute Flasche Sekt in die Quelle kühl gestellt, zweimal hatten wir sie zurücknehmen müssen, diesmal war ich mir endlich sicher, dass wir sie auch trinken konnten.

Ich will es kurz machen: Wir konnten es auch – nur hatte nicht ich den Hirsch geschossen und zur Strecke gebracht!

Ich sah wieder zum Hirsch. Plötzlich fuhr das Alttier herum und trollte wieder in den Hang zurück. Ich erfasste am Wiesenrand in der Wegekurve eine Bewegung. Nein, das konnte doch wohl nicht war sein: Mit der Büchse im Anschlag machte der Förster R. aus Rübeland einige Schritte vorwärts-aufwärts. Der Hirsch trollte gerade hinter seinem Tier her, war für mich nicht breit. Es knallte und ich sah sofort: Das war das Ende des »Wilden Raben«, und der war mir nicht bestimmt! So konnte man meine Dusseligkeit auch ansehen!

Natürlich hätte ich sofort beim Anblick des Schützen rufen, schießen, mich bemerkbar machen können, abe ich war wie gelähmt, erstarrt vor dem Geschehen um »meinen« Hirsch! Der trollte schwerkrank noch 40 Meter weiter, blieb schwankend stehen, äugte noch einmal ins Tal und brach zusammen. Einmal hob er noch das Haupt, wie um Abschied zu nehmen von Rabenstein. Aus, verendet!

Der Schütze hatte ihn nicht mehr sehen können. Ich sprang ohne Rücksicht auf das hohe Wasser durch die Rappbode und hatte die Stange »meines wilden Raben« schon in der Hand, als der Erleger vorsichtig suchend den Hang heraufstieg. Schrecklich erschrocken war er natürlich, als er mich am Hirsch stehen sah.

Was war zu sagen, was war zu machen? Ich überreichte den Bruch, wies die Selbstvorwürfe zurück; er war im recht. Zufällig im Rappbodetal heraufpirschend, hatte er den Hirsch gehört, gesehen, angesprochen und geschossen. Er hatte schneller als ich gehandelt. Wir haben nicht mehr viele Worte gewechselt. Zu erinnern glaube ich mich, dass ich wohl traurig, gleichzeitig aber zufrieden gewesen bin, am Ende »meines Hirsches« wenigstens als Zeuge beteiligt gewesen zu sein. Es war doch »mein« Hirsch, der »Wilde Rabe«!

Friedrich Vorreyer, 1925

Spreewald

Mit dem Kahn auf Rotwild

Der Lebensraum des Rotwildes hat sich stark verändert. Siedlungen und Straßen zerteilen die großen Waldgebiete, Behörden legen fest, wo sich der »König der Wälder« noch aufhalten darf. Die freie Wildbahn wird für Rothirsche immer enger, fast inselartig sind ihre Vorkommen in der Bundesrepublik verteilt. Eines davon liegt in brandenburgischen Landen, gut 100 Kilometer südöstlich der deutschen Hauptstadt. Es ist ein Einstand der besonderen Art. Und die Jagd ist dort auch etwas anders.

Mit seinen labyrinthartigen Fließgewässern zählt der Spreewald zu den beeindruckendsten Niederungslandschaften Europas. Entstehungsgeschichtlich ist er zweigeteilt.

SPREEWALD – MIT DEM KAHN AUF ROTWILD

Rechte Seite: Die Dörfer im inneren Spreewald stehen auf Inseln. Das Fließ wird zur nassen Dorftraße, der Kahn zum Autoersatz. Bis heute sind manche Gehöfte nur auf dem Wasserweg erreichbar.

Der Oberspreewald liegt im Baruther Urstromtal, wo die eiszeitliche Spree von Süden kommend einen großen Schwemmsandfächer hineingeschüttet hatte. Als die Gletscher der letzten Eiszeit sich zurückzogen, bahnten Spree und abfließende Schmelzwasser sich einen Weg durch das flache Gelände. Sie lösten die Sandfläche in viele kleine Inseln, die Kaupen, auf und hinterließen ein Gewirr von Wasseradern. Die Niederung des Unterspreewalds mit dem Neuendorfer und Köthener See bildete Schmelzwasser, das weiter nach Norden in die »Urspree« floss. Häufige Überflutungen ließen im gesamten Gebiet ausgedehnte Erlenwälder entstehen, durch anhaltendes Hochwasser im Winter vertorfte das Laub zum spreewaldtypischen Moorboden.

Der Spreewald, wie er sich heute zeigt, ist nicht mehr das Ergebnis dieser natürlichen Entwicklung, er ist eine über Jahrhunderte entstandene Kulturlandschaft. Im Zuge der mittelalterlichen deutschen Kolonisation drangen erste Siedler in das unwegsame Innere vor und errichteten auf den Kaupen ihre Gehöfte. Großflächige Rodungen der Niederungswälder zur Landgewinnung folgten, und mit Zunahme der Bevölkerung verwandelte die Landwirtschaft mit der Zeit über drei Viertel des ursprünglichen Waldes in Wiesen oder Horstäcker. Der Gemüseanbau auf den anmoorigen Böden, von holländischen Kolonisten »mitgebracht«, entwickelte sich zur Haupterwerbsquelle der Region.

Der Marderhund, ein unerwünschter Zuwanderer, schätzt die Nähe von Gewässern. Zum Nahrungsspektrum dieses Allesfressers gehören die Gelege von Bodenbrütern genauso wie Jungwild.

SPREEWALD – MIT DEM KAHN AUF ROTWILD

SPREEWALD – MIT DEM KAHN AUF ROTWILD

In den Laubwäldern ist das schnelle Trommeln des Kleinspechts zu hören, der mit dem Schnabel eine Bruthöhle in morsche Bäume meißelt. Das Einflugloch für den sperlingsgroßen Vogel misst gerade mal drei Zentimeter.

Wenn der Name »Spreewald« fällt, folgt das Wort »Gurke« meist auf der Stelle. Jenes krumme grüne Gemüse machte die sumpfige Niederung in der Niederlausitz Deutschlandweit bekannt. »Kahn« wird mit dem nächsten Atemzug genannt, weil die Kähne im Spreewald immer noch »das« Transportmittel sind.

Bis ins 20. Jahrhundert hinein waren die meisten Dörfer nur über Wasserwege erreichbar. Mit dem flachen Kahn aus Kiefernholz wurde das Futter von den Wiesen geholt und das Vieh zum Schlachter gefahren, die Kinder zur Schule gebracht und die Post befördert, Baumaterial herangeschafft, das Gemüse eingebracht und mit einem Doppelkahn gelangte auch der Traktor zum Feld. Das Fahren des Spreewaldkahns erfordert Geschicklichkeit und Kraft zugleich. Bis zu vier Meter lang ist die Stange, mit der die Spreewälder durch die Fließe staken, das heißt, sich vom Grund abstoßen um den Kahn vorwärts zu treiben. Die Kähne sind ein umweltfreundliches Verkehrsmittel und dürfen nur in Ausnahmefällen, etwa beim Lastentransport, mit einem Motor angetrieben werden.

Das Wasser mit all seinen Unwägbarkeiten, den Dürreperioden und Hochwassern, bestimmte die Lebensumstände der Menschen im Spreewald, die das verzweigte Netz von Fließgewässern ihren Bedürfnissen angepasst haben. Spreearme wurden begradigt, Kanäle angelegt und Dörfer am Rande des Waldes durch ausgebaute natürliche Wasserläufe mit dem inneren Spreewald verbunden. Kanäle und natürliche Fließe, deren Wassertiefe zwischen einem Meter bis zu fünf Metern schwankt, sind im Gelände oft nicht mehr eindeutig zu unterscheiden. Über 300 durchziehen den Spreewald auf einer Länge von rund 1 550 Kilometern.

Anfang des 20. Jahrhunderts begann der Bau eines umfangreichen Wehr- und Staugürtelsystems, mit dem die Spreewälder die Fließe auch in Trockenzeiten befahrbar machten und ihre Landwirtschaft mit ausreichend Wasser versorgen konnten. Zum Schutz vor den immer wiederkehrenden Hochwassern wurden in den 1930iger Jahren im Oberspreewald Deiche und zwei große Polder angelegt. Die regelmäßig im Winter auftretenden Überflutungen waren eingeschränkt und Überflutungsflächen stark verkleinert worden. Hinzu kam die Entwässerung weiterer Moorbereiche. Aus der urwüchsigen Auenlandschaft wurde Kulturland. Der Preis für diese Eingriffe in den Naturhaushalt war ein Rückgang der spreewaldtypischen Lebensräume und eine Verarmung ihrer Tier- und Pflanzenwelt.

Problematisch wirkte sich auch der Einfluss des Braunkohletagebaus in der Niederlausitz aus. Er veränderte den Wasserhaushalt des Spreewaldes durch die Einleitung von gehobenem Grundwasser. Seit Anfang der 1960er Jahre lag die Wasserzufuhr in die Spree konstant um 50 Prozent höher. Als die Kohleförderung dann reduziert und zahlreiche Tagebaue geschlossen wurden, kam und kommt es selbst nach dem Auffüllen der Tagebaurestseen immer wieder zu anhaltendem Niedrigwasser in den Fließen.

Im April kommt der Wiedehopf aus seinem afrikanischen Winterquartier zurück, um das Brutgeschäft zu verrichten. Die auffälligen Rackenvögel sind eine von 250 verschiedenen Vogelarten, die im Spreewald bereits gesichtet wurden.

Geschützte Spreewaldlandschaft

Seit 1990 ist der Spreewald Biosphärenreservat. Fast 50 000 Hektar sind komplett als Landschaftsschutzgebiet ausgewiesen, darin eingebettet liegen 23 Naturschutzgebiete. Es wird versucht, durch eine naturverträgliche Land- und Forstwirtschaft die typische Landschaft mit ihrem kleinflächi-

SPREEWALD – MIT DEM KAHN AUF ROTWILD

Ein seltener Schmetterling: Der Erlensichelflügler

gen Mosaik aus Äckern, Wiesen, Wald und Gehöften zu erhalten. Ein weiteres Ziel ist es, das Wasserspeichervermögen der Landschaft wieder zu verbessern, da der Wasserhaushalt die Artenzusammensetzung der Lebensräume von Fließgewässern und Niedermooren beeinflusst.

Das wird auch bei der Zusammensetzung der Baumarten deutlich. Fast 12 000 Hektar Wald gibt es im Biosphärenreservat. Echter Spree-»Wald« allerdings, mit Schwarzerlen auf anmoorigen Böden, steht nur noch auf 3 000 Hektar. Die natürlichen Erlenbruchwälder wurden durch Trockenlegung und Grundwasserabsenkungen immer stärker zurückgedrängt. Viele der nassen Bruchwälder wandelten sich zum Erlen-Eschen-Wald, der ausgedehnt im Spreewald vorhanden ist. Von den über 937 Schmetterlingsarten des Spreewaldes kommen die seltene Ockergelbe Escheneule und der Erlensichelflügler speziell in diesen Wäldern vor.

Die wenigen Buchenwälder liegen fast ausschließlich im waldreichen Unterspreewald, der sich zwischen Neuendorfer See im Norden und der Stadt Lübben im Süden auf etwa einem Drittel des Biosphärenreservates erstreckt. Die älteren Bestände, wie das Naturschutzgebiet Buchenhain, sind wertvolle Reste natürlicher Buchenvorkommen. Auch Stieleichen-Hainbuchenwald, im Oberspreewald großflächig in Wiesen umgewandelt, ist im Unterspreewald noch weit verbreitet. Im zeitigen Frühjahr sprießt das zierliche blaue Leberblümchen aus dem Waldboden und die »Osterblume«, die weiße Anemone, die sich zurückzieht, wenn die Maiglöckchen anfangen ihren Duft zu verströmen. Im Mai schwirrt auch der Eremit durch den Laubwald. Seine Eier legt der seltene Käfer in Hohlräume von Laubbäumen. Dass der schwarz-braune Käfer geschützt ist, hat für den Kleinspecht, der die Larven herauspickt, keine Bedeutung.

Die Kiefer, ursprünglich auf kleine Dünen- und Sandstandorte beschränkt, hat im Lauf der Zeit an Raum gewonnen. Inzwischen haben Kiefernforste die Traubeneichen-Kiefernmischwälder und Stieleichen-Birken-Wälder ersetzt. Durch Waldumbau soll auf diesen Standorten langfristig wieder eine größere Baumartenvielfalt hergestellt werden.

Etwa zwei Prozent der Fläche des Biosphärenreservats sind Totalreservate mit naturnahen Waldbeständen, die keiner forstlichen Bewirtschaftung mehr unterliegen, 18 Prozent gehören zur Pflegezone. Es sind die Naturschutzgebiete, wo Förderung und Erhalt der baumartenreichen Bruch- und Auenwälder im Vordergrund stehen. Den größten Teil des Biosphärenreservats, über 80 Prozent, nimmt die Entwicklungszone ein. Dort sollen Landschaftsschutz, Landnutzung und Tourismus harmonisch zusammenwirken. Das bedeutet eine naturnahe Waldbewirtschaftung und möglichst umweltschonende Landwirtschaft. Letzterer kommt die Aufgabe zu, das über Jahrhunderte gewachsene Landschaftsbild durch die Fortführung traditioneller Bewirtschaftungsformen wie Horstäcker und Streuwiesen zu erhalten. Dabei spielt der Gemüseanbau eine wichtige Rolle. Äcker sollen in zunehmendem Maße extensiv bewirtschaftet werden, wie es im ökologische Landbau geschieht, wo auf den Einsatz von Pestiziden verzichtet wird. Ackerwildkräuter können wieder wachsen und erweiterten das Nahrungsangebot für Feldbewohner wie Hase und Rebhuhn.

Wenn Winter und Frühling noch um die Vorherrschaft streiten, wagt sich die Anemone ans Licht. Manche Stellen im Wald sind schon Ende März mit einer dichten weißen Blütendecke bewachsen.

Die vom Aussterben bedrohten Fischotter waren im Spreewald seit je her heimisch. Sie besitzen in den unzähligen, fischreichen Wasserläufen ein ideales Revier.

Dörfer im Wasser

Landschaftspflege bezieht sich auch auf die historischen Siedlungen und Gehöfte. Zum Schutz vor Hochwasser auf Steinen errichtet, mit rohrgedeckten Dächern, die am Giebel zwei gekreuzte Schlangen als Glücksbringer zieren, stehen sie entlang der Fließe. Ein kleiner Hafen mit Kahn gehört ebenso dazu wie der Fischkasten vor dem Haus, der den frischen Fang noch Tage am Leben erhält. Der Spreewald ist für seinen Fischreichtum bekannt. Trotz Artenrückgang werden beliebte Speisefische wie Aal, Schlei oder Hecht regelmäßig aus dem Wasser geholt. Die alten Streusiedlungshöfe auf den Sandinseln verteilen sich um die Stadt Burg im Oberspreewald, einem Mittelpunkt sorbischen Volkstums. Im Spreewald leben die Sorben als einzige nationale Minderheit in Deutschland, was zunächst nur durch die zweisprachige Beschilderung in der Region auffällig wird. Die Nachfahren slawischer Stämme fügen dem Spreewald durch die Pflege ihrer Bräuche einen weiteren Anziehungspunkt hinzu.

Fast das gesamte Gebiet des Biosphärenreservates ist für den Tourismus erschlossen, und die Dörfer haben sich auf die Besucher eingestellt. Die traditionellen Zentren des hundert Jahre zurückreichenden Spreewaldtourismus sind Lübben, wo sich die Ränder der Niederungen von Ober-

SPREEWALD – MIT DEM KAHN AUF ROTWILD

und Unterspreewald bis auf einen Kilometer annähern, und Lübbenau, das erst seit 1929 über einen Landweg zu erreichen ist. Lübbenau, das Tor zum Oberspreewald, ist ein beliebter Ausgangspunkt für Kahnfahrten.

Mit tischbestückten Kähnen, fahrbaren Biergärten gleich, geht es durch die Fließe, vorbei an Wiesen, die der gelbe Hahnenfuß mit Tausenden von Blüten überstreut und Heuhaufen, die nur noch Dekoration sind. Viele der Wiesen und kleinen Gemüseäcker im inneren Spreewald werden nicht bewirtschaftet. Manche sind mit Bungalows bebaut, deren Besitzer vergeblich versuchen, durch Elektrozäune die Wildschweine vom Betreten der Gärten abzuhalten, aus denen das Große Springkraut entwichen ist und nun die natürliche Flora »bereichert«. Die Kähne tauchen ein in die Lagunen des »östlichen Venedigs«, um gleich darauf Verkaufsstellen mit Spreewaldprodukten zu passieren, die entlang der Fließe der Kunden harren. Erlen säumen die Wasserstraßen, und Pappeln, einst für die Streichholz- und Sperrholzproduktion angepflanzt. Das Wurzelwerk ist bei Niedrigwasser entblößt, Flechten an den mächtigen Stämmen deuten den ursprünglichen

Der Spreewaldkahn, das zeitlose Transportmittel in der Wasserlandschaft.

111

SPREEWALD – MIT DEM KAHN AUF ROTWILD

Wasserstand an. Immer wieder kommen Kähne entgegen, vollbeladen mit Gemüse, das in großen Weidenkörben transportiert wird, weil es als Nahrungsmittel nicht direkt ins Boot geschüttet werden darf. Schließlich legt der Ausflugskahn an einer Gaststätte oder dem Freilichtmuseum Lehde an. Viele Besucher kommen nur für einen Tag und bewegen sich in einem engen Radius. Die organisierten Kahnfahrten lenken die Touristenströme und sorgen für Ruhe in den Wildeinstandsgebieten.

Das Schalenwild war in seinem Bestand enormen Schwankungen unterworfen. Wilhelm Pfeil, langjähriger Direktor der preußischen Forstakademie in Eberswalde, schrieb im 18. Jahrhundert, dass »die Hirsche des Spreewaldes zu den stärksten in der Mark Brandenburg gehören«. Ein Jahrhundert später erwähnen Jagdzeitungen weder Rot- noch Schwarzwild in dieser Region. Rehwild war nur in geringer Zahl vorhanden, dafür reichlich Wassergeflügel und das inzwischen wieder ausgestorbene Birkwild. Heute sind Rotwild und Schwarzwild, genau wie die Rehe, Standwild im Spreewald. In den vergangenen Jahren wanderten neue Wildarten zu. Die schmalen Röhrichte entlang der Fließe durchstreifen Marderhund und Mink. Der Marderhund wird zusammen mit dem Fuchs für den Rückgang der Wiesenbrüterbestände verantwortlich gemacht. Über den Mink beklagen sich die Spreewaldfischer, weil er ihnen Fangeinbußen beschert.

Linke Seite: Zu den Schützenständen im Erlenhochwald geht es im traditionellen Spreewaldkahn. Der Rückweg samt erlegtem Wild wird auf gleiche Weise bewältigt.

Unterwegs im Pirschkahn

Am nördlichen Rand des Oberspreewaldes stockt der Hochwald. Nur selten lassen sich Besucher in einer achtstündigen Kahnfahrt durch die größten zusammenhängenden Schwarzerlenbestände Brandenburgs staken. Der Erlenhochwald ist Landeseigentum und Rotwild-Kerngebiet. Einmal im Jahr wird dort eine Gesellschaftsjagd durchgeführt, die sich ein wenig von der herkömmlichen unterscheidet.

Wenn im November der Nebel von den Zweigen tropft, gleiten Kähne mit Jägern zu den Schützenständen. Im inneren Teil des Waldes gibt es Bereiche, die nur über Wasserstraßen zu erreichen sind. Die Anfahrt mit dem gestakten Spreewaldkahn dauert, und so brauchen die Jagdgäste vor allem eins: Geduld. 50 Stände vertragen die 1 000 Hektar Wald. Bei der Ansitz-Drückjagd auf Rotwild ist die Disziplin des Schützen gefragt, denn es ist nicht einfach, einen sicheren Schuss anzutragen. In dem Augenblick, wo das Wild die Fließe durchrinnt, hat der Jäger freies Schussfeld. Doch

SPREEWALD – MIT DEM KAHN AUF ROTWILD

Zeit und Geduld werden bei der Spreewaldjagd mehr als anderswo eingefordert. Entschädigt wird der Jagdgast mit einer Drückjagd in faszinierender Natur.

genau dann darf er keinen Schuss anbringen, nicht einmal, wenn Hirsch oder Tier am Rand der Fließe verhoffen. Fällt ein getroffenes Stück ins Wasser, wird die Wildbergung schwierig. Es kann abgetrieben werden und sogar verloren gehen. Der Schütze muss das Stück rechtzeitig vor- oder nach dem Überwechseln erfassen und nur dann schießen, wenn es in langsamer Gangart und auf festem Boden vorbeizieht. Denn Nachsuchen im wegelosen Bruchwald, den die Wasserläufe immer wieder unterbrechen, verlangen Hund und Hundeführer eine Menge ab.

Den Stand nicht zu verlassen ehe die Jagd vorbei ist, gehört zu den Geboten der Gesellschaftsjagd. Im Spreewald wäre es auch gar nicht möglich, ohne Kahn kommt der Jäger nicht von der Stelle. Für die durchführende Oberförsterei Straupitz ist diese Ansitz-Drückjagd stets mit großem Aufwand verbunden, da jeder Schütze mit dem Kahn gebracht und wieder eingesammelt werden muss. Auch der Transport des gestreckten Rot- und mitbejagten Schwarzwildes erfolgt per Kahn. Im Landeswald werden Jagdgäste auch

SPREEWALD – MIT DEM KAHN AUF ROTWILD

SPREEWALD – MIT DEM KAHN AUF ROTWILD

Vorsichtig durchquert Kahlwild ein Fließ. Ein Schuss in diesem Moment kann die Wildbergung zum Problem machen, wenn das getroffene Stück im Wasser abtreibt.

einzeln auf Hirsche geführt. Die Pirsch zu Fuß ist im Hochwald wegen der Moorböden nicht möglich. Sie erfolgt stattdessen im Kahn auf den Kanälen und Fliessen. Der Pirschkahn ist mit einem speziellen Schießstuhl ausgerüstet, so dass der Schuss vom Wasser aus abgegeben werden kann. Im spätsommerlichen Spreewald, den dichte Vegetation zum Dschungel macht, ist die Jagd auf den Rothirsch ein unvergessliches Erlebnis.

Schnepfenstrich

Die beliebteste Jagd ist der Anstand auf dem Strich. Vor Einbruch der Dämmerung begibt man sich bekanntlich auf seinen Posten, wo man möglichst freies Schussfeld hat und erfahrungsgemäß die Schnepfen gerne streichen. Es will Abend werden; der Schlag der Drossel im Unterholz und die schmelzenden Töne der kleinen Sänger verstummen allmählich; nur das Rotkehlchen singt noch auf der Spitze einer kahlen Eiche; uns umfängt der allgewaltige Zauber des dämmerndes Waldes, es ziehen weiche, unendlich harmonische Akkorde durch die Seele.

Da fährt der Hund herum, stärker fasst die Hand die Schusswaffe. Ein seltsamer, heller Laut: Psiit, psiit, klingt durch den Wald, gedämpfte, heiser quorrende Töne folgen und von anderer Seite wird ihnen Antwort. Schnepfen! Es sind Männchen, welche in der Dämmerung von einem Waldwinkel zum anderen streichen, um das irgendwo im Gebüsch verborgene Weibchen aufzusuchen. Jetzt kommt der falzende Vogel schwerfällig schwankenden Fluges über die Lichtung. Schon berührt der Finger den Drücker, da hält der Jäger inne – ein zweites Männchen hat den Rivalen erspäht und dringt mit aufgeblähtem Gefieder auf diesen. Gar hitzigen, aber wenig gefährlichen Kampf setzt es in den Lüften ab; mit Schnabel und Ständern bearbeiten sie einander. Da blitzt es auf, der rote Tod fliegt in den nichtsahnenden Taumel der Leidenschaft – jäh ist der Liebesstreit zu Ende, einer der Nebenbuhler fällt tödlich getroffen auf die Lichtung und der zweite Schuß holt den anderen nieder. Der treue Hektor apportiert freudig die Beute, der Jäger aber ist mit dem Erfolg des heutigen Abends wohl zufrieden.

W. Adam, 1909

Havelland

Land der Trappen

Wenn es März wird, beginnt im Havelland ein seltenes Schauspiel. Auf den Wiesen und Feldern zwischen Buckow und Garlitz bewegen sich in der Morgendämmerung große, weiße Federbälle hin- und her. Was aus der Entfernung nicht recht einzuordnen ist, erweist sich beim näherkommen als eine Ansammlung von großen Vögeln – es ist Trapphahnbalz. Die mächtigen Hähne haben ihr rostgelbes Gefieder mit den schwarzen Querbändern versteckt. Unter ihren umgedrehten Schwingen, deren weiße Innenseite nun nach außen zeigt, und unter dem aufgefächerten weißen Stoß, den sie auf den Rücken legen. Der hellgraue Kopf ist weit zurückgebogen und scheint in den Schulterfedern zu verschwinden. Prallgefüllt mit Luft wölbt sich der Kehlsack nach vorn, unter dem Schnabelansatz zittert der lange, aufgestellte Federbart. Der Trapphahn hat sich optisch »ver-

HAVELLAND – LAND DER TRAPPEN

größert«, um den Hennen zu imponieren. Aufgeplustert dreht er sich, trippelt auf der Stelle, lässt aber keinen Laut vernehmen. Nach einer Weile legt er plötzlich das Gefieder zusammen und wandert weiter, um auf einem anderen Platz die Balz fortzusetzen.

Balzender Trapphahn. Die Jagd auf den großen Vogel gehört in Deutschland längst der Vergangenheit an.

Dass solche Beobachtungen wieder möglich sind, ist ein Ergebnis intensiver Schutzmaßnahmen. Denn die Großtrappe, der schwerste flugfähige Landvogel, gehört heute zu den gefährdetsten Tierarten in Deutschland. Die Trappen, ursprünglich Bewohner natürlicher Steppen, fanden seit dem Mittelalter auch in der wachsenden Kultursteppe Mitteleuropas ideale Lebensbedingungen vor und waren weit verbreitet. Das Nebeneinander von großen Ackerflächen und Brachen bot den scheuen Vögeln die nötige Abgeschiedenheit zur Balz, Brut und Jungenaufzucht und ein breites Nahrungsangebot. Noch im 18. Jahrhundert existierten östlich der Elbe über 30 000 Trappen. Alte Chroniken berichten, dass Kinder in den Dörfern Schulfrei bekamen, um die großen Vögel von den Äckern zu verscheuchen und Bauern ihre Landesherrn um eine stärkere Bejagung der Trappen ersuchten, weil sie auf den Feldern Schaden anrichteten. Auch heute noch unterliegt die Großtrappe, auch Trappgans oder der Trappe genannt, dem Jagdrecht, hat aber längst keine Jagdzeit mehr.

In früherer Zeit war die Pirsch auf den balzenden Trapphahn sehr beliebt, da sie viel weidmännisches Geschick erforderte. Die wachsamen Verwandten des Kranichs erspähten mit scharfem Blick alle nahenden Gefahren und ließen den Jäger in freiem Gelände nur selten auf gute Kugelschussentfernung herankommen. Um einen der stattlichen Hähne zu erbeuten, die nicht selten ein Gewicht von 17 Kilogramm erreichen, musste der Weidmann vergangener Epochen allerlei List anwenden. Er hob tiefe Erdlöcher für den

HAVELLAND – LAND DER TRAPPEN

Bodenansitz aus, versteckte sich in heubeladenen Ackerwagen oder verkleidete sich mit Kopftuch, Kleid und Kiepe als »harmlose« Bauersfrau. Trappen, die zur Hohen Jagd zählten, wurden auch bei Gesellschaftsjagden erlegt. »Im Havellande veranstaltet man Vorstehtreiben, nachdem man festgestellt hat, welchen Strich die angeregten Trappen zu nehmen pflegen, und postiert die Schützen hinter Kopfweiden und Buschwerk«, berichtete Forstmeister Freiherr von Nordenflycht in den 1920er Jahren. Wilderer hatte die Trappe nicht zu fürchten – ihr Fleisch galt kaum als guter Braten und für die Federn gab es keine Verwendung – aber den technischen Fortschritt.

Die überstauten Wiesen im Naturpark Westhavelland wirken wie ein Magnet auf Gänse und Schwäne.

Nicht alle Wildgänse ziehen nach Norden. Graugänse brüten auch in heimischen Gefilden. Sie leben in strenger Einehe und können ein Lebensalter von 40 Jahren erreichen.

Machte einst die Landwirtschaft eine Ansiedlung der Großtrappe erst möglich, trug sie seit dem 19. Jahrhundert dazu bei, dass dem »europäischen Strauß« die Lebensgrundlage immer stärker entzogen wurde. Mit der künstlichen Düngung verschwanden die Brachen, mit den Insektiziden und Unkrautgiften die Nahrungsquellen, und häufige Bodenbearbeitung verursachte hohe Gelege- und Kükenverluste. Hinzu kam eine stetig voranschreitende Zersiedelung der Landschaft und die Zerschneidung der Brutgebiete durch Straßen und Schienen, was schließlich zum Erlöschen der meisten Trappenvölker führte.

Trappenschutz

Heute existieren in Deutschland nur noch drei Gebiete, in denen sich die Großtrappe fortpflanzt. Dazu gehört das Havelländische Luch östlich von Rathenow. In diesem Trappenschutzgebiet lebt eine Gruppe von 30 bis 40 Tieren. In der Fortsetzung eines staatlichen Schutzprojektes aus den

HAVELLAND – LAND DER TRAPPEN

1970er Jahren bemüht sich die Vogelschutzwarte Brandenburg gemeinsam mit dem Förderverein Großtrappenschutz, Landwirten und Jagdpächtern um den Erhalt dieser bedrohten Art. Besonders wichtig ist die Wiederherstellung eines geeigneten Lebensraumes in der bewirtschafteten Agrarlandschaft. Das bedeutet eine Rückkehr zu extensiver und ökologisch verträglicher Landwirtschaft im Schutzgebiet, ohne Einsatz von Chemie, und möglichst Wirtschaftsruhe auf den Brutflächen. Um das Ausmähen von Gelegen zu verhindern, werden die Nistplätze ermittelt. Meist legt die Henne zwei bis drei Eier in eine Bodenmulde in der Nähe des Balzplatzes. Auch die führenden Hennen werden erfasst, weil sich Jungvögel oft noch drücken, selbst wenn sie flugfähig sind.

Großtrappen können in der Natur über 20 Jahre alt werden, doch tatsächlich wird nur eine von zehn älter als ein Jahr. Raubwild und Rabenvögel sind in erheblichem Maße für Gelege- und Kükenverluste verantwortlich. Ungünstig auf das Bestandswachstum wirkt auch die späte Geschlechtsreife der Trappen, die erst nach zwei bis drei Jahren einsetzt. Ohne künstliche Aufzucht und Auswilderung, wie sie im Havelländischen Luch praktiziert wird, wären die Trappen in Deutschland längst ausgestorben.

Das Havelland erstreckt sich in der Mark Brandenburg westlich von Berlin. Benannt wurde diese märkische Landschaft nach dem Fluss der sie in einem großen, U-förmigen Bogen von Ost nach West umfließt. Die Havel

Schellentenpaar. Die Tauchenten sind gewandte Flieger und kommen als Wintergäste ins Havelland.

Die märkische Kiefer, ob schlank wie ein Telegrafenmast oder betagt und knorrig, bestimmt das Waldbild im Havelland.

HAVELLAND – LAND DER TRAPPEN

Der Graureiher lauert mit eingezogenem Hals am Gewässerrand. Er beobachtet seine Umgebung genau, um dann überraschend auf Beutetiere wie Fische oder Frösche herabzustoßen.

mit ihren Seenketten bildet die natürliche Grenze zu den Nachbarregionen, nur im Norden trennt der Rhin das Havelland von der Prignitz und dem Land Ruppin. So liegt es innerhalb der Mark Brandenburg fast wie eine Insel, deren eigentümliche Landschaftsstruktur das Ergebnis der letzten Eiszeit ist: Ländchen und Platten, manche davon gerade groß genug um ein Dorf zu tragen, wechseln sich mit weiten Niederungsgebieten ab. Höchste Erhebung ist eine bewaldete Hochebene von 110 Metern, der Gollenberg bei Stölln. Dort unternahm Otto Lilienthal, erster deutsche Flugpionier, seine Flugversuche und blickte aus der Luft auf ein Mosaik von Seen, Wiesen und Wäldern. Die größeren Waldgebiete des Havellandes befinden sich in den Ländchen Rhinow und Friesack und um die Stadt Rathenow herum, wo sie sich bis zur Ribbecker Heide ziehen. Im Ländchen Glien liegt der Regionalpark Krämer Forst, den Erholungssuchende aus der nahen Großstadt als grünes Hinterland schätzen. In den Wäldern dominiert die Kiefer, die auf dem kargen, märkischen Sandboden gut gedeiht. Fruchtbare Lehm- und Waldböden sind eher die Ausnahme, auf weiten Flächen ist der Boden entweder zu trocken oder zu feucht.

Fast die Hälfte des Havellandes war Luchgebiet mit unzugänglichen Sümpfen und nassen Wiesen, als im Jahre 1157 die deutsche Besiedlung einsetzte. Ausgehend von einem burgbewehrten Havelübergang im Süden des Gebietes, der späteren Stadt Brandenburg, ließ der askanische Markgraf Albrecht von Ballenstedt, genannt »der Bär«, planmäßig Dörfer anlegen. Das einheitliche Siedlungsschema dieser Anger – und Straßendörfer ist in der Region nach wie vor gut erkennbar, Feldsteinkirchen bestimmen als zentrale Bauwerke das Bild. Auf die ehemals dichte slawische Vorbesiedlung verweisen noch viele Ortsnamen. Mit der Kolonisation im Mittelalter ging die Trockenlegung von Feuchtgebieten einher, um neues Acker- und Weideland zu gewinnen. Im 17. und 18. Jahrhundert wurde sie unter den Preußenkönigen weiter vorangetrieben und die Landschaft veränderte sich. Heute durchzieht ein Netz von Entwässerungsgräben das Havelland. Reste der Urlandschaft mit Erlenbruchwäldern, kleinen Inseln oder Bäumen die mitten im Wasser stehen, haben sich im Ketziner Havelgebiet erhalten.

Paradies für Wasservögel

Die Mark Brandenburg, wegen ihrer trockenen Böden als »Streusandbüchse des heiligen römischen Reiches« geschmäht, zeigt sich im Havelland von ihrer feuchten Seite: gut 6 000 Hektar Fläche sind dort mit Wasser bedeckt. Im Naturpark Westhavelland befindet sich das größte zusammenhängende Binnenfeuchtgebiet Mitteleuropas, das in weiten Teilen unter Naturschutz steht. Auch die untere Havelniederung mit ihren nassen Wiesen, Niedermooren, Seggensümpfen und Auwäldern gehört dazu. Sie ist ein wichtiges Rastgebiet für Zugvögel. Am Gülper See, wo Rhin und Havel aufeinandertreffen, versammeln sich im Frühjahr unzählige Sumpf- und Wasservögel. Scharen von Enten und Wildgänsen fallen lärmend auf dem Wasser ein um zu Schlafen, und streichen am nächsten Morgen zur Nahrungssuche wieder ab. Während sich Schell- und Trauerenten langsam auf die Heimkehr in nordische Gefilde vorbereiten, besetzen die Kraniche ihr Brutrevier. Auf einer Landzunge am Gülper See brüten Kormorane. Sie nutzen ihre Nester in den alten Weiden über Jahre, und durch den scharfen Kot der Vögel erscheinen die Bäume wie weiß gekalkt und sind abgestorben. Der Kormoran, ein geschickter Taucher, versorgt sich mit Fischen aus dem Gülper See, an dessen Südufer verschiedene Strandläufer ihre Nahrung suchen. Der schwarz-weiße Säbelschnäbler schlägt seinen gebogene Schnabel rasch hin und her und fischt Larven aus dem flachen Wasser. Wippend trippeln Rotschenkel über den hellen Sand und auch Kampfläufer und der seltene Sandregenpfeifer haben sich eingefunden.

Lärmend steigen Weißwangengänse von den Feldern auf. Für manchen ein Naturschauspiel, für die Bauern in der Region besorgniserregend.

HAVELLAND – LAND DER TRAPPEN

»Steige hoch du roter Adler ...« – besingt die Brandenburger Hymne den Roten Milan? Der große Greifvogel mit dem tief gegabelten Stoß segelt häufig über die weiten offenen Flächen des Havellandes.

Auf den Überschwemmungsflächen zwischen Gülpe und Parey herrscht ein ebenso reges Treiben. Heimische Graugänse und nordische Wildgänse bevölkern die überstauten Wiesen, steigen auf, um kurz darauf mit Gezeter an anderer Stelle wieder niederzugehen. Unter den Wintergästen sind zahlreiche Kurzschnabelgänse und Weißwangengänse auszumachen. Auf den kleinen Seen, die sich gebildet haben, gründeln Sing- und Zwergschwäne und in Schilfbänken stehen lauernd Graureiher. Hoch in der Luft späht der Rote Milan nach Beute, den so mancher für das Brandenburger Wappentier, den »Roten Adler«, hält.

Mehrere Aussichtstürme im Naturschutzgebiet erlauben eine Beobachtung dieser wohl einzigartigen Vogelansammlung, ohne die Tiere zu stören. Doch was für den Naturfreund ein Erlebnis ist, wird für Landwirte oft zum Problem. Zehntausende von rastenden Gänsen brauchen Nahrung, und die finden sie reichlich auf den umliegenden Feldern. Mit einem Gänsemanagement wird versucht, dem Naturschutz und den Interessen der Landwirte Rechung zu tragen. Jagdruhe an den Schlafplätzen garantiert den Zugvögeln weiterhin einen attraktiven Rastplatz. Ablenkfütterungen und gezielter Schutz von gefährdeten Flächen soll den Wildschaden im Havelland begrenzt halten.

Kormorankolonie am Gülper See. Das Gefieder der »Seeraben« ist nicht wasserabweisend. Nach dem Tauchen müssen sie in der Sonne trocknen.

Ein Fluss als Fremdenführer

Eigentlich ein Küstenvogel. Der schwarz-weiße Säbelschnäbler mit den hohen Stelzbeinen hält sich auch am Gülper See auf.

Die Havel mit ihrer faszinierenden Flusslandschaft hat seit je her die Region geprägt, ist ihr Lebensnerv und zugleich Führer durch die Geschichte. Sie entspringt als Rinnsal im mecklenburgischen Seengebiet und trifft bei Oranienburg, dem ehemaligen Hofjagdrevier von Kaiser Wilhelm II., auf das Havelland. Sie fließt weiter nach Süden, trennt den Stadtteil Spandau von Berlin und berührt die alte preußische Residenzstadt Potsdam. Schloss Sanssouci, Wirkungsstätte von Friedrich dem Großen, der dort neben seinen Windhunden die letzte Ruhe fand, ist Anziehungspunkt für Touristen aus aller Welt. Das schlichte Jagdschloss Stern dagegen ist in Vergessenheit geraten. Es gehörte seinem jagdbegeisterten Vater Friedrich Wilhelm I. und war der Mittelpunkt einer Parforcejagd-Anlage im traditionellen Jagdgebiet der Hohenzollern-Dynastie. Bei Potsdam schlägt die Havel dann einen Bogen nach Westen und passiert auf ihrem Weg die Stadt Werder mit den weitläufigen Obstanbauflächen. Hinter Brandenburg an der Havel, Wiege und Namensgeber der Mark, durchquert sie den Plauer See und steigt wieder nach Norden an, um schließlich bei Havelberg, das schon in Sachsen-Anhalt liegt, in die Elbe zu münden.

Charakteristisch für das Gesicht des Havellandes sind auch seine Straßen. Alte Alleen mit Ahorn und Eschen gesäumt verbinden Städte und Ort-

HAVELLAND – LAND DER TRAPPEN

Durch die Entfremdung breiter Bevölkerungsschichten von der Natur gibt es bei der Bejagung von Gänsen immer wieder Konflikte zwischen Jägern und selbsternannten Vogelschützern.

schaften. Oft führen sie auf Kopfsteinpflaster zu verlassenen Gütern und Herrenhäusern. Die Bodenreform hatte 1945 die Besitzer enteignet und vertrieben, Adelsgeschlechter, die seit dem Mittelalter dort ansässig waren. In die herrschaftlichen Gebäude zogen Schulen, Sanatorien, Altenheime und Kindergärten, manche wurden auch nur dem Verfall preisgegeben. Nach dem Ende der deutschen Teilung sind einige der Herrenhäuser wieder zu neuem Leben erwacht. Aufwendig restauriert lassen sie als Gaststätte oder Hotel etwas von dem Glanz vergangener Zeiten erahnen.

Ein weiteres Relikt überholter politischer Systeme ist der Truppenübungsplatz Döberitz zwischen Falkensee und Potsdam. Von 1885 bis 1991 militärisch genutzt, entstand in der Abgeschiedenheit des Sperrgebietes eine einmalige Landschaft aus Niederwäldern und Offenflächen. Fast 3 500 Hektar der Döberitzer Heide sind als Naturschutzgebiet gesichert und warten mit einer beeindruckenden Vielfalt an Pflanzen und Lebewesen auf. Über 200 Vogel- und 45 Säugetierarten wurden schon erfasst, fast 7 000 Farn- und Blütenpflanzen bilden die reiche Flora, darunter viele Orchideenarten.

Nur für den Schuss mit der Kamera: Beobachtungskanzel an den Überschwemmungsflächen zwischen Gülpe und Parey

HAVELLAND – LAND DER TRAPPEN

Nach langwieriger Munitionsräumung werden Stück für Stück Wanderwege ausgebaut, um die Döberitzer Heide als wildnisähnliches Naherholungsgebiet zu erschließen. Schafe halten die Heideflächen offen und werden dabei in naher Zukunft von Wisenten und Przewalski-Pferden unterstützt. Die Heinz-Sielmann-Stiftung hat den größten Teil des Naturschutzgebietes erworben und will diese Wildtierrassen wieder einbürgern. Für einen ausgewogenen Wildbestand sorgen weiterhin die Jäger, die zum Schutz der Bodenbrüter und Zugvögel vor allem das reichlich vorhandene Schwarzwild und den Fuchs scharf bejagen.

Alleen durchziehen das Havelland. Die Kronen der alten Bäume sind zu einem grünen Dach zusammengewachsen, das die Straße beschattet.

Schöne kleine Jagd

Es ging auf Ende August zu. Der Weizen hinterm Luchteich stand noch, lag aber flach; Sturm und Regen hatten ihn arg gebeutelt. Für die Sauen ein Paradies, auch für die Breitschnäbel, die Tag für Tag dort ihre Nachmittagsmahlzeit einnahmen. »Das könnte passen«, dachte ich so bei mir, »gleich die ersten Septembertage auf der Stoppel ansitzen.« Doch das Wetter machte mir einen Strich durch die Rechnung. Regen kam auf und kalt wurde es, und die Scheibenegge machte der Stoppel das Garaus. Pech für mich, nichts mehr mit Stoppelenten in diesem Jahr. Aber der Luchteich gegenüber war ja noch da. Auf der Dorfseite saß ich hinter Schilf auf meinem Sitzstock. Links, zur Westseite hin, Pappeln, vor mir, am gegenüberliegenden Teichrand Erlen und rechter Hand, nach Osten hin, freies Schussfeld.

Von dort her kommen bei Westwind die Enten im Tiefflug. Bei Ostwind schwenken sie über die Erlen ein, ziehen einen Halbkreis um die Pappeln und lassen sich dann aufs Wasser fallen.

Die Enten ließen nicht lange auf sich warten. Über den Erlen hörte ich sie klingeln und schon schossen sie wie Pfeile aufs Wasser, dass es nur so rauschte. Gerade mal die Flinte hatte ich gehoben, zu mehr kam ich nicht. Ganz nah vor mir paddelten sie herum. Durch eine Schilflücke sah ich mal die eine oder andere vom Schof.

»Nur keine unachtsame Bewegung, nur keine Luftbewegung in Richtung Enten«, murmelte ich vor mich hin. Doch da ging das Platschen und Flügelschlagen los und hoch waren sie gegen die Erlen hin, schwenkten rüber ins Freie – und da konnte ich mit der Flinte folgen – und bautz und bautz – und zwei Plumser ins flache Randwasser. Kaum dass wieder zwei Patronen im Lauf steckten, klingelte hoch über dem Teich eine Ente heran – und verschwand wieder. Wenig später dasselbe Spiel, doch tiefer – und schon sauste sie aufs Wasser, machte ein paar Quaker und fort war sie wieder.

»Jetzt aber aufpassen – gleich geht der Anflug los, der Vorposten hat reine Luft signalisiert«, mahnte meine innere Stimme. Da kreiste auch schon ganz tief ein Schof heran, machte noch eine Runde und dann aufs Wasser, dass es nur so rauschte. Wieder war an schießen nicht zu denken, ganz eng hielt der Schof zusammen.

Was tun? Abwarten, bis die Enten Küselwind von mir bekommen oder sie lieber gleich zum Aufstehen bringen? Ich entschied mich für Letzteres. Langsam erhob ich mich von meinem Sitzstock, sah jetzt die Enten, hielt einen Moment *inne, berührte dann mit den Flintenläufen ganz sacht die Schilfhalme – nichts tat sich. Um mehr Schilf zu erreichen, veränderte ich meine Stellung, stieß dabei an den Sitzstock, der kippte um, und hoch waren die Enten – und gegen die Erlen – und hinein in den dunklen Himmel.*

»Jagd vorbei«, dachte ich. Doch nicht. Zwei Enten, die den Anschluss verpasst hatten, wollten hinterher, strichen der offenen Seite zu – mein Glück. Jetzt lagen vier Enten drüben am Schilfrand, genug für den Abend, der nicht schöner sein konnte.

H. D. Willkomm

Reinhardswald

Schatzhaus der europäischen Wälder

Was für eine eigenwillige Bezeichnung für den Reinhardswald – Schatzhaus. Kann ein Wald, der sich naturgemäß ständig verändert, Eingriffen und Angriffen durch den Menschen ausgesetzt war und ist, ein Schatzhaus sein? Der Reinhardswald kann es. Denn er bewahrt die unterschiedlichsten Spuren jahrhundertelanger Nutzung als Jagdgebiet, Viehweide, Holzvorrat und Siedlungsraum in einer Dichte wie kein anderer Wald in unserem Land. Und diese Spuren sind kulturgeschichtliche Schätze, Zeugnisse einer langen Wechselbeziehung von Mensch und Wald und der gegenseitigen Abhängigkeit bis in unsere Tage.

Von Norden nach Süden gut 30 Kilometer lang, zwischen sieben und fünfzehn in der Breite, ist der Reinhardswald das größte geschlossene Wald-

REINHARDSWALD – SCHATZHAUS DER EUROPÄISCHEN WÄLDER

Rechte Seite: Das große Wildschutzgebiet im südlichen Teil macht den Reinhardswald zu einem der attraktivsten Jagdreviere Deutschlands.

Der Reinhardswald gab seine Bäume für die Fachwerkbauten in Gottsbüren. Mit über 1 100 Jahren ist der kleine Ort eine der ältesten Siedlungen inmitten des dichten Waldgebietes.

gebiet Hessens. Mit seinen leichten Höhenzüge schiebt er sich wie ein Keil zwischen Niedersachsen und Nordrhein-Westfalen. Die höchsten Erhebungen, Staufenberg und Gahrenberg, sind weithin sichtbar. Vier Flüsse bilden einen Rahmen um den Reinhardswald. Die Fulda an seinem südlichen Ende fließt bis zur niedersächsischen Stadt Hannoversch Münden, von dort schlängelt sich die Weser an seinem Ostrand nach Norden zur Barockstadt Bad Karlshafen. Im Westen enden die 20 000 Hektar Staatswald an den Niederungen der Esse und Diemel.

Bevor der Reinhardswald im 16. Jahrhundert endgültig in hessischen Besitz überging, wechselten die Eigentumsverhältnisse häufig. Die Bistümer Paderborn und Mainz, die Abtei Helmarshausen, der Herzog von Braunschweig und die hessischen Landgrafen beanspruchten Teile des mächtigen Waldgebietes, das der Legende nach seinen Namen einer Spielschuld verdankt: »Lasst mich noch einmal säen und ernten« soll Graf Reinhard den Bischof von Paderborn gebeten haben, nachdem er beim Würfeln seinen Besitz an diesen verloren hatte. Mit dem Ertragserlös wollte der Graf die Schulden begleichen. Sein Gläubiger gewährte ihm die Bitte und listig säte Graf Reinhard Eicheln, wissend, dass die Bäume erst in über hundert Jahren hiebsreif sein würden.

Wahrscheinlicher ist es, dass der Name Reinhardswald auf die wüst gefallene Siedlung Reginehusen zurückgeht. Erste Siedlungen entstanden etwa um 500 nach Christus, sie wurden durch Rodung mitten im Wald angelegt. Zwischen 800 und 1200 nach Christus verstärkte sich die Siedlungstätigkeit. Eine der ältesten noch bestehenden ist das heutige Gottsbüren, schon im 9. Jahrhundert als »Buria« urkundlich erwähnt. Als man dort 1330 eine blutende Hostie fand, wurde Gottsbüren für gut 100 Jahre zu einem bedeutenden Wallfahrtsort. In der Ortsmitte ragt die Wallfahrtskirche über die Dächer der malerischen Fachwerkhäuser.

Viele frühe Siedlungen im Wald waren im 14. Jahrhundert wieder aufgegeben worden. Als Relikte der einstigen landwirtschaftlichen Nutzung des Waldbodens lassen sich noch heute Wölb- und Hochäcker finden, die besonders den nördlichen Reinhardswald wellenförmig durchziehen. Diese langen schmalen Ackerbeete sind längst baumbestanden, aber in ihrer Form und auf weiter Fläche gut erhalten und erkennbar.

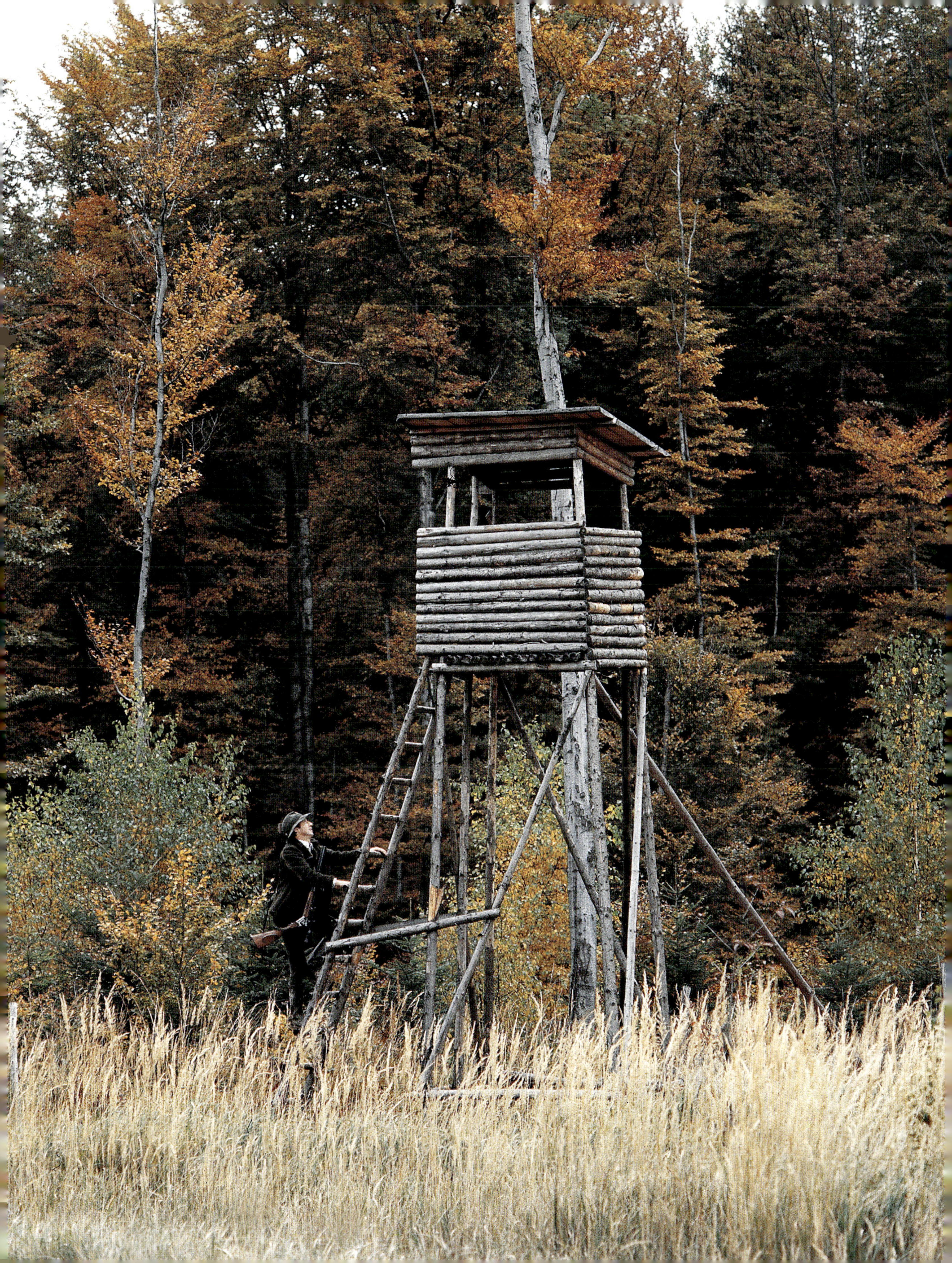

Waldweide prägt den Wald

Die weiten Waldungen bieten den Füchsen einen großzügigen »Wohnraum«, die angrenzenden Landwirtschaftsflächen ein Jagdgebiet vor der »Haustür«.

Viel stärker als der Ackerbau prägte die Viehzucht das Gesicht des Reinhardswaldes. Weit in das 19. Jahrhundert hinein diente er den umliegenden Dörfern und Gemeinden als Waldweide. Flurbezeichnungen wie Schweinswiese, Fohlenstall, Hammelhute oder Kuhberg erinnern an diese Zeit. Vieh zur Mast und Weide in den Wald zu treiben war ein altes Gewohnheitsrecht der Bauern. Die Landbevölkerung war arm und diese Art der Fütterung ein wichtiger Bestandteil ihrer bäuerlichen Wirtschaft. Die Hute nährte das Vieh für die Fleischversorgung ebenso wie die Zug- und Spanntiere. Eicheln und Bucheckern waren auch eine Nahrungsquelle für das Wild, vor allem für die zahlreichen Wildschweine.

Seit dem frühen Mittelalter galt der Reinhardswald als bedeutender Reichsforst und die Landesherrn versuchten über Jahrhunderte die Nutzungsrechte ihrer Untertanen einzuschränken. Bei der Waldweide, die den herrschaftlichen Jagdbetrieb störte und den Wald schädigte, gelang dies nur schwer. Als Gegenleistung für die Mast mussten die Bauern Hand- und Spanndienste, Natural- und später Geldleistungen erbringen. Seit 1550 sind für den Reinhardswald Mastordnungen überliefert. Sie legten die Höhe des Mastgeldes und spezielle Mastzeiten fest und ließen die Hute für die hessischen Landgrafen zu einer lohnenden Einnahmequelle werden. Die Eichen und Buchen des Reinhardswaldes konnten in guten Mastjahren rund 20 000 Schweine fett machen, und das eingenommene Mastgeld überstieg den Erlös aus Holzverkäufen um das hundertfache.

In Hessen wurden 1934 zwei Pärchen des nordamerikanischen Waschbären ausgesetzt, inzwischen geht seine geschätzte Population bundesweit in die Hunderttausende. Der Neubürger ist anpassungsfähig und hat sich die Großstadt Kassel als neuen Lebensraum erobert.

Während sich Schweine nur an den Früchten der Bäume gütlich taten, hatte der Eintrieb von Ziegen, Schafen, Pferden und Rindern für den Wald fatale Folgen. Junge Gehölze wurden verbissen, Rinde von Bäumen geschält und Pflanzenjungwuchs mit den Hufen zertreten. Weidefeste Pflanzen wie Heidekraut, Schlehe und Heckenrose konnten sich immer mehr ausbreiten. Der Appetit des Nutzviehs bestimmte die Zusammensetzung der Baumarten im Wald, und wo es über Jahrhunderte geweidet hatte, gab es keine geradegewachsenen Bäume mehr. Auch das Rotwild und Rehwild hatte einen Anteil am Verbiss. Als im 18. Jahrhundert gut die Hälfte des gesamten Waldgebietes in regelmäßiger Hute lag, boten auf den Höhen riesige Kahlflächen mit abgestorbenen alten Mastbäumen einen trostlosen Anblick.

Landgraf Wilhelm von Hessen erließ 1748 das »Waldhute-Reglement vom Reinhardswalde«. Es war ein wichtiger Schritt auf dem Weg zu einer wirklichen Forstwirtschaft, an die durch den Vieheintrieb bis dahin nicht zu denken war. Das Reglement wies nun jeder Stadt und Gemeinde einen festen Hutebezirk zu. Insgesamt durften 8 500 Stück Großvieh die Waldweide nutzen. Auf den unbeweideten Flächen, die etwa ein Drittel des Reinhardswaldes ausmachten, sollten die Bäume wieder wachsen können. Die Bemühungen wurden durch den Siebenjährigen Krieg unterbrochen, der im Wald schwere Verwüstungen anrichtete. Erst 1764 konnte mit planmäßigen Baumpflanzungen begonnen werden. Eichelgärten wurden angelegt und mit Wällen und Zäunen vor Wild und Weidevieh geschützt. Dort wuchsen die künftigen Mastbäume heran, die später unter Aufsicht der Pflanzförster zu lichten Hutewäldern ausgepflanzt wurden. Diese Eichenpflanzwälder sind ein besonderes Merkmal des Reinhardswaldes und lassen sich heute noch auf mehreren hundert Hektar finden.

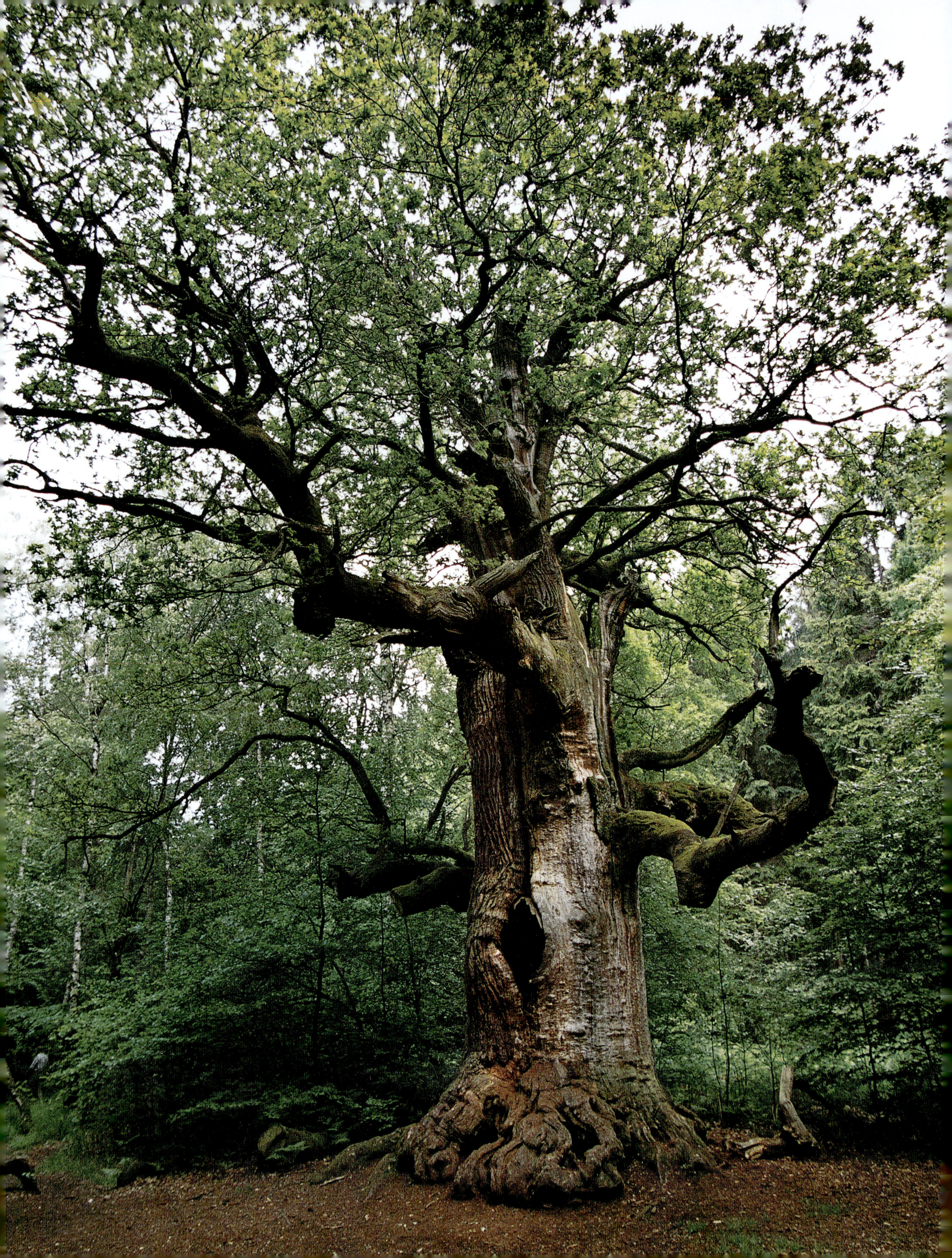

REINHARDSWALD – SCHATZHAUS DER EUROPÄISCHEN WÄLDER

Der wohl beeindruckendste Hutewaldrest ist der Urwald Sababurg, in Teilen eines der ältesten deutschen Naturschutzgebiete. Der Landschaftsmaler Theodor Rocholl holte sich im Reinhardswald Anregungen für seine Werke und setzte sich dafür ein, dass der einzigartige Urwald unter Schutz gestellt wurde. Seit 1907 kann sich die Natur dort relativ ungestört entwickeln. Faszinierend ist die große Anzahl der mehrhundertjährigen Eichen und Buchen. Einige zeigen noch ihre grünen Blätter, andere, längst abgestorben, recken kahle Äste gegen den Himmel. Die mächtigen Stämme oft hohl, die Rinden wulstig und zernarbt. Mit geschätzten 600–800 Jahren ist die Kamineiche eine der ältesten Baumpersönlichkeit im Urwald Sababurg. Doch irgendwann kann so ein alter Baumriese der Fäule, den Schädlingen oder dem Sturm nicht mehr trotzen. Zerborsten liegt der Stamm am Boden, der Stumpf, einer abstrakten Plastik gleich, bleibt stehen. Bis die Natur das Totholz wieder zu Humus verwandelt hat, vergehen Jahre. In der Zwischenzeit dient es Insekten, Moosen, Pilzen und Kleinstorganismen als Lebensraum. Im Urwald Sababurg legt der seltene Hirschkäfer seine Eier in den Mulm abgestorbener Eichen, wächst auf den toten Stämmen der Eichen-Zungenporling, ein vom Aussterben bedrohter Großpilz.

Im Naturschutzgebiet existiert eine Vielzahl von holzbesiedelnden Pilzarten, darunter seltene Exemplare wie der Eichenzungenporling.

Linke Seite: Was könnte sie erzählen! Mehr als 800 Jahre deutsche Geschichte hat die Kamineiche im Urwald Sababurg überdauert.

Das Bild des Reinhardswaldes hat sich auch durch die Holznutzung stark verändert. Seine Bäume lieferten nicht nur Baumaterial, sie waren lange Zeit die wichtigste Energiequelle. Schon im ausgehenden Mittelalter hatte sich ein Holzmangel bemerkbar gemacht, den der Weidebetrieb kontinuierlich verstärkte. Wohl gab es Forstordnungen, aber die Sorge um den Wald und materielle Interessen der Landesherrn hielten sich nicht immer die Waage. Zum einen waren die Landgrafen am Holzverkauf beteiligt, zum anderen besaß im 16. Jahrhundert Landgraf Philipp der Großmütige das Salzmonopol. Und Salz war als Konservierungsmittel für Fleisch und Fisch ein begehrter Exportartikel. Philipp ließ das »weiße Gold« in 42 staatlichen Siedekoten herstellen und pachtete noch die Saline Sooden Allendorf. Die Salzgewinnung allein erforderte schon riesige Mengen an Feuerholz, hinzu kam noch der Verbrauch der Eisenhütte in Veckerhagen. Sie lag direkt am östlichen Rand des Reinhardswaldes und stellte Sudpfannen und Roste für die Salinen her. Im Nachbarort Vaake wurden Bäume zu Fässern für den Salztransport verarbeitet. Ein großer Teil des Baumbestandes war zu Holzkohle für die Eisenhütten verbrannt worden. An die 1 000 alte Meilerplatten lassen im Reinhardswald das Ausmaß der Köhlerei erahnen.

Mit den Koniferen kam die Tannenmeise in den Reinhardswald. Sie ist an Nadelhölzer gebunden und legt in den dichten Zweigen ihre Vorräte an.

139

REINHARDSWALD – SCHATZHAUS DER EUROPÄISCHEN WÄLDER

Um den Wald wieder aufzuforsten, wurden anspruchslose und schnell wachsende Hölzer benötigt. So gelangte die Fichte in den Reinhardswald und beherrscht mit ihren Nebenbaumarten noch heute große Teile des Waldes, besonders die ehemaligen Waldweide-Flächen beiderseits der Höhenstraße. Den Nadelbäumen folgten »ihre« Vögel in einen neuen Lebensraum: Die Tannenmeise als kleinste einheimische Meisenart, der Fichtenkreuzschnabel, das Wintergoldhähnchen und der Raufußkauz.

Forstliche Experimente

Mitte des 19. Jahrhunderts versuchte Carl Friedrich Mergell, Oberförster von Veckerhagen, mit einer neuen Pflanzmethode die Interessen von Mast, Waldweide und Holzgewinnung zu verbinden. Er »erfand« die Fichten-Klumpse, Erdhügel, die in der Mitte mit einer Eiche oder Buche und rundherum mit Fichten bepflanzt wurden. Die schneller wachsenden Nadelhölzer sollten den Laubbaum vor Verbiss schützen.

Schon Aufzeichnungen aus dem 16. Jahrhundert berichten von den großen Schwarzwildvorkommen im Reinhardswald. Seine Eichen und Buchen mästeten nicht nur die Hausschweine.

Mergell begann 1851 mit der Anlage von Klumpsen im Staufenberger Bruch und hatte über einen Zeitraum von 15 Jahren den Reinhardswald mit 17 000 Klumpsen bepflanzen lassen. In der Zwischenzeit waren seine Bemühungen aber durch die technische Entwicklungen in der Viehmast überholt worden. Stallfütterung hatte die Waldweide abgelöst, noch bevor die Fichten hiebsreif wurden. Entlang der Holzhäuser Straße sind Reste von Mergells Klumpsen gut zu entdecken, allerdings haben die Fichten den Laubbaum in ihrer Mitte längst erdrückt. An der Abzweigung von der Höhenstraße zum Staufenberg wurden neue Klumpse angelegt, eine Informationstafel gibt Erläuterungen zu dieser forstlichen Kuriosität.

Der Wegfall der Waldweide brachte noch keine Entlastung für den ausgezehrten Reinhardswald, denn nun harkten die Bauern verstärkt Einstreu für ihre Ställe zusammen. Mit dem Streurechen wurde der Wald »ausgefegt«, zurück blieb entblößter Boden, der Auswaschung und Erosion preisgegeben. Ein Aufatmen für den Wald setzte erst mit der Ablösung aller bäuerlichen Nutzungsrechte ein. Dies geschah in Kurhessen 1867 nach der Eingliederung in das Königreich Preußen und ermöglichte endlich den Übergang zu einer geregelten Forstwirtschaft.

Der Reinhardswald war nicht nur Waldweide und Holzlieferant, er besaß vor allem als Jagdgebiet weit über 1 000 Jahre eine besondere Bedeutung. Es gab viel Rotwild und ein immenses Schwarzwildvorkommen. Philipp der Großmütige, ein passionierter Jäger, vermerkte in seinen Aufzeichnungen für das Jahr 1559 an die 1 120 gefangene Sauen. In Erwartung einer reichen Strecke kam 1592 auch der Herzog von Braunschweig mit 500 Hunden zur Sauhatz über die Weser. Die Landgrafen von Hessen hatten seit 1354 das Jagdregal im Reinhardswald inne und die Höhe des Wildbestandes stand oft in engem Zusammenhang mit der Jagdleidenschaft des jeweiligen Landgrafen. Was den Herrschaften Vergnügen bereitete, war für die Bauern nicht nur wegen der Jagdfrondienste eine Plage. Der übermäßige Wildbestand im Reinhardswald führte zu extremen Wildschäden auf den Feldfluren und die Landwirtschaft gedieh nur schlecht. Die Bauern versuchten im 16. und 17. Jahrhundert ihre Felder mit Wildzäunen, Wildgräben und Wildhecken zu schützen, die sie auf eigene Kosten herstellten und unterhielten. Zaun und Graben zogen sich vor dem Hochwald auf einer Länge von 25 Kilometern von Röddenhof bis nach Simmershausen an der Fulda. Von dem mächtigen Wildschutzbauwerk sind in diesen südwestlich gelegenen Ortsgemarkungen noch Teile erhalten geblieben.

Unter Kurfürst Wilhelm II. von Hessen-Kassel wurde der gesamte Reinhardswald 1822 Leibgehege und fiel nach Ablösung der Fron- und Jagddienste 1831 in das Vermögen des Staates. Die Jagd allerdings gehörte zum

Wildrosen profitierten in der Vergangenheit von der Waldweide. Wo das Vieh Blößen in den Wald fraß und trat, konnten Hunds- und Heckenrose wachsen. Ihre Stacheln schützten sie vor dem Verbiss.

REINHARDSWALD – SCHATZHAUS DER EUROPÄISCHEN WÄLDER

Leibgehege und gelangte durch eine besondere Vereinbarung in das kurfürstliche Privatvermögen seines Nachfolgers, Friedrich Wilhelm I. Die Landbevölkerung musste die Wildschäden auf den Äckern weiterhin geduldig hinnehmen. Die Hofkasse zahlte Entschädigungen, die aber dem wirklichen Verlust nicht entsprachen. Wildwächter vom Hofjagd-Department sollten mit Laterne, Lanze und Hunden ausgerüstet nachts das Wild aus den Feldern hetzen. Ein vergebliches Unterfangen. Erst mit der bürgerlichen Revolution 1848 verlor der Kurfürst die Jagdberechtigung auf fremdem Grund und Boden. Das Jagdrecht dort besaßen nun die Gemeinden. Sie hoben die Schonzeit für Rot- und Schwarzwild auf und ließen die Bestände drastisch reduzieren. Die Ortspolizei war befugt, alles Hochwild in den Gemarkungen abzuschießen. An den Rändern des Reinhardswaldes kam es zeitgenössischen Berichten zufolge zur »Aasjägerei«, im Innern des Leibgeheges nahm der Wilddiebstahl zu. Dörfer wie Hombressen und Gottsbüren, die mitten im Wald lagen, galten schon früh als Hochburgen der Wilderei.

Die gesamte Entwicklung schädigte den Wildbestand schwer. In weiser Voraussicht hatte der Kurfürst schon im Sommer 1848 seinem Oberförster

Wilhelm Harnickell den Auftrag erteilt, einen Wildpark für Rot- und Schwarzwild zu errichten. So war im Forstrevier Gottsbüren zunächst ein etwa 500 Hektar großer Saupark entstanden, mit eichenen Palisadenwänden vor dem Übersetzen von Rotwild gesichert. Der Saupark wurde später Teil eines insgesamt gut 4 000 Hektar großen Geheges für Rot- und Damwild, beide Gatter schließlich 1863 vereint. Die Schalenwildbestände im Reinhardswald hatten sich in der Zwischenzeit gut erholt und die Wildschäden stiegen wieder an. Als daraufhin das Kurhessisches Polizeigesetz 1865 festlegte, Rotwild, Damwild und Schwarzwild seien künftig nur in eingefriedeten Revieren zu halten, wurde das Gatter im Reinhardswald zunächst um 5 000 Hektar und Ende des 19. Jahrhunderts auf das Doppelte der Fläche erweitert. Dieses Gatter besteht noch und umschließt heute, räumlich kaum verändert, den gesamten Südteil des Reinhardswaldes. Das Wildgatter ist Staatsjagdrevier des Landes Hessen und Wildschutzgebiet. Neben der wildbiologischen und jagdkundlichen Forschung dient es Naturfreunden zur Erholung. Wanderwege ermöglichen die Erkundung und gleichzeitig eine unsichtbare Besucherlenkung, so dass das Wild in seinen Ruhezonen nicht gestört wird.

Reicher Wildbestand

Der Reinhardswald zählt durch das große Wildschutzgebiet zu den attraktivsten deutschen Jagdrevieren. Die Erlegung reifer Keiler und kapitaler Hirsche erfolgt fast ausschließlich durch Jagdgäste. Eine Rarität ist das einzige Vorkommen von weißem Rotwild in freier Wildbahn und so mancher Jäger wird sich beim Anblick eines weißen Geweihten erschrocken an die Hubertus- Legende erinnert haben. Über die Herkunft des weißen Rotwildes gibt es nur Spekulationen. Sicher ist, dass es sich nicht um Albinismus handelt und auch nicht um eine Unterart. Als wahrscheinlich wird eine Mutation angesehen. Die weiße Farbvariante ist im Erbgut des heimischen Rotwildes verankert und geht vermutlich auf einige Stücke zurück, die aus Böhmen stammten und vor mehreren Jahrhunderten aus dem Tierpark Sababurg entwichen sind. Die schneeweißen Hirsche und Tiere leben mit den normalfarbenen Stücken zusammen, obwohl sie ihr Rudel »verraten«. Beim Nachwuchs kommen alle Kombinationen vor: rote Tiere, die ein weißes Kalb führen, weiße Tiere mit rotem Nachwuchs. In Hessen vertraut man nicht allein auf die abschreckende Kraft der überlieferten Geschichten, dass die Erlegung eines weißen Stückes dem Schützen Unglück bringt. Das weiße Rotwild, das vornehmlich außerhalb des Wildschutzgebietes lebt, wird als zoologische und kulturhistorische Rarität geschützt.

Linke Seite: Keine optische Täuschung und kein Albino. Im Reinhardswald leben weiße Hirsche in freier Wildbahn. Sie sind eine Rarität und werden geschont.

REINHARDSWALD – SCHATZHAUS DER EUROPÄISCHEN WÄLDER

Ein Damwildvorkommen existiert im Reinhardswald nicht, Rehwild und Schwarzwild sind überall im Gebiet vertreten. Natürliche Feinde braucht das Schalenwild nicht mehr zu fürchten, Großraubtiere wie Braunbär, Luchs und die ehemals zahlreichen Wölfe sind längst ausgerottet worden. Verschwunden aus der Fauna des Reinhardswaldes ist auch der Fischotter und ebenso der Biber, der dem Ort Beberbeck seinen Namen gab. Die Wildkatze wurde noch im 19. Jahrhundert scharf bejagt. Um so erfreulicher ist es, dass sich wieder ein stabiler Bestand von etwa 80 Wildkatzen im Reinhardswald entwickelt hat. Weniger erfreulich ist die hohe Zahl der Waschbären. Seit der Aussetzung von einigen Tieren am Edersee 1934 hat sich der fortpflanzungsfreudige Kleinbär überall etabliert.

Noch heute ist der Reinhardswald ein großer, dünn besiedelter Naturraum, den nur wenige Straßen durchschneiden. Trotz der massiven Holz- und Weidenutzung bedecken Laubbäume über die Hälfte seiner Fläche. Die Rotbuche dominiert besonders auf den Hängen zur Weser und Fulda hin. Im Naturwaldreservat Weserhänge steht der ökologisch besonders wertvolle Hainsimsen-Buchenwald unter Schutz. Er gehört neben den traditionellen Eichenhainen zu den gut 800 Hektar des Reinhardswaldes, die aus der forstlichen Nutzung herausgenommen worden sind. Die hessische Forstverwaltung bewirtschaftet den Reinhardswald nach dem Prinzip der naturgemäßen Waldwirtschaft. Es werden nur noch heimische Baumarten nachgezogen und Laubbäume gefördert. Reine Fichtenbestände sollen langfristig der Vergangenheit angehören. Die Kahlschlagwirtschaft tut es schon jetzt, bei der Holzernte werden gezielt einzelne Bäume entnommen.

In den sumpfigen Bruchwäldern im Naturschutzgebiet Gahrenberg erinnern Schwarzerlenbruch- und Birkenwälder an Waldlandschaften in Osteuropa. Dort blüht die seltene Sumpf-Calla und der Schwarzstorch findet sein Refugium. Auch andere Vogelarten, die zwischenzeitlich im Reinhardswald fast als ausgestorben galten, sind wieder heimisch geworden. Der Kolkrabe macht mit seiner rauhen Stimme auf sich aufmerksam und nachts schallt der durchdringende Ruf des Uhus durch das riesige Waldgebiet, das reich an natürlichen Bächen ist. Im Quellgebiet der Holzape, die am Staufenberg entspringt und auf ihrem Lauf zur Diemel zahlreiche Wiesentäler durchquert, leben bedrohte Libellenarten wie der Kleine Blaupfeil und die gebänderte Heidelibelle. Die stehenden Gewässer im Reinhardswald wurden zur Versorgung des landgräflichen Hofes als Fischteiche angelegt.

Inmitten des großen Waldgebietes, nicht von ungefähr heute an der deutschen Märchenstraße, liegt die efeuumrankte Sababurg. Sie soll das Schloss der Prinzessin Dornröschen gewesen sein, die dort in hundertjährigen

Rechte Seite: Der lautlose Nachtjäger auf Beutezug. Lange war der Uhu aus dem Reinhardswald verschwunden. Die größte heimische Eule ist stark bestandsgefährdet. Das früher übliche Aushorsten der Jungvögel für die Hüttenjagd hat dazu beigetragen.

REINHARDSWALD – SCHATZHAUS DER EUROPÄISCHEN WÄLDER

REINHARDSWALD – SCHATZHAUS DER EUROPÄISCHEN WÄLDER

Schlaf gefallen war. Tatsächlich wurde die Burganlage 1334 als Zapfen- oder Zappenburg auf Geheiß des Bischofs von Mainz errichtet. Sie diente dem Schutz der Pilger, die auf der Wallfahrt nach Gottsbüren unterwegs waren. Die Burg wurde noch im gleichen Jahrhundert zerstört und erst 1490 als Jagdschloss mit zwei Türmen wieder aufgebaut. Heute ist die Sababurg eine Hotelgaststätte.

Neben der Burg befindet sich der wahrscheinlich älteste Tiergarten Europas. Landgraf Wilhelm IV., Staatsmann und Naturwissenschaftler, hatte ihn 1571 anlegen lassen. Der »Thiergarten« beherbergte heimisches Rotwild, Damwild aus Dänemark, Gemsen aus Bayern und Elche und Rentiere aus Schweden. Die Beschaffung und Haltung von fremdländischen Tieren war in der damaligen Zeit schwierig. Viele Tiere überlebten den Transport erst gar nicht, andere gingen in der neuen Umgebung ein. Der Tierpark, anfänglich nur mit Dornenhecken gesichert, wurde später mit einer vier Meter hohen Mauer umgeben und in das eingestellte Jagen und die Parforcejagden miteinbezogen. Dafür waren sechs Schneisen und längs der Mauer ein Umlauf als Schussfeld und Reitstreifen angelegt worden. Der historische Tierpark wird vom Landkreis Kassel als Zoo geführt. In ausgedehnten Naturgehegen leben Tierarten, die einst die europäischen Urwälder durchstreiften, Wildrinderherden, Wildpferde, und Schalenwild. An die jagdliche Vergangenheit des Tierparks wird auf dem Gelände mit einem Museum erinnert.

Sababurg – wo Dornröschen schlief und die Landgrafen Hof hielten. Heute ist das ehemalige Jagdschloss ein Hotel. Unweit der Sababurg befindet sich der 1571 begründete Tiergarten.

REINHARDSWALD – SCHATZHAUS DER EUROPÄISCHEN WÄLDER

Südlich der Sababurg, zwischen Beberbeck und Veckerhagen, existiert seit 2001 ein ganz besonderes Waldstück: der erste naturbelassene Waldfriedhof Deutschlands. Was in früheren Zeiten als würdige letzte Ruhestätte verdienter Förster und Jäger galt, scheint heute eine attraktive Alternative zur herkömmlichen Bestattung zu sein. Im ewigen Werden und Vergehen des Reinhardswaldes wird nun auch der Mensch wieder Teil der Natur, wenn seine Asche im Wurzelbereich der Bäume beigesetzt wird. Nichts erinnert im Friedwald an einen Friedhof, keine Grabsteine oder Gedenktafeln. Nur die Bäume, zwischen denen das Wild hindurchzieht, tragen eine Nummer.

Die reiche Tier- und Pflanzenwelt und die Vielzahl der kulturhistorischen Spuren aller Epochen ließen den Reinhardswald vor einigen Jahren zum »Ecomuseum« werden, dessen »Ausstellungsraum«, die Landschaft, durch spezielle Führungen und Exkursionen einem interessierten Publikum erschlossen wird. So ist der Reinhardswald nicht nur Schatzhaus, sondern in seiner Gesamtheit selbst eine Kostbarkeit, eine erwanderbare und erlebbare.

Das hessische Staatjagdrevier verspricht dem Jagdgast reife Keiler und kapitale Hirsche in herrlicher Umgebung. Einmal im Jahr findet dort eine große Bewegungsjagd statt.

Sauen im Treiben

Stück für Stück lief ich mein Haselholz ab, erst langsam, dann immer rascher, denn nichts ereignete sich; unberührt lag die Neue. Die Querseite zum nahen Feld blieb mir noch. Und wie ich so drauf zu ging, das erste Stück in den Blick bekam, stockte mir der Atem: Durchs hohe Holz, mal frei, mal verdeckt von verschneiten Sträuchern, trollten Schwarzkittel der Dickung zu. Eine Bache und noch eine, groß und schwarz, und Frischlinge zuhauf in ihren braunhellen Gewändern – vorbei der Spuk, die Dickung nahm sie in ihren Schutz.

Ein Weilchen noch stand ich wie gebannt, wartete ab, ob eine Nachhut sich noch einstellen würde. Doch es blieb bei der Rotte, kein Nachzügler, kein Keiler, der den Bachen auf dem Fuß folgte.

Nun aber los, murmelte ich vor mich hin, umschlug rasch in weitem Bogen den Einstand – und ließ die Sauen in der Dickung zurück. Sie hatten also Quartier bezogen, steckten förmlich in einer offenen Falle. das Jägerherz frohlockte. Zu überlegen gab's da nicht viel, ein Plan war schnell gefasst: Den Sauen Ruhe zum Einrichten geben – erst einmal zur Ruhe gekommen, halten sie länger aus; machen sich beim ersten Anrühren nicht sogleich aus dem Staub – und sie dann am Nachmittag mit den Terriern im Kessel überraschen. »Gustel« und »Hexe« verstanden ihre Sache, und Fred und Curt schossen eine saubere Flinte, nicht nur mit Schrot, auch mit der vielgeliebten Brenneke. Sie warteten nur auf einen Wink von mir.

Mit erwartungsvoller Fröhlichkeit machten wir uns auf den Weg zu den Sauen. Fred stiefelte mit »Hexe« im Arm in Richtung Einwechsel; sie sollte den Finder spielen. Curt bezog mit »Gustel« ihm gegenüber, nahe der anderen Dickungsseite, seinen Platz. Gab »Hexe« an den Sauen Laut, durfte »Gustel« angreifen. Die Querseite zum Innern des Waldes hin, nahm ich in meine Obhut. Die vierte Seite, die unmittelbar ans Feld grenzte, blieb unbesetzt.

Verflogen war die erwartungsvolle Fröhlichkeit, jeder nahm sie Still für sich mit, hing seiner jagdlichen Stimmung nach, niemand störte ihn dabei. Fahl schon das Winterlicht, kein Windhauch strich über Baum und Strauch – alles lag still unterm Schnee. Drinnen im Dorngengestrüpp steckten die Sauen, bald wird die wilde Jagd entfesselt sein ...

Minuten voller Ungewissheit, Zeit, die Jagd zur Jagd werden lässt. Da hört sich's an wie dumpfes Hundegeläut. »Hexe« ist an den Sauen, denke ich. Gleich wird der Tanz beginnen, wenn »Gustel«, der kleine schwarze Teufel, dazwischen fährt. Jetzt dumpfe Laute an zwei Stellen – gleich müssen die Sauen auftauchen, fester umfasse ich die Flinte.

Plötzlich ein Schuss, ein zweiter. Fred hat's gepackt, denke ich und schiebe die Sicherung zurück. Doch halt! Wieder Hundegeläut, und ganz in der Nähe. Gebannt starre ich auf den Dickungsrand und sehe, wie aus dem Weiß heraus dunkle, niedrige Gestalten auftauchen, geradewegs auf mich zu hasten, plötzlich die Richtung ändern und in voller Fahrt seitwärts an mit vorüberflüchten. Von der Rotte versprengte Frischlinge sind's; groß macht sie der Schnee. Längst habe ich sie über der Schiene, nehme den Letzten und fasse zu – rechter Lauf – linker Lauf – und fort ist die wilde Jagd.

Wieder gibt einer der Hunde Laut. Ein Frischling rast durch's Holz, zu weit für meine Flintenrohre. Dann hallt es dumpf zu mir herüber – einmal, zweimal. Fred hat wieder Dampf gemacht und bestimmt nicht umsonst. Dann ein langgezogener Ruf aus dem kleinen Horn – Schlusspunkt des Treibens, und für mich das Signal, nachzuschauen, ob die Brenneke ihr Ziel erreicht haben. Zwanzig Schritte maß ich ab – und fand Schweißtropfen im Schnee, rechts und links der Fährte – getroffen! Arbeit für »Hexe« oder »Gustel«?

Gewohnheitsmäßig gehe ich ein paar Schritte zurück, um die Fährten nicht zu vertreten, und folge mit den Augen dem Fluchtweg – da entdecke ich den Frischling. In seinen letzten Zügen war er sicher über einen Ast gestolpert, denn er lag in einer Bodensenke quer zur Fluchtrichtung.

Als wir Drei dann am Feuer standen, herrschte nach so viel Gespanntheit wieder helle Freude. Vier Frischlinge lagen vor uns, und »Hexe« und »Gustel« zitterten vor Aufregung, tänzelten von einem zum anderen, holten sich ihre Liebkosungen ab. Guter Hund macht gute Jagd! Ja, so wird es bleiben.

H. D. Willkomm

Thüringer Wald

Grünes Herz Deutschlands

»Über allen Gipfeln ist Ruh, in allen Wipfeln spürest du kaum einen Hauch.« Die Bergwogen des Thüringer Waldes bei Sonnenuntergang inspirierten Johann Wolfgang von Goethe. Hoch oben auf dem Gipfel des Kickelhahns schrieb er 1780 die berühmten Verse von »ein gleiches«, einfach innen an die Wand des hölzernen Jagdhäuschens. Immer wieder suchte er das dicht bewaldete, felsige Kammgebirge auf. Zog als Wanderer durch stille Buchenhallen, ritt, selbst der Jagd zugetan, auf den Jagdausflügen des Herzogs Karl August von Weimar mit, wenn dieser zur Hirschhatz in die wildreichen Waldungen um Ilmenau aufbrach. Noch heute gehört der Thüringer Wald zu den größten zusammenhängenden Rotwildgebieten unserer Heimat und wer ihn betritt, wird von der Natur verzaubert.

THÜRINGER WALD – GRÜNES HERZ DEUTSCHLANDS

Das Universalgenie Goethe zog sich gern in die Jagdhütte auf dem 861 Meter hohen Kickelhahn zurück.

Zapfen der Weißtanne. Der Gebirgsbaum wird auch als Edeltanne bezeichnet und ist immer seltener anzutreffen. Er gehört in Thüringen zu den gefährdeten Pflanzenarten.

Der Thüringer Wald zeigt sich nicht wie ein typisches Mittelgebirge in sanftwelligen Hügeln. Er ist ein fünf bis zehn Kilometer breiter, herber Kamm, den tief eingeschnittene Täler in einzelne Bergrücken zergliedern. Langsam ansteigend erhebt er sich im Nordwesten bei Eisenach und geht an der »Grenzlinie« zwischen Gehren und Schönbrunn unsichtbar in das Thüringer Schiefergebirge über. Starke Höhenunterschiede liegen eng beieinander. Vom Schneekopf, 978 Meter hoch, fällt das Gelände innerhalb von zwei Kilometer um 600 Meter ab. Oben auf dem Kamm herrscht ein sehr raues Klima, das besonders am südwestlichen Gebirgsrand niederschlagsreich ist. Im Winter biegen sich die Äste der Fichten unter den Schneemassen. Vor allem in den Gebieten um Oberhof, der höchsten Partie des Thüringer Waldes, sind Schneehöhen über einen Meter nicht selten. Dort verfehlt der Große Beerberg, der höchste der Region, mit 982 Meter über Normal-Null knapp die natürliche Waldgrenze. Der Bewuchs mit höheren Pflanzen ist artenarm, denn einer Vegetationszeit von nur 110 Tagen stehen 150 Eistage gegenüber.

Der Rennsteig

Auf dem Gebirgskamm verläuft der Rennsteig, das Rückgrat des Thüringer Waldes. Dieser bekannteste Fernwanderweg zieht sich vom Mittellauf der Werra bis in den nördlichen Frankenwald. Viele Jahrhunderte hindurch war der Rennsteig ein bedeutender Handels- und Heerweg. Wer ihn befuhr

THÜRINGER WALD – GRÜNES HERZ DEUTSCHLANDS

oder bewanderte, passierte dabei immer wieder ein anderes deutsches Hoheitsgebiet. Noch im ausgehenden 19. Jahrhundert teilten sich sechs Fürsten- und Herzogtümer und das Königreich Preußen den Besitz des Thüringer Waldes. Weit mehr als 1 000 Wappengrenzsteine erinnern an diese Zeit der Kleinstaaterei, die erst 1920 mit der Gründung des Freistaates Thüringen endete. Heute sind es Heerscharen von Wanderern und Marathonläufern, die von West nach Ost und in entgegengesetzter Richtung die 168 Kilometer-Strecke zurücklegen.

Der Rennsteig strebt zunächst gemächlich von seinem Anfangspunkt bei Hörschel durch Eichen-Buchen-Wälder und Kiefernforste 434 Meter hinauf zur Hohen Sonne. Am Wegesrand zeigt das Waldgebirge immer wieder seine Felsen: Die Drachenschlucht, mehr eine Klamm mit steilen Wänden, die sich auf unter einen Meter verengt. In der weiteren Umgebung gibt es Grotten und Höhlen. Geologisch bestehen rund 60 Prozent der Felsen des Thüringer Waldes aus dem sogenannten Rotliegenden, vulkanischem Gestein, das stellenweise bis zu zwei Kilometer dicke Schichten bildet. Eine Ausnahme sind die mit Buchen bewachsenen Muschelkalkriffe der Wartberge nahe Thal.

Der Thüringer Wald, ein rauhes Kammgebirge mit dichten Wäldern und tiefen Tälern.

THÜRINGER WALD – GRÜNES HERZ DEUTSCHLANDS

Recht ursprünglich und steiler werdend »geht« der Rennsteig gen Osten durch den Laubwald. Grünende Buchen beherrschen im Sommer das Bild und der Hirschholunder lockt mit seinen roten Beeren. Der höchstgelegene Buchenwald Thüringens wächst im Gipfelbereich des Großen Inselsberges. Mit seinen 916,5 Meter sticht der Inselsberg aus dem Kamm hervor und überragt ihn um gut 100 Meter. An der Ebertswiese, der feuchten Quellwiese der Spitter, beginnt das Fichten-Tannen-Buchen-Gebiet. Die Weißtanne ist als Baum des Bergmischwaldes selten geworden und steht in Thüringen auf der Roten Liste der gefährdeten Arten. Dafür ist die Fichte durch Anpflanzungen selbst in den niedrigsten Lagen des Thüringer Waldes vertreten, weitläufig bestimmt Waldsauerklee den Bodenbewuchs. Natürliche Bergfichtenbestände sind erst in den Hochlagen waldbildend und auf den Hängen von Schneekopf und Beerberg zu finden.

Die Besiedelung des Thüringer Waldes begann später als die seines Vorlandes. Während sich vor allem am Nordrand zahlreiche größere Städte entwickelten, liegen in den Bergen fast nur kleinere Orte. Die dichten Wälder des Gebirges waren die Jagdreviere der Thüringer Herzöge. Jeder Kleinstaat besaß auf seinem Territorium ein Schloss. Noch heute sind Jagdschloss Wilhelmsburg bei Schmalkalden, Jagdschloss Reinhardsbrunn bei Friedrichroda und Jagdschloss Wilhelmsthal südlich von Eisenach gut erhaltene Zeugnisse einstiger höfischer Jagdkultur. Daneben nimmt sich der barocke Zweckbau Jagdhaus Gabelbach auf dem 861 Meter hohen Kickelhahn bescheiden aus. Regelrecht gespickt ist der Thüringer Wald mit historischen Gedenksteinen, die an Jagderfolge, Misserfolge und andere jagdliche Begebenheiten erinnern. Der Jägerstein am Schneekopf geht auf ein tragisches Ereignis zurück, bei dem ein Jägerbursche statt des Hirschen seinen Förster erlegt hatte. Auch die »Wilde Sau«, unweit der Hohen Sonne, ist als Sühnestein für einen »Jagdunfall« aufgestellt worden. Wirklich zu denken gibt der unscheinbare Stein im Lütschegrund. Dort stand bis 1864 ein Dorf, das der jagdversessene Herzog Ernst II. dem Erdboden gleich machen ließ, weil es in seinem Jagdrevier störte.

Unzählige Gedenksteine sind im Thüringer Wald verstreut, die von jagdlichen Ereignissen vergangener Jahrhunderte erzählen.

Wild und Waffen

Fünf Schalenwildarten werden im Thüringer Wald bejagt. Das Rehwild im gesamten Gebiet, Schwarzwild in vielen Revieren, und Damwild und Muffelwild wie der Rothirsch in festgelegten Einständen. Von der frühen Jagd mit Pfeil und Bogen bis zur sauberen Erlegung des Wildes mit der Präzisionsbüchse war es ein weiter Weg. Erst mit der Feuerwaffe erlangte

THÜRINGER WALD – GRÜNES HERZ DEUTSCHLANDS

Die Winter sind kalt und die Schneedecke hoch. Für das Schwarzwild ist die Nahrungssuche im gefrorenen Boden schwierig.

der Jäger dem Wild gegenüber eine größere Überlegenheit, konnte er es doch aus weiterer Entfernungen beschießen und wirksamer treffen. Zu keiner Zeit waren Jagdwaffen, egal ob Armbrust oder Gewehr, nur reine, zweckmäßige Werkzeuge. Sie wurden ebenso häufig für die Angehörigen mächtiger Herrscherhäuser teuer und aufwendig als Statussymbole gefertigt. Nach wie vor werden neben der robusten Waffe für den Jagdalltag exklusive Büchsen und Flinten produziert, luxuriös in Ausführung und Material, mehr Augenweide denn Gebrauchsgegenstand. Ein Zentrum der Herstellung von Jagd- und Sportwaffen liegt im Thüringer Wald: Suhl, die Stadt der Büchsenmacher.

Der Name Suhl wird jedem Jäger ein Begriff sein, als Qualitätsmerkmal für Jagdwaffen, die seit Jahrhunderten einen guten Ruf genießen. Weit zurück reicht die lange Tradition der Waffenfertigung in der alten thüringischen Bergstadt an der Lauter. Wegen der ergiebigen Erzvorkommen konzentrierte sie sich seit dem Mittelalter in Suhl. Um 1365 arbeiteten zwei

THÜRINGER WALD – GRÜNES HERZ DEUTSCHLANDS

Eisenhämmer, knapp hundert Jahre darauf ein weiterer. Blankwaffen und Rüstungen verließen die Schmieden und schon vor 1500 erste Handfeuerwaffen. Im 16. Jahrhundert war Suhl mit fünf Rohrschmieden in der Lage, große Mengen zu produzieren. Innerhalb von 11 Tagen sollen 775 Rohre entstanden sein, darunter schwere und leichte Hakenbüchsen und Pirschrohre. Das Handwerk des Büchsenmachers hatte sich spezialisiert. Arbeitsteilig waren Rohrschmiede, Schäfter und Schlossmacher mit der Waffenfertigung beschäftigt. Bis 1634 wurden alle Waffen ausschließlich aus Suhler Eisenerz hergestellt. Kriegerische Ereignisse und besonders der Stadtbrand von 1753 schädigten die Stadt und ihr Handwerk schwer, trotzdem gelangte die Waffenproduktion und der Handel erneut zur Blüte und versorgte Ende des 17. Jahrhunderts wieder die Heere Europas.

Neben den Militärwaffen stellten die Suhler Büchsenmacher auch Prunkwaffen für die Jagd her. Die frühen Modelle als Radschlossgewehre mit gezogenem Lauf, später mit der neuen Steinschloss-Zündtechnik. Es war die Epoche der barocken Prunkjagden und die Adelshäuser ließen sich dem Anlass entsprechende Jagdwaffen anfertigen. Büchsen mit edlen

Der Thüringer Wald ist Rotwildgebiet. In den Revieren zwischen Eisenach und Ilmenau gehört die Jagd auf den Rothirsch zu den besonderen Freuden des Weidwerks.

THÜRINGER WALD – GRÜNES HERZ DEUTSCHLANDS

Schafthölzern, kunstvoll mit Ranken verschnitten, Gold- und Elfenbeineinlagen und gravierten Beschlägen die Jagdszenen zeigen, selbst die Damastläufe noch fein verziert. Es waren funktionstüchtige Waffen und zugleich Meisterwerke der Handwerkskunst. Im 18. Jahrhundert gipfelte der Ruhm der Suhler Prunkwaffen, deren besonderes Merkmal die vierteilige Garnitur wurde. Sie bestand aus einer Vogelflinte, einer kurzen Pirschbüchse und einem Paar Reiter-Pistolen. Viele der historischen Suhler Meister bleiben namenlos, nur ihre Initialen sind überliefert, eingeprägt auf dem Waffenlauf. Anders die Büchsenmacherfamilie des Johann Nikolaus Stockmaier, die den sächsischen Königshof mit Luxuswaffen belieferte.

Der Übergang von der Manufaktur zur industriellen Waffenfertigung war fließend. 1751 gründete J.P. Sauer und Sohn in Suhl die erste deutsche Waffenfabrik. Mit dem technischen Fortschritt folgten im 19. Jahrhundert weitere Werke, Haenel 1840 und Simson 1856. In Suhl nahm 1893 auch das erste deutsche Beschussamt seine Arbeit auf.

Zur Jagd ging es inzwischen schon mit Kipplaufwaffen und Repetierern und Zentralfeuerpatronen erlaubten eine sichere und witterungsunabhängige Schussabgabe. Die Firma Merkel, 1898 gegründet, meldete 1925

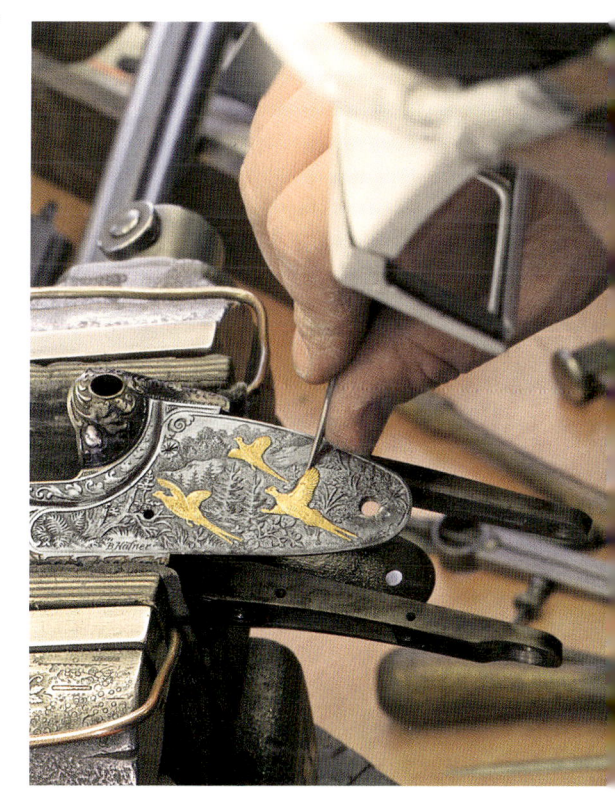

Moderne Doppelbüchse, Merkel 141 (links), und Büchsflinte (unten) von 1850 aus dem Suhler Waffenmuseum – zwei Beispiele der Handwerkskunst Suhler Büchsenmacher, die auf eine jahrhundertelange Tradition (Mitte) verweisen können. Ihre Waffen werden von Jägern weltweit geschätzt.

das erste Patent für Bockwaffen an. Trotz der fabrikmäßigen Jagdwaffenherstellung hatte sich in Suhl auch die kleingewerbliche erhalten. Bis 1949 gab es in der Stadt und ihrer Umgebung fünf Waffenfabriken,

THÜRINGER WALD – GRÜNES HERZ DEUTSCHLANDS

Die rote Moosbeere ist eine Vertreterin der typischen Moorpflanzengesellschaft. Das Heidekrautgewächs bevorzugt die eher trockenen Standorte an den Moorrändern und kriecht zwischen die Torfmoose.

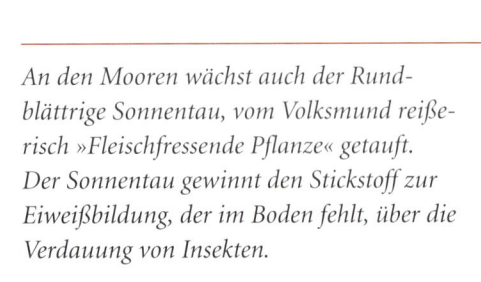

An den Mooren wächst auch der Rundblättrige Sonnentau, vom Volksmund reißerisch »Fleischfressende Pflanze« getauft. Der Sonnentau gewinnt den Stickstoff zur Eiweißbildung, der im Boden fehlt, über die Verdauung von Insekten.

THÜRINGER WALD – GRÜNES HERZ DEUTSCHLANDS

In den Mooren sprießt das Wollgras. Abgestorbene Teile von Torfmoosen bilden zusammen mit Wollgras den Hauptbestandteil des Torfes, dessen Schichten im Hochmoor auf dem Großen Beerberg bis zu 3 000 Jahre alt sind.

183 selbständige Büchsenmacher und 100 Graveure. Heute sind noch 17 Büchsenmacher ansässig, die eine Waffe auf die ganz persönlichen Wünsche des Jägers zuschneiden können. Für gut ausgebildeten Handwerksnachwuchs wird ebenfalls gesorgt. Suhl verfügt über die einzige deutsche Berufsfachschule für Büchsenmacher. Die Geschichte der Suhler Waffenfertigung lässt vor Ort das europaweit einzige Spezialmuseum für Handfeuerwaffen lebendig werden.

Östlich von Suhl, inmitten des Naturparks Thüringer Wald, liegt das Biosphärenreservat Vessertal. Schon 1939 auf kleiner Fläche als Naturschutzgebiet eingerichtet, sind vierzig Jahre später 17 000 Hektar zum

THÜRINGER WALD – GRÜNES HERZ DEUTSCHLANDS

Arnika, wegen ihrer Verwendung als Heilpflanze auch als »Bergwohlverleih« bekannt, blüht auf den Borstgrasrasen des Thüringer Waldes.

UNESCO-anerkannten Biosphärenreservat geworden. Der Thüringer Wald demonstriert mit dichten Bergfichten- und Buchenmischwäldern, dass er seinen Titel »Grünes Herz« zu recht führt. Lediglich in Bachtälern und auf manchen Hochflächen lösen Wiesen und Moore das geschlossene Waldbild auf. In den Kammlagen haben sich durch den wasserundurchlässigen Untergrund Hochmoore gebildet. Von Regen gespeist weisen sie die typische Vegetation von morastigem Gelände auf. Um die Moorränder, wo die klebrigen Tentakel des Rundblättrigen Sonnentaus zur tödlichen Insektenfalle werden, setzt der feine Haarschopf des Wollgrases weiße Tupfer. Diese Moore mit ihrer spezifischen Pflanzenwelt sind empfindliche Lebensräume und vertragen keinen Tritt. Nur das Schützenbergmoor südwestlich von Oberhof darf über einen Steg begangen werden.

THÜRINGER WALD – GRÜNES HERZ DEUTSCHLANDS

Der Kamm bildet die Wasserscheide zwischen den Quellgebieten von Saale und Werra. Aus dem Gebirge kommend ergeben sich Flüsse durch tiefe Täler ins Vorland, wo sich kleine Ackerflächen und Wiesen befinden. Wertvoll sind die Goldhaferwiesen in den höheren Lagen, auf denen bis zu 50 verschiedene Pflanzenarten wachsen. Viele lichtliebende Pflanzen haben sich aus den dichten, dunklen Fichtenforsten, mit denen der Laubwald vielfach ersetzt wurde, auf die von Menschen geschaffenen Wiesen geflüchtet und lassen sie im Juni und Juli farbenfroh leuchten. Es ist die Jahreszeit, wenn Arnika mit ihren Blüten die Borstgrasmatten auf den Berghängen übersät. Die gelbe Blume ist ein Erkennungszeichen der grünen Region, wo das Wissen um die Verarbeitung der Wildkräuter zu Naturheilmitteln und »gesundheitsfördernden« Schnäpsen von Generation zu Generation weitergegeben wird.

Wenn die Wiesen in den Tälern blühen, kommt auch das Rehwild langsam in Paarungsstimmung. Es ist Juli und das Jagdjahr geht auf die Blattzeit zu.

Schweinenacht

Der Jäger zählte nicht mehr mit, wie oft er schon vergeblich auf Sauen angesessen hatte. Seiner Hartnäckigkeit tat es keinen Abbruch. Er beschickte die Kirrungen regelmäßig und fand auch häufig frische Fährten des wehrhaften Wildes. Nur wenn er auf dem Hochsitz saß, ließ es sich nicht blicken. Trotzdem waren die Kirrstellen gut besucht. Enten nahmen die Maiskörner gerne, Tauben waren auch nicht abgeneigt und so manch behaarter Neubürger hat seinen Appetit und den Besuch an der Tafel, die nicht für ihn gedeckt war, mit dem Leben bezahlt. Einige Weidgenossen legten dem Jäger sein Pflichtgefühl als Dummheit aus, weil er den Fuchs eben nicht pardonierte und so vielleicht die Gelegenheit vergab, das lang ersehnte Wild zu erlegen.

Es war nicht herauszubekommen, wann die Sauen kamen. Sein alter Jagdkamerad hatte immer zu ihm gesagt: »um elf sind sie da, wo sie hinwollen«, doch der Jäger zweifelte daran. Sie blieben unberechenbar. Zweimal hatte er die Wildschweine vor gehabt. Einmal am frühen Abend, als es noch hell war. Dummerweise stieß er leicht mit der Waffe gegen die Kanzel. Das genügte, um sie wie der Blitz verschwinden zu lassen. Das andere Mal, in einer Mondacht, stürmten zwei Überläufer auf die Kirrung zu und drehten plötzlich wieder ab, weil sie Wind bekommen hatten.

Klirrend kalt war die Februarnacht. Die Sterne funkelten am tiefschwarzen Himmel und die Mondscheibe leuchtete wie eine Laterne. Es lag kein Schnee, aber die braunen, gefrorenen Ackerfurchen waren von Eiskristallen überzogen die im taghellen Mondlicht glänzten. Die Sicht war perfekt für den Jäger, und das wussten auch die Sauen. Schon drei Stunden hatte er ausgeharrt, die Temperatur deutlich in den zweistelligen Minusgraden, so dass die Haut im Gesicht schon gefühllos geworden war und die Kälte selbst in den Ansitzsack kroch. Eine Zigarette gaukelte etwas Wärme vor und ihr Rauch zeigte an, dass der Wind gut stand. Der Jäger wusste, das sie auch diesesmal nicht kommen würden und genoss noch einen kurzen Augenblick die friedliche Stimmung der Winternacht, bevor er zusammenpackte und nach Hause fuhr. Am nächsten Abend wollte er es ein letztes Mal versuchen, danach würde der Alltag ihm wieder vorschreiben, früh aufzustehen und sich um andere Dinge zu kümmern.

Er hatte sich auf die Kanzel im Schilf gesetzt. In das Röhricht war eine kleine Schneise hineingemäht worden, um freien Blick zur Kirrung und Schussfeld zu haben. Aber das Wetter war umgeschlagen und die Sicht denkbar schlecht. Der Mond blieb hinter einer dichten Wolkendecke verborgen, die das Licht nur spärlich durchdringen konnte. Statt klarem, trockenem Frost war es nun unangenehm feucht und ein schneidender Wind blies dünne Regentropfen, die eigentlich hätten Schnee sein müssen, durch die Luken in die Kanzel hinein. Nichts regte sich draußen. Nur ein lautloser Schatten wischte vor dem Sitz hin und her, bis das Getrappel auf dem Kanzeldach dem Jäger anzeigte, das außer ihm noch ein Jäger auf Beutezug war: Die Schleiereule.

Auf der Kirrung schien sich etwas zu bewegen. Zwei weiße Streifen tanzten in Bodennähe hin- und her. Das Nachtglas ließ den Jäger verschwommen die Konturen eines Marderhundes erkennen und die weißen Striche als die hellen Enden des Backenbartes. Heute Nacht würde der Jäger ihn nicht schießen, in der Hoffnung, dass sich doch noch ein Schwarzkittel zeigt. Der Marderhund raschelte irgendwann durchs Röhricht davon, die Stunden verstrichen und der Jäger fror. Er beschloss, den Ansitz abzubrechen. Einer alten Gewohnheit folgend suchte er nocheinmal das Gelände mit dem Feldstecher ab. Erst durch das rechte Kanzelfenster, dann durch das mittlere, zur Kirrung, durch das linke Fenster und zurück. – Was war das für ein schwarzer Fleck zwischen den Halmen? War er vorhin schon dort? Sein Atem beschlug die Okulare, die er mit dem Handschuh freiwischen musste. Er versuchte durch die Nase zu atmen, die anfing zu tropfen. Der Fleck wanderte weiter auf die Kirrung zu, so vorsichtig, dass er nicht einmal das Schilf zum Wackeln brachte. Jetzt konnte der Jäger das Haupt erkennen. Es war ein Schwein, ein Keiler, und ein recht großer. Das Glas gegen den Repetierer eingetauscht, schob er den Lauf behutsam durch die Kanzelöffnung. Es war düster, und inzwischen stand der schwarze Fleck auf der dunklen Kirrfläche und war in dem erbärmlichen Licht kaum auszumachen. Die Augen schmerzten vom angestrengten Stieren. Als der Wind die Wolken auseinanderblies, erhellte sich der Himmel für einen Augenblick, gerade lange genug für den Jäger um den Zielstachel auf das Blatt zu setzen und abzudrücken.

Der Schuss brach und der Mündungsblitz blendete den Jäger, der repetierte und versuchte, das Schwein wieder mit dem Zielfernrohr einzufangen. Es war so dunkel, dass die Kirrung sich nur als schwarze Fläche zeigte. Ob er getroffen hatte, konnte er nicht sagen. Es rührte sich nichts, kein Laut war zu vernehmen. Der Jäger stellte den Repetierer nach einigem Warten beiseite und steckte sich eine Zigarette an, in der Hoffnung, die Nervosität zu vertreiben, was ihm nicht gelang. Schließlich nahm er die Waffe und stieg von der Kanzel. Im Strahl des Handscheinwerfers hob sich die graue Schwarte des Schweins deutlich vom Boden ab, ein Hauptschwein mit riesigen Tellern und mächtigem Gewaff. Und der Jäger täuschte sich nicht, daß sein erstes Schwein zugleich sein Lebenskeiler bleiben würde.

Paul Dahms

Pfälzer Wald

Reich der Wildkatzen

Zwischen Weinstraße und Vogesen liegen die »Waldungen auf dem bunten Sandsteingebirge der Pfalz«. Nur dünn besiedelt, die größeren Städte rund um den Rand des ausgedehnten Waldgebietes verteilt, bestimmen langgestreckte Täler mit Bachläufen und kleinen Seen den Naturraum. Und immer wieder Felsen, die wie eckige rote Risse das dichte Waldkleid durchbrechen.

Oberhalb von Grünstadt beginnt der Pfälzerwald, wie das Gebiet seit 1843 »amtlich« heißt, und zieht sich von seinem nördlichsten Zipfel nach Süden bis zur französischen Grenze. Dazwischen wartet das Waldgebirge mit einer reichen Naturausstattung auf. Nahe Bad Dürkheim streckt sich das Poppental, eines der schönsten Täler, in den dichten Mischwald.

PFÄLZER WALD – REICH DER WILDKATZEN

Auf dem Weg zum Forsthaus »Kehrdichannichts« wechseln alte Eichen und Buchen mit Kiefern ab. Wie überall in deutschen Wäldern hat der Mensch auch dort die ursprünglichen Laubbäume großzügig durch Nadelbäume ersetzt. Trotzdem stockt noch weitläufig Buchen-Hochwald auf den Buntsandsteinböden, häufig in Gesellschaft der weißen, grasartigen Hainsimse. Im Naturschutzgebiet am Dürkheimer Drachenfels, einem naturbelassenen breiten Felskamm, befindet sich ein 200 Jahre alter Perlgras-Buchenwald. Die ausgemeißelten Bruthöhlen der Schwarzspechte in den betagten Bäumen nutzt auch die Hohltaube als Nistmöglichkeit. Baumkronen gehören nicht allein den gefiederten Waldbewohnern. Gewandt springt der Baummarder von Ast zu Ast, der sich ebenfalls in hohlen Buchen und Eichen sein Quartier sucht.

Die scheue Hohltaube brütet in den alten Buchenbeständen des Pfälzer Waldes. Sie nutzt dazu die Spechthöhlen in den Bäumen.

Im Quellgebiet der Lauter markiert die »Pfälzer Weltachs«, ein Vermessungsstein aus dem 19. Jahrhundert, den Mittelpunkt der Pfalz. Der Ort Johanniskreuz wiederum ist die Mitte des Pfälzer Waldes, wo sich seit Römerzeiten alte Verkehrswege schneiden. Eingebettet in eine Landschaft mit mehrhundertjährigen Eichen prägen Bäche und Täler die weitere Umgebung des früheren Waldkurortes. Südlich rinnt der Schwarzbach durch ein zehn Kilometer langes, abgeschiedenes Waldtal, die Moosalbe fließt nach Westen durch das Karlstal. In den von Esche und Ahorn bestandenen Schluchten bildet sie kleine Wasserfälle und Kaskaden.

1 000 Quellen entspringen im Pfälzerwald. Die Bäche besitzen eine ausgezeichnete Wasserqualität und werden zum Teil von Flusskrebsen bewohnt. Auf der bewegten Oberfläche des klaren Wassers schwimmt Laichkraut und die Ähren des quirligen Tausendblatts biegen sich mit der Strömung. Ein typischer Vogel entlang der Flussläufe ist die Gebirgsstelze. Sie baut ihr Nest in Höhlungen an den Uferböschungen. Den Iltis, der sich ebenfalls dort aufhält, verraten seine Spuren und Fraßreste. Das Uferschwemmland entlang der Bachläufe trägt Erlenwald, der oberhalb von Tälern auch auf Torfmoosen vorkommt.

PFÄLZER WALD – REICH DER WILDKATZEN

Durch die Aufgabe landwirtschaftlich genutzter Wiesen ist in allen Tälern feuchtes Brachland entstanden, belebt von einer reichen Flora und Fauna. Myriaden von Insekten sind Futter für Schwarzkehlchen und Sumpfrohrsänger. Aus dem Boden wächst der mehr als meterhohe Wasserschierling, durch sein tödliches Gift die gefährlichste aller Doldenpflanzen.

Baumhöhlen nimmt auch der Baummarder, den sein gelber Kehlfleck deutlich vom Steinmarder unterscheidet, als Unterschlupf. Eichhörnchen, Vögel und Gelege und ebenso vegetarische Kost stehen auf seinem Speiseplan. Gelingt es dem Jäger ihn aus dem Versteck auszuklopfen, liefert der Baummarder mit seinem Balg edles Pelzwerk.

Region der Felsen und Burgen

Die natürlichen Wasserläufe gliedern den großen Wald. Bei Hauenstein, wo sich die Queich aufmacht um ein gutes Stück hinter Landau in den Rhein zu münden, fängt der südliche Teil des Pfälzerwaldes an. Hoch über dem Queichtal thront die Reichsfeste Trifels, eine der berühmtesten mittelalterlichen Stauferburgen. Sie gehört zu den Felsenburgen, bei denen Fels und Mauerwerk fest miteinander Verbunden sind. Zahlreich liegen Ruinen dieser Wehrbauten im gesamten Waldgebiet verstreut. Rund um die Burgen gedeihen verschiedenste Zier- und Heilpflanzen, die vor langer Zeit aus den mittelalterlichen Gärten in die nähere Umgebung ausgewandert sind. Stachelbeersträucher, Kamille und das »Donnerkraut«, das Gebäude vor Blitzschlag schützen sollte.

Die Burgen waren auf Felsen errichtet worden, die zur vielgestaltigsten Buntsandsteinlandschaft Deutschlands gehören. Bis zu 500 Meter mächtig ist die Folge der Gesteinsschichten, die durch unterschiedliche Erosion gut erkennbar werden. So haben Wind und Wetter bei Hinterweidenthal den Teufelstisch geformt, der untere

PFÄLZER WALD – REICH DER WILDKATZEN

Rechte Seite: Tischfelsen bei Hinterweidenthal. Naturkräfte haben aus dem Buntsandgestein ein markantes Objekt gestaltet.

An den felsigen Berghängen wächst der Hirschholunder. Im Sommer prangen seine Früchte in leuchtendem Rot. Schalenwild verbeißt gerne die eiweißreichen Triebe. Die Brombeere bildet in den Wäldern und an den Wegrändern oft undurchdringliche Hecken, die mit ihren Stacheln den Singvögeln Schutz bieten. Waldbesucher und Waldbewohner schätzen die süßen schwarzen Beeren gleichermaßen.

Felsteil zur Säule geschliffen, der obere aufliegend wie eine große Platte. Im Südosten bei Eppenbrunn, umgeben von dichtem Heidelbeer-Kiefernwald, erheben sich die Altschlossfelsen. Das Gestein zeigt ein Farbenspiel aus Weiß, Gelb und Rottönen. Verwitterung hat natürliche Hallen, Türme und Tore entstehen lassen. Die Felsformation beherbergt ein Heiligtum aus römischer Zeit: Das Relief der Diana.

Wenn der Wasgau, wie der Südteil auch genannt wird, nahtlos in den französischen Naturpark Nordvogesen übergeht, gewährt die Ruine Wegelnburg zum Abschluss einen umfassenden Rundblick über den ganzen Pfälzerwald, in die Vogesen hinein, zum Schwarzwald und Hunsrück in der Ferne.

Den Ostrand des Gebietes bildet die Haardt. Sie ist der höchste Gebirgszug des insgesamt nicht besonders steilen, aus freundlich-runden Kuppen bestehenden Mittelgebirges. Der höchste Berg im ehemals bäuerlich genutzten Wald, die Kalmit, misst 673 Meter. Von der Haardt bricht der Pfälzerwald steil nach Osten ab, zur Deutschen Weinstraße in die Oberrheinebene. Es waren die Römer, die den Wein an den Rhein brachten, der zwischen Bad Dürkheim und Landau in der Pfalz das Landschaftsbild bestimmt. Wie aufgereiht liegen hübsche Weindörfer zwischen sonnigen Rebhügeln. Kastanienwälder in den unteren Lagen des Ostabbruchs lieferten schon den antiken Winzern die Stangen für den Weinanbau.

Der Pfälzerwald, Naherholungsgebiet, Holzreservoir und Jagdrevier, ist seit 1958 ein Naturpark und seit 1967 Landschaftsschutzgebiet. Mit einer Gesamtfläche von rund 180 000 Hektar wurde er 1993 Teil des ersten grenzüberschreitenden Biosphärenreservats »Pfälzerwald-Nordvogesen«.

Seine Größe und Struktur ließen ihn zu einem Rückzugsgebiet für die europäische Wildkatze werden. Die etwa fuchsgroße Wildkatze benötigt weiträumige Reviere und Streifgebiete. Abhängig von der Populationsdichte kann die Größe zwischen 50 bis 1300 Hektar schwanken, wobei die weiblichen Tiere kleinere Flächen beanspruchen als die männlichen. Gleich dem Fuchs markieren Wildkatzen ihr Revier, indem sie Losung auf Steinen oder Baumstümpfen erhöht absetzen. Artgenossen werden außerhalb der Paarungszeit nicht geduldet. Auf bis zu 560 Tiere wird der Bestand im Pfälzerwald geschätzt. Er ist eines der größten Vorkommen in Deutschland. Die weiträumigen Nadelwälder mit dichtem Unterwuchs, die alten Buchenbestände mit Baumhöhlen und die zerklüfteten Felspartien des Pfälzerwaldes sind ein idealer Lebensraum. Besonders die 13 Kernzonen des Biosphärenreservats, Waldflächen ohne jegliche forstliche Bewirtschaftung, stellen Ruhezonen dar, in deren Dickicht sich die Wildkatze bevorzugt aufhält.

PFÄLZER WALD – REICH DER WILDKATZEN

PFÄLZER WALD – REICH DER WILDKATZEN

Die Pfalz ist Weinland. Im Osten des Pfälzerwaldes bedecken Rebstöcke die Hänge, an deren Fuß die Deutsche Weinstraße verläuft.

Für die Geburt und Jungenaufzucht im April und Mai sucht sich die Kätzin als sicheres Versteck gerne Fels- und Baumhöhlen. Aufgeklappte Wurzelteller werden genutzt und seltener auch Erdbaue von Fuchs oder Dachs, die sie eher als Schutz vor dem Winter annimmt. Bei einem Mangel an natürlicher Deckung bringt sie ihre jungen selbst unter Reisighaufen zur Welt und trägt sie bei Störungen um. Die jungen Katzen, zwei bis sechs pro Wurf, sind Nesthocker und etwa neun Tage blind. Die Kätzin kümmert sich alleine um den Nachwuchs. Wildkatzen sind Einzelgänger und der Kuder zieht nach der Paarungszeit im Spätwinter wieder seiner Wege.

PFÄLZER WALD – REICH DER WILDKATZEN

Mäuse, die Hauptnahrung der Wildkatzen, machen über die Hälfte der Beutetiere aus, die von den Schleich- und Lauerjägern auf Lichtungen, Blößen und Waldwiesen geschlagen werden. Die Mäusejäger reißen durchaus als größere Beute auch bodenbrütende Vögel, Junghasen und Rehkitze.

Gefürchtete Wildkatze

Anfang des 19. Jahrhunderts herrschte sogar die Ansicht, dass Wildkatzen dem Menschen gefährlich würden. Jäger sollten auf der Hut sein, da sich die Raubtiere nach einem Schuss oft nur tot stellten: »Wenn man sie aufnehmen will, so springen sie eynem vor die Brust, kratzen die Augen aus und beißen und zerreißen das Fleisch so, dass der Jäger oft an den Wunden stirbt«.

Als Geißel der Wildbahn scharf bejagt mit Feuerwaffe und Tellereisen waren Waldkatzen in Deutschland beinahe ausgestorben. Das Reichs-

Im ruhigen Pfälzerwald findet die Wildkatze noch geeignete Rückzugsräume. Dort lebt eine der deutschlandweit größten Populationen.

171

PFÄLZER WALD – REICH DER WILDKATZEN

jagdgesetz räumte ihnen erstmals eine ganzjährige Schonzeit ein und sicherte den kleinen, isolierten Restbeständen in den folgenden Jahrzehnten das Überleben. Die Wildkatze unterliegt heute noch dem Jagdrecht, wird aber geschont und ist durch das Washingtoner Artenschutzabkommen geschützt.

Wildkatzen sind sehr heimlich. Tagsüber ruhen sie und gehen erst in der Dämmerung auf die Pirsch. Am ehesten bekommen Jäger beim Abendansitz die gelblich-graue Katze mit den verwischten Tigerstreifen zu Gesicht. Die lange Rute ist buschig, hat drei schwarze Ringe und endet stumpf in einer schwarzen Spitze. Aber es ist schwierig, Wildkatzen eindeutig von wildfarbenen Hauskatzen zu unterscheiden. Dass sie wesentlich stärker sein sollen als die domestizierten Katzen ist vor allem bei Jungtieren kein eindeutiges Bestimmungsmerkmal. Immer wieder werden Wildkatzen im Rahmen des Jagdschutzes irrtümlich erlegt. Am sichersten ist es, solcherart gefärbte Katzen ziehen zu lassen. Das gilt auch für Exemplare, die in Kastenfallen geraten sind.

Wissenschaftliche Beobachtungen von Wildkatzen, die mit Sendern versehen worden waren, haben gezeigt, dass sich die Tiere auch dort aufhalten, wo sie bisher nicht vermutet wurden. In feuchten Gebieten, vermehrt an Waldrändern und selbst inmitten von Wiesen. Das Verlassen der typischen Lebensräume birgt Gefahren. Durch die Annäherung an menschliche Behausungen kommt es zum Kontakt mit Hauskatzen, der für die Wildkatzenpopulationen eine tödliche Bedrohung darstellen kann, da Hauskatzen ihre Krankheiten auf die wildlebenden Verwandten übertragen. Während der Ranz im Februar und März, wenn das kreischende Geschrei die Nacht durchdringt, können auch Paarungen mit Hauskatzen vorkommen. Der Nachwuchs, die Blendlinge, stellen eine unerwünschte Veränderung der Erbanlagen von Wildkatzen dar.

Für den gesunden Erhalt der Art und ihre Wiederverbreitung ist ein genetischer Austausch zwischen den verschiedenen Vorkommen wichtig. Die Zerschneidung der Landschaft durch Straßen stellt dabei das größte Hindernis dar. Viele Tiere bezahlen den Aufbruch in ein anderes Gebiet als Verkehrsopfer mit dem Leben. Um Wildkatzen die Wanderung zu ermöglichen, müssen ihnen in der Kulturlandschaft Brücken gebaut und Durchlässe eingerichtet werden. Aus ihrer Entwicklungsgeschichte heraus überqueren Wildkatzen nur ungern große Freiflächen, da sie dort ihren natürlichen Feinden, den schnellen Läufern Wolf und Hund, unterlegen sind und sich nicht durch Aufbaumen oder Verkriechen retten können. Die Pflanzung von Hecken und Gehölzen, die als Schutzraum und Leitlinie dienen, kann sich anregend auf eine Wanderbewegung auswirken.

Nächste Doppelseite: In Ermangelung von geeigneten natürlichen Verstecken für die Jungenaufzucht weicht die Wildkatze auch auf Ansitzkanzeln aus.

PFÄLZER WALD – REICH DER WILDKATZEN

Damit die Wildkatze langfristig überlebt, ist die Schaffung von störungsfreien Rückzugsräumen und geeigneten Schlupfwinkeln ebenso bedeutend. Der naturnahe Waldbau hilft dabei durch das Stehenlassen von absterbenden oder toten Altbäumen, in denen die Wildkatzen Baumhöhlen vorfinden, die sie besonders für die Jungenaufzucht benötigen. Der Pfälzerwald ist in weiten Teilen aber auch Wirtschaftwald, wo alte Bäume nicht überall vorhanden sein können. Die wilden Katzen wissen sich zu helfen. So mancher Jäger, der nach längerer Jagdpause im Frühjahr seine Kanzel besteigen wollte, musste feststellen, das sie schon besetzt war.

Die stark gefährdete Waldkatze ist ein Einzelgänger. Sie beansprucht große Reviere und weite Streifgebiete als Lebensraum.

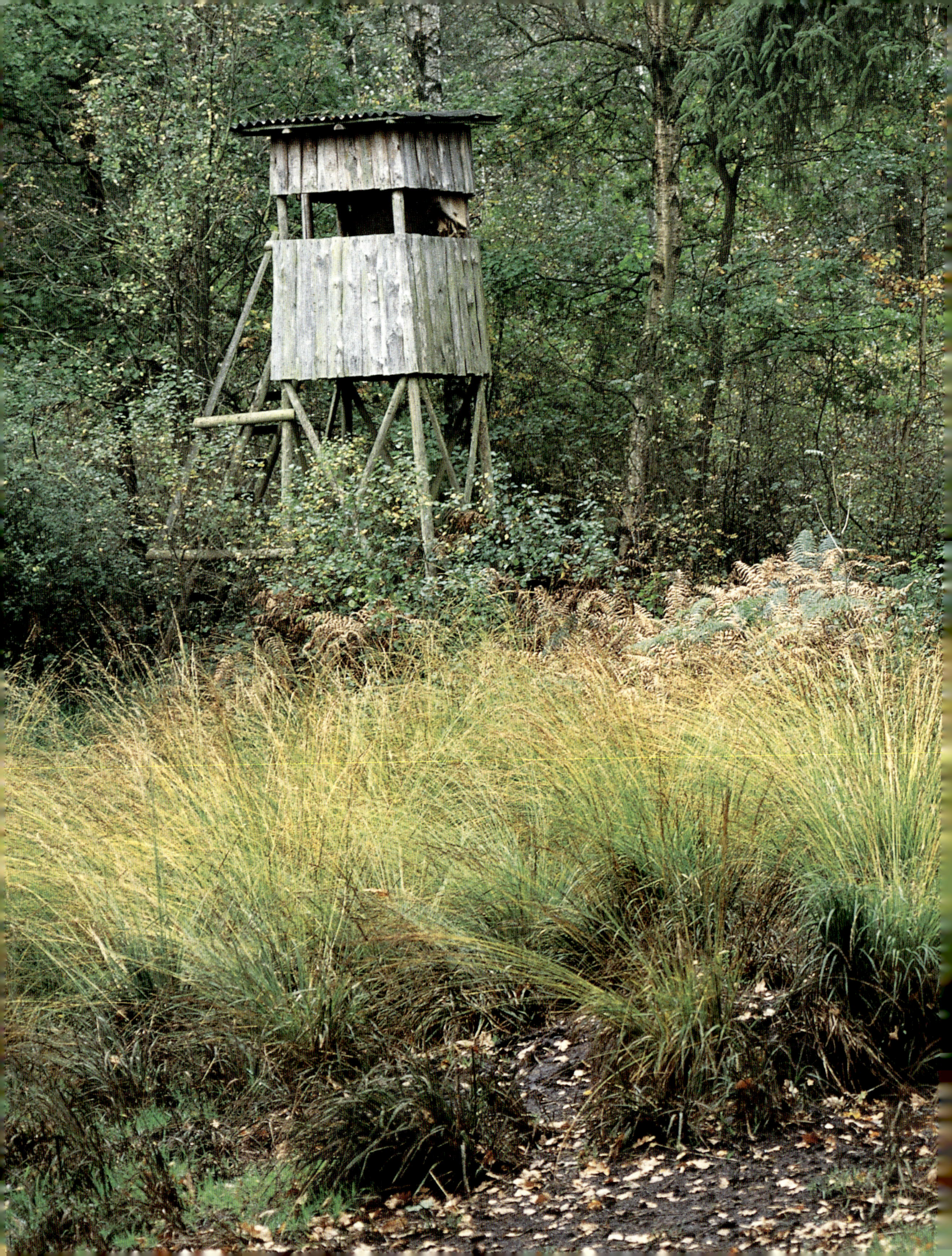

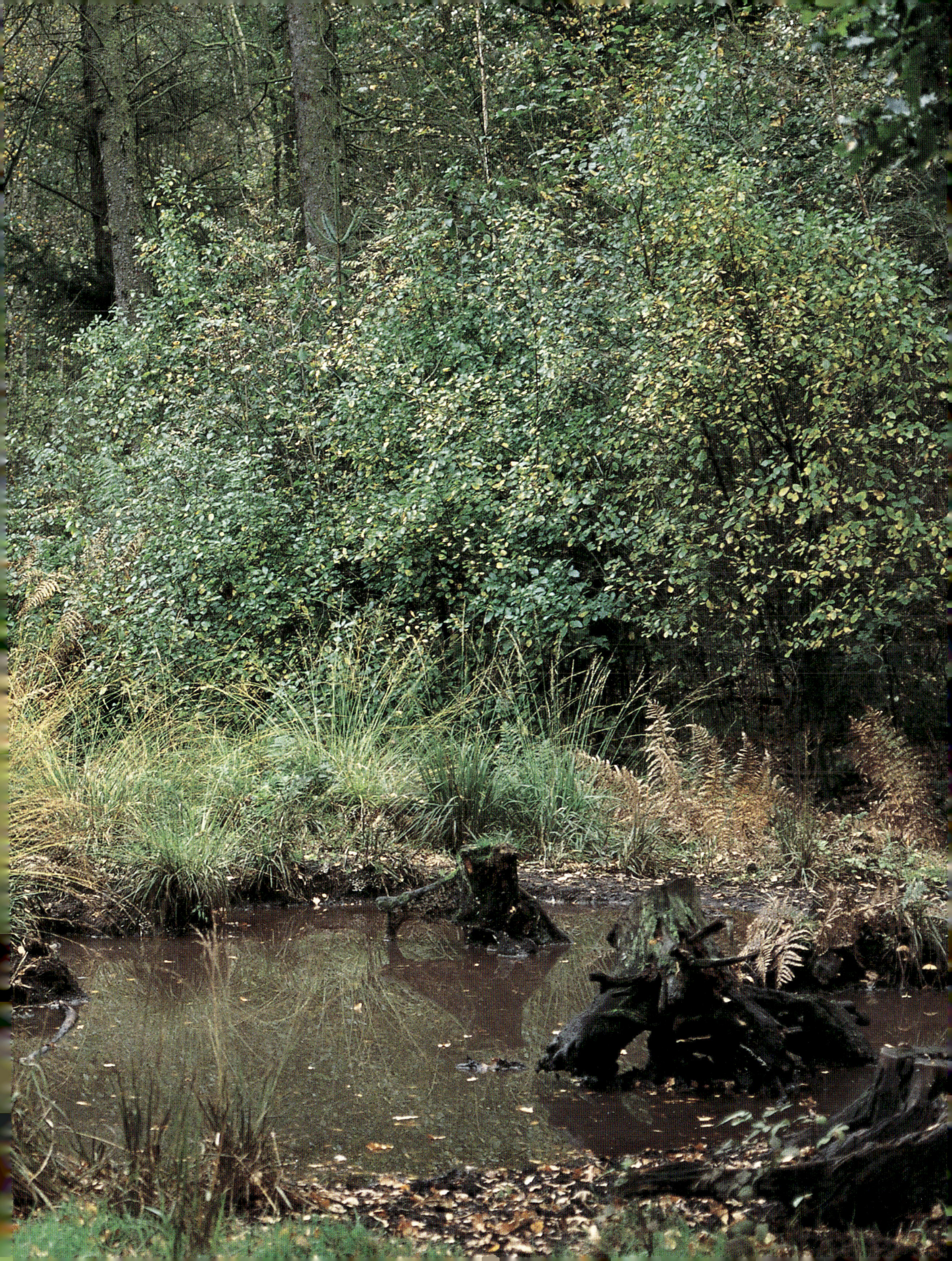

Blattzeit

Unerträglich heiß ist es an diesem ersten Augusttag. Obwohl die Sonne ihren Zenit schon lange überschritten hat und sich gemächlich auf den Abend vorbereitet, scheint sie nicht an Kraft zu verlieren. Die hohen Pappeln mit ihrem dürrbelaubten Geäst schützen den Jäger kaum vor den Strahlen. Er sitzt auf einer Baumleiter am Rande des kleinen Wäldchens und wartet.

Auf dem Feld gegenüber steht Weizen, wie ein goldenes, schier endloses Meer, das der wolkenlose, blaue Himmel überdacht. Der Jäger lässt den Blick durch das Fernglas schweifen und sieht die Luft über den Ähren flirren. Es ist windstill und nicht ein Halm bewegt sich. Gestern noch muss ein reges Treiben im Feld stattgefunden haben. Die niedergedrückten, zerknickten Halme in den großen, kreisrunden Lücken zeugen davon. Schläfrig vom monotonen Summen der Insekten hätte der Jäger fast nicht bemerkt, wie sich ein Stück Rehwild aus dem Weizen auf die freigetretene Fläche der Hexenringe schiebt und sichert. Es ist ein Spießer. Enttäuscht lässt der Jäger das Glas wieder sinken. Nein, auf den wartet er nicht.

Der junge Bock ist unruhig. Eh' der Jäger das Glas wieder an die Augen heben kann, zeigt sich schon der Grund dafür. Ein zweiter Bock tritt aus den dichten Halmen und zieht zügig auf den Spießer zu, der ängstlich abspringt und vom Weizen verschluckt wird. Wie eine Bronzeplastik steht der andere jetzt da, unbewegt und herrisch. Mit einem Gehörn, das den reifen Bock verrät. Lautlos legt der Jäger das Fernglas neben sich auf das hölzerne Sitzbrett, nimmt die Büchse vom Schoß und geht langsam in Anschlag. Das Fadenkreuz erfasst den Wildkörper, aber es ist zu weit für einen sicheren Schuss. Der Bock, immer noch in Positur, interessiert sich nicht für das Geschehen am Waldrand. Er harrt seines Nebenbuhlers. Jede auffällige Bewegung vermeidend fasst der Jäger in die Hosentasche, holt den Blatter hervor und setzt ihn an die Lippen. Ein feines »Pia, pia« ertönt. Das Haupt des Bockes ruckt in Richtung Leiter. Noch einmal fiept es kurz und der Bock setzt sich in Bewegung, zieht auf den Jäger zu, verschwindet dabei im Weizen, dass nur die schwankenden Halme seinen Weg andeuten und die Enden des Gehörns, die aus dem Feld ragen.

Fest anbacken, dranbleiben, gleich wird er auf die freie Fläche treten. Da ist er, steht spitz, doch noch zur Hälfte im Getreide und äugt nach der vermeintlichen Ricke. Das Herz des Jägers klopft und die Hände werden feucht. Endlich macht der Bock ein paar Schritte nach vorn und steht frei. In die sommerliche Stille bricht der Schuss und die Insekten verstummen für den Augenblick. Sauber gestreckt liegt der starke Sechser am Feldrand und der

Jäger merkt, wie sich die Anspannung löst und der Freude weicht. Freude über eine erfolgreiche Blattjagd und das Gehörn mit den ausgeprägten Rosen und der schönen Perlung.

Paul Dahms

Bayerischer Wald

Wölfe und Luchse hautnah

Entlang der Donau zwischen Regensburg bis zur österreichischen Landesgrenze erstreckt sich nordwärts eines der ältesten Gebirge Mitteleuropas. Von seinen Höhenzügen aus Gneis und Granit überschreiten mehr als 50 die 1 000-Meter-Marke. Dunkle, urwüchsige Fichtenwälder in den Kammlagen, lichtdurchflutete Bergmischwälder auf den Hängen, die sich in den Tälern sanft in Wiesen und Auen verlieren.

Die landschaftliche Schönheit ließ die einst abgelegenen Region schon vor über 100 Jahren zu einem Anziehungspunkt werden. Es ist die Mischung aus Natur und Geschichte, Brauchtumspflege und Gastlichkeit die den besonderen Reiz des Bayerischen Waldes ausmacht.

BAYERISCHER WALD – WÖLFE UND LUCHSE HAUTNAH

Weit reicht die Aussicht von den Gipfeln des Bayerischen Waldes: über Bergwald und Täler hinweg lassen sich am Horizont die Alpen erahnen.

Einzigartig ist das enge Nebeneinander von Natur- und Landschaftsschutzgebieten, zwei Naturparken und dem ältesten deutschen Nationalpark. Der Naturpark Oberer Bayerischer Wald dehnt sich von Westen auf 179 600 Hektar über den gesamten Landkreis Cham aus. Dort nimmt der Pfahl seinen Anfang, ein 150 Kilometer langer Quarzgang, der sich quer durch den Bayerischen Wald zieht. Das geologische Naturdenkmal zeigt sich an mehreren Stellen wie eine Felsenmauer mit gezackter Krone, besonders eindrucksvoll nahe dem Ort Viechtach. Auf einem Ausläufer des Pfahls bei Freyung wurde Schloss Wolfstein erbaut, in dessen Räumen das Jagd- und Fischereimuseum untergebracht ist.

Auch der höchste Berg der Region, der Große Arber, liegt zur Hälfte im Naturpark Oberer Bayerischer Wald. Mit 1 456 Meter überschreitet der »König der Bayerwaldberge« die klimatische Waldgrenze. Nur noch vereinzelt kommen in dieser Höhenlage Fichte und Vogelbeere vor, dagegen bildet die Latsche flächige Bestände. Pflanzen die es in Bayern sonst nur in den Alpen gibt, Felsenstraußgras, Rollfarn oder das Bergglöckchen, finden am Arber geeignete Lebensbedingungen. Der vielbegangene Gipfel mit den stumpfen Felsgraten kann aus mehreren Richtungen erobert werden. Oben angekommen bietet sich ein Panorama, das bei Föhnwetter bis zu den bayerischen und österreichischen Alpen, zum Erz- und zum Fichtelgebirge reicht.

An der östlichen Flanke des Berges steigt die Arberseewand, wo sich einer der letzten Urwaldreste des Bayerischen Waldes erhalten hat, steil in die Höhe. Ihr zu Füßen liegt der Große Arbersee. Einst ein dunkler, trüber Moorsee, den Luftverschmutzung in einen fast klaren Bergsee verwandelt hat. Im stark versauerten Wasser leben keine Fische mehr. Dafür breitet sich an seinem Ufer ein Schwingrasen aus Seggenwurzelgeflecht aus. Westlich der Arberhänge, 950 Meter über dem Meeresspiegel, existiert eine weitere botanische Besonderheit. Auf der Oberfläche des Kleinen Arbersees treiben meterdicke Hochmoor-Inseln, die mit seltenen Moorpflanzen bewachsen sind. Fadendünne Ästchen der roten Moosbeere überziehen die Inseln, auf denen sich die Braunrote Sumpfwurz, eine Orchideenart, und die Heilpflanze Fieberklee angesiedelt haben.

In der Arberregion schließt sich der Naturpark Bayerischer Wald an. Er besteht seit 1967 und ist mit einem Flächenanteil von drei Prozent am Freistaat einer der größten Naturparke in Bayern. Dort hat das Auerwild, Symbol des Naturparks und stark bestandsgefährdet, ein kleines Vorkommen. Wälder nehmen etwa die Hälfte des Gebietes ein, mit der höchsten Dichte im inneren Bayerischen Wald. Die Fichte dominiert, wo Holznutzung die ursprünglichen Mischwälder über Jahrhunderte hinweg maßgeblich verändert hat. Das bayerisch-böhmische Grenzgebirge war lange ein Zentrum der Glasherstellung und mehr als 60 Glashütten verbrauchten das Holz in riesigen Mengen. In den traditionellen Glasmacherorten Frauenau, Spiegelau, Riedlhütte und Zwiesel wird heute noch Glas produziert.

Der Bayerische Wald war von Alters her auch Lieferant von Bau- und Brennholz für die umliegenden Dörfer und wachsenden Großstädte. Um die mächtigen Stämme über weite Strecken zu transportieren, bediente man sich lange Zeit der Holztrift, eines aufwendigen Systems. Das geschlagene Holz wurde in die aufgestauten Waldbäche gelegt und beim Öffnen

Soldanelle oder Bergtroddelblume. Die alpine Pflanze wächst auf den sauren Böden der natürlichen Bergfichtenwälder und ist eine Charakterart der Region.

BAYERISCHER WALD – WÖLFE UND LUCHSE HAUTNAH

Wo der Wildbach rauscht ... Die Ilz, einer der letzten fast unberührten Gebirgsbäche. Früher schwemmte ihr Wasser nach der Holzernte die Stämme zur Donau.

der Stauwehre mit dem Wasserschwall fortgezogen. So schwammen die Stämme zum Beispiel über Ohe und Ilz bis zur Drei-Flüsse-Stadt Passau. Mit dem Ausbau der Waldeisenbahn und der Forststraßen verlor die Holztrift an Bedeutung und wurde Mitte des letzten Jahrhunderts eingestellt. Trotz ihrer Nutzung als Triftkanal zählt die Ilz heute zu den letzten Wildbächen Deutschlands. Vom Kamm des Gebirges fließt sie durch Leiten, tief in das Gestein eingegrabene Talschluchten und Auwälder, wo sich Erlen, Weiden und Eschen zwischen den Fichtenanpflanzungen behaupten. An der Ilz und am Großen Regen mit seinen Nebenbächen leben inzwischen wieder Fischotter.

Raubkatzen

Noch ein weiterer Jäger ist in den Bayerischen Wald zurückgekehrt: Der Luchs. Er ist neben der Wildkatze, die er an Größe um ein vielfaches überragt, der einzige Vertreter des katzenartigen Raubwildes in Europa. Charakteristisch ist sein gelblich-brauner Balg mit den dunklen Flecken. Im Gegensatz zu anderen Katzen besitz er nur eine kurze Stummelrute, sein Kopf hat einen dicht behaarten Backenbart und lange Haarbüschel an den Gehörspitzen.

Im 19. Jahrhundert ausgerottet, im 20. Jahrhundert wieder ausgesetzt. Heute pflanzt sich der geschützte Luchs im Bayerischen Wald fort. Der Lamer Winkel gilt als festes Einstandsgebiet.

BAYERISCHER WALD – WÖLFE UND LUCHSE HAUTNAH

Der Hochwald, Schauplatz von Heimaterzählungen, bedichtet und besungen, stirbt. Er macht im Nationalparkgebiet einem artenreichen Naturwald Platz, der sich ohne menschliche Eingriffe entwickeln darf.

Die seltenen Luchssichtungen kommen meist nachts im Licht der Autoscheinwerfer vor, denn die große Katze ist erst mit einsetzender Dämmerung unterwegs.

Alte Bücher beschreiben den Luchs als »blutdürstige Katze, halb Wolf nach Erscheinung und Lebensart«. Tatsächlich unterscheidet ihn vom Wolf doch vieles. Der Luchs ist kein Rudeltier und hetzt auch seine Beute nicht. Er ist ein Kurzstreckenjäger, der mit seinen Läufen enorm beschleunigen kann, aber keine Ausdauer besitzt. Er muss nahe an die Beute gelangen und ist daher ein perfekter Ansitz- und Pirschjäger. Der Luchs tötet in der Regel durch Nackenbiss. Füchse, Hasen, Kleinsäuger und in der Not auch Fallwild gehören zu seinem Nahrungsspektrum, aber seine Hauptbeute ist Rehwild.

Landwirte fürchteten den Luchs, weil er Schafe und Ziegen erbeutete, und Jagdherren bangten um den Wildbestand. Schließlich wurde die große Katze 1846 im Bayerischen Wald ausgerottet. In den 1970er Jahren kam es zu einem erfolglosen Wiederansiedlungsversuch. Erst die Aussetzung von 18 Luchsen in den 1980er Jahren im bayerisch-tschechischen Grenzgebiet führte zu einer lebensfähigen und wachsenden Population und einer natürlichen Einwanderung nach Bayern. Der Luchs ist ein Einzelgänger, der nur in der Paarungszeit den Kontakt zu den Luchsinnen sucht. Er benötigt große Streifgebiete zwischen 1 000 bis 8 000 Hektar und störungsarme Rückzugsräume. Die stehen ihm in den weiten zusammenhängenden Wäldern des Böhmerwaldes, des Bayerischen Nationalparks und der Naturparke zur Verfügung. Das flächendeckend vorkommende Rehwild bietet eine ausreichende Nahrungsgrundlage. Schätzungen gehen von 20 Luchsen im Bayerischen Wald aus, fünf bis sechs halten sich regelmäßig im Gebiet des Nationalparks auf.

Tödliches Muster – die Fraßgänge der Borkenkäfer. Zerstörerisches Werk oder natürlicher Vorgang? Der Waldumbau durch ungebremsten Borkenkäferbefall war nicht unumstritten.

Umschlossen von der Fläche des Naturparks zieht sich der Nationalpark Bayerischer Wald zwischen Bayerisch-Eisenstein und Mauth an der Grenze zur Tschechischen Republik entlang. Er ist der älteste deutsche Nationalpark und wurde 1970 zunächst auf einer Staatswaldfläche von 130 Quadratkilometer angelegt, die 1997 auf 243 Quadratkilometer erweitert wurde.

Der Nationalpark ist zu 98 Prozent mit Wald bedeckt. Überlegungen, in der Region um die Bayerwaldberge Rachel, Lusen und Falkenstein einen Nationalpark nach dem amerikanischen Vorbild Yellowstone einzurichten, gab es schon Anfang des 20. Jahrhunderts. In der Zeit des Dritten Reiches sollte ein 2 000 Quadratkilometer großer Nationalpark Böhmerwald entstehen, der bis weit nach Österreich hinein gereicht hätte, dessen Realisierung

BAYERISCHER WALD – WÖLFE UND LUCHSE HAUTNAH

Rechte Seite: Waldromantik am Großen Falkenstein: Die Steinbachfälle rinnen durch Felspartien zu Tal.

jedoch der Zweite Weltkrieg verhinderte. In der Nachkriegszeit konzentrierte sich die wirtschaftlich schwache Region verstärkt auf den Tourismus und griff in den 1960er Jahren die Nationalparkidee wieder auf. Andere Vorschläge zur touristischen Erschließung der Bergwelt durch Sessellifte oder eine Hochwaldstraße zerbrachen am Widerstand der Naturschützer.

Waldwandel im Nationalpark

Seit 1970 entsteht im Nationalpark ein neuer, wilder Wald, wo Pflanzen und Tiere sich fast gänzlich ohne menschliche Eingriffe entwickeln können. Anders als beim üblichen Naturschutzansatz geht es im Nationalpark nicht um den Erhalt einer bestimmten Art, sondern um Artenvielfalt und die Bewahrung einer möglichst natürlichen Lebensraumentfaltung. Mit gravierenden Folgen für das gewohnte Gesicht des Bayerischen Waldes. Entsprechend der internationalen Richtlinien für Nationalparke war die Waldpflege schrittweise eingestellt worden. Sturmwürfe hatten 1983/84 viele Festmeter Totholz hinterlassen, die bei warmen Temperaturen zu einer Brutstätte für Borkenkäfer wurden. Das massenhafte Auftreten von Buchdrucker und Kupferstecher ließ Mitte der 1990er Jahre ganze geschlossene Waldpartien des Lusenmassivs absterben. Die Nationalparkverwaltung in Grafenau griff zum Entsetzen der Bayerwaldbewohner nicht ein. Nur in einem 500 Meter breiten Streifen an den Rändern des Nationalparks wurden Borkenkäfer zum Schutz der angrenzenden Waldgebiete bekämpft.

Wo früher der grüne Hochwald aus mehrhundertjährigen Fichten die Landschaft prägte, färben heute kahle, abgestorbenen Bäume die Hochflächen silbrig-grau. Ein Viertel der Waldfläche in dem beliebten Wandergebiet zwischen Rachel und Lusen war zur Jahrtausendwende Totholzfläche. Kritiker sahen die Nationalparkwälder schon als »Waldfriedhof«, die Befürworter in den Vorgängen nur einen natürlichen Waldererneuerungsprozess. Inzwischen wächst auf den Resten der abgestorbenen Fichten tatsächlich der neue Wald heran. Ein artenreicher Naturwald, stabiler als die für Insektenbefall, Windwurf und Schneebruch anfälligen reinen Fichtenbestände. Auch auf der neuen Nationalparkfläche zwischen Falkenstein und Rachel wird der Wald in naher Zukunft sich selbst überlassen sein.

Im Nationalpark gibt es die seltene Gelegenheit, die »Geburt« eines neuen Waldes mitzuerleben und die tradierten Vorstellungen von Wald, die

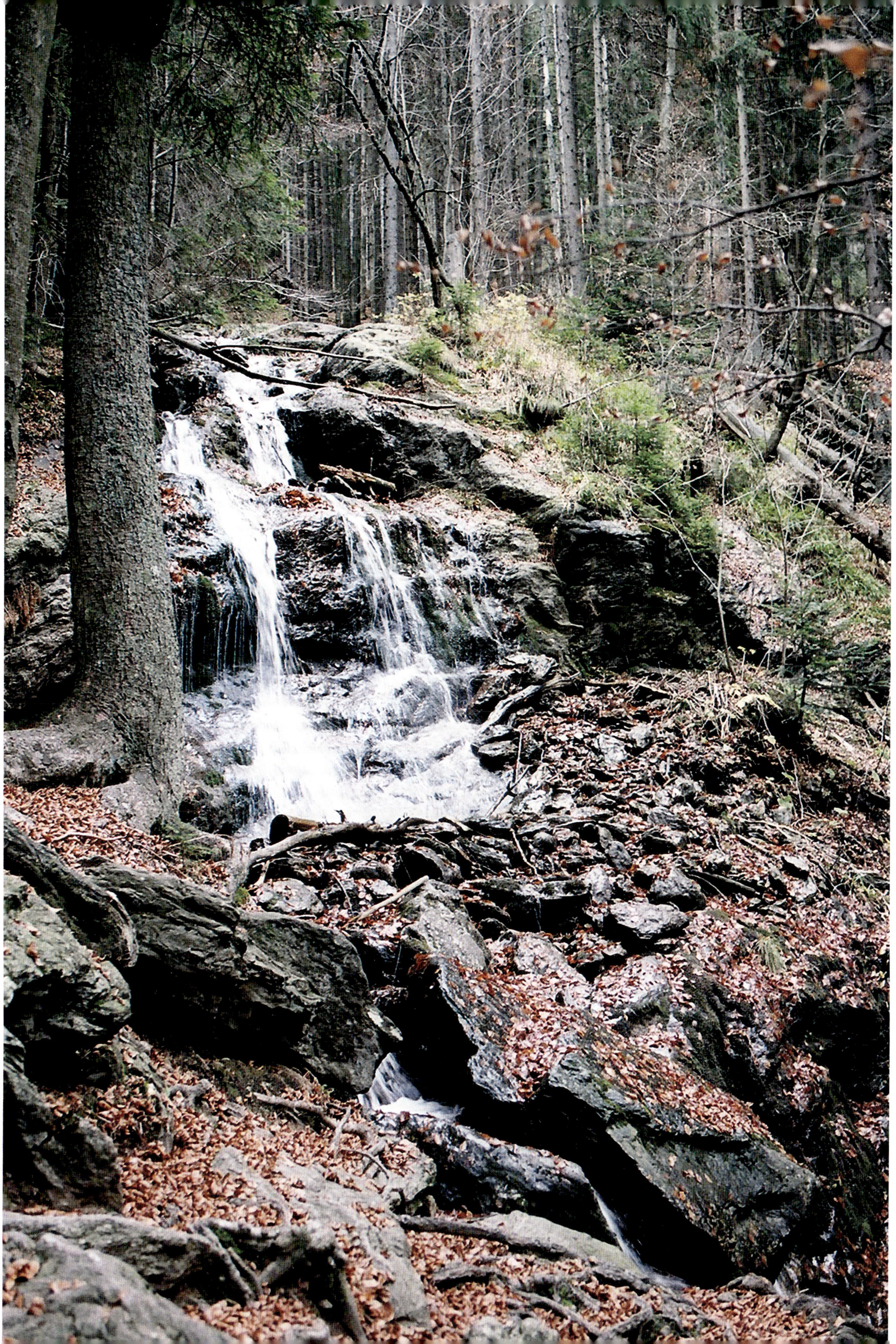

BAYERISCHER WALD – WÖLFE UND LUCHSE HAUTNAH

Mit der Aufforstung von Freiflächen verschwand 1926 der letzte Habichtskauz aus dem bayerisch-böhmischen Grenzgebirge. Durch Auswilderungen, die seit 1975 stattfinden, ist er im Nationalpark wieder heimisch.

meist das Bild vom Forst, dem erzogenen Kulturwald widerspiegeln, zu korrigieren. Über 300 Kilometer Wanderwege erschließen das Areal, führen durch Urwaldzellen, über steile Felsen und auf Berggipfel. Der Rachel, mit 1 453 Meter nur drei Meter kleiner als der Große Arber, gibt den Blick frei nach Norden auf die scheinbar endlosen Wälder des Böhmerwaldes. Über die 500 Felsstufen der »Himmelsleiter« geht es auf den 1 373 Meter hohen Lusen, dessen unbewaldeter Gipfel aus einem Meer von Granitblöcken besteht. Auf dem Weg zum Großen Falkenstein liegt das Höllbachgspreng. Die haushohen Felsbastionen und die Wasserfälle des herabstürzenden Höllbachs waren schon vor dem Ersten Weltkrieg das älteste Naturschutzgebiet des Bayerischen Waldes. In dieser einsamen, wilden Bergregion vermuteten die Waldler, wie die Bewohner des Waldgebirges genannt werden, den Eingang zur Hölle.

Im Falkensteingebiet liegt auch die größte der ehemaligen Viehweiden, der Ruckowitzschachten. »Schachten« sind Bergwiesen, vergleichbar mit den Almen des alpinen Raums. Im Spätsommer blüht auf diesen Waldlichtungen der seltene böhmische Enzian lilafarben. Verstreute, alte Laubbäume waren einst Schattenspender für Vieh und Hirten. Das Hütejahr auf den Schachten wurde im November mit dem »Wolfauslassen« beendet. Ein letztes mal schlug der Hirte Krach, um die wilden Tiere zu vertreiben. Das Wolfauslassen wird noch als alter Brauch gepflegt und hat wieder einen aktuellen Bezug erhalten. Denn seit mehr als zwei Jahrzehnten weisen Fährten und Rissspuren auf die Anwesenheit von Wölfen im Bayerischen Wald hin. Auf uralten Wechseln kommen sie aus Osteuropa zurück, und die Angst vor dem »grauen Räuber« sitzt immer noch tief.

Auch das selten gewordene Haselwild gehört zu den Bewohnern des Bayerischen Waldes.

BAYERISCHER WALD – WÖLFE UND LUCHSE HAUTNAH

Die Wölfe kommen wieder

Ende der 1970er Jahre entwichen aus dem Tiergehege des Nationalparks neun Wölfe. Die Hoffnung auf eine Wiederansiedlung in freier Wildbahn scheiterte daran, das die halbzahmen Tiere sich menschlichen Behausungen näherten. Schließlich kam es zur letzten Wolfsjagd im Bayerischen Wald und zur Tötung von 12 Wölfen. Drei davon waren wilde Artgenossen.

Gehasst und gefürchtet, wurde der Wolf über Jahrhunderte unbarmherzig verfolgt. Wolfsplagen nach Kriegen, die Sorge um Wild- und Viehbestand, um Leib und Leben ließ dabei jedes Mittel recht erscheinen. Er wurde in Wolfsgärten gelockt, wo er in eine metertiefe Fanggrube fiel, aus der es kein Entkommen gab. Bei winterlichen Jagden trieb man ihn ins Netz, wo er von Jägern abgefangen, von Treibern erschlagen oder von den Hunden zerrissen wurde. Auch das Aufstellen von Tellereisen und Schwanenhals und das Auslegen von vergifteten Ködern war lange gebräuchlich.

Heute unterliegt der Wolf in Bayern nicht mehr dem Jagdrecht und genießt besonderen Schutz. Er kann bis zu 18 Jahre alt werden, wenn der Mensch ihn lässt. Die Jäger, die seine Stelle eingenommen haben, stehen dem Beutekonkurrenten skeptisch gegenüber. Etwa vier Kilo Fleisch benötigt ein Wolf täglich und seine bevorzugte Beute ist Schalenwild. Er jagt im Rudel, das sich innerhalb einer Nacht über weite Strecken fortbewegen kann. Geführt vom Leitwolf hetzt das Rudel meist kranke, schwache oder junge Stücke und teilt die Beute. Der ranghöchste Wolf frisst zuerst, und nur er darf sich auch fortpflanzen. Wenn im Dezember die Ranz beginnt, dringt das Heulen der Wölfe durch den Wald. Die Paare leben monogam und die Wölfin bringt nach zwei Monaten drei bis sechs Junge zur Welt. Wölfe haben ein ausgeprägtes Sozialverhalten. An der Jungenaufzucht beteiligt sich das ganze Rudel und schon nach wenigen Monaten jagen die Jungwölfe mit. Nach Eintritt der Geschlechtsreife verlassen sie den Familienverband. Zeigt sich im Schnee des Bayerischen Waldes die Fährte eines großen Hundes, kann sie auch von einem jungen männlichen Wolf stammen, der auf der Suche nach einem neuen Territorium umherstreift.

Im Nationalpark ist er willkommen. Dort wechselt nach dem Abbau der Grenzsperranlagen zur Tschechischen Republik auch verstärkt Rotwild aus dem Böhmerwald ein.

Während des 19. Jahrhunderts galt Rotwild im Bayerischen Wald als ausgerottet, bis um 1870 mit einer Wiederbesiedlung begonnen wurde. Die Hirsche stammten aus einem Gehege des Fürsten Schwarzenberg im böhmischen Kubany-Urwald und vermehrten sich erfolgreich.

In Bayern darf Rotwild heute nur in behördlich festgelegten Gebieten leben. Das Rotwildgebiet Bayerischer Wald liegt in einem bis zu 20 Kilometer breiten Streifen zwischen Bayerisch Eisenstein im Norden und Lackenhäuser im Süden größtenteils auf der Nationalparkfläche. Bei der Gründung des Nationalparks befand sich ein stark überhöhter Rotwildbestand zwischen Rachel und Lusen, der nach und nach auf etwa 100 Stück reduziert worden ist. Wegen der langen und strengen Winter wechselt das Rotwild aus den Sommereinständen in tiefere Gefilde. Aber die natürlichen Überwinterungsgebiete im Vorfeld des Nationalparks sind durch die Zersiedelung der Landschaft für das Wild nur noch schwer zu erreichen.

Um den Verbiss des Bergwaldes in der Notzeit zu verhindern, überwintern die meisten Rothirsche im Nationalpark in zwei Wintergattern mit Fütterung. Im Vorfanggatter lässt die Nationalparkverwaltung auch 75 Prozent der notwendigen Bestandsregulierung vornehmen, effektiv und ohne Jagddruck.
Die Abschüsse werden durch zwei Berufsjäger getätigt, die weibliche Stücke, Jungwild, Hirsche bis zum dritten Kopf und manchmal auch komplette kleine Rudel entnehmen. Gute Hirsche werden dagegen alt, und beim weiblichen Rotwild können Leittiere von 17 bis 18 Jahren vorkommen. Die Jäger ersetzen im Rahmen des Wildtiermanagements, das im Nationalpark die Jagd abgelöst hat, die fehlenden natürlichen Feinde des Wildes.

Langfristig hofft der Nationalpark auf die Unterstützung von Wolf und Luchs bei der Schalenwildregulierung. Nicht alle Jäger im Bayerischen Wald teilen diese Hoffnung. So mancher Pächter ist beruhigt, das Wölfe und Luchse hautnah bisher nur im Tierfreigehege des Nationalparks bei Neuschönau anzutreffen sind.

Linke Seite: Ein weiterer Rückkehrer. Auf alten Wechseln kommen immer wieder einzelne Wölfe in das große Waldgebirge.

Blattzeit im Bayerischen Wald

Es war ein wunderschöner Morgen, friedlich und sonntäglich, als ich den Falkenstein hinauf stieg. Das melodische Geläute des Weideviehs tönte durch die reine Gebirgsluft. Alles athmete Frische und Würze. Bei einer Quelle wurde Halt gemacht und mit hohler Hand der frische Trunk geschöpft. Ich überschritt ein sogenanntes »Stierplätzl« (Oertlichkeit allwo die Hirten mit dem Weidenvieh zeitweise zu übernachten pflegen).

Rings um die halbzerfallene Hirtenbehausung herum standen riesige Ahorne von prachtvollem Wuchse. Den Boden bedeckte das saftigste Waldgras. Hier gedachte ich den ersten Versuch zu machen.
Nachdem ich mich an einer Stelle, welche freien Ueberblick und Deckung gewährte, postirt hatte, nahm ich sachte den selbstverfertigten Blatter hervor und prüfte mit einigen Stößen vorerst seine Stimmung. Es fehlte nichts, ganz der weiche Klageton des Rehes. Doch! da blendete es mich auf einmal rechter Hand – ich blickte über meine Achseln hinweg.

Auf 50 Schritte Entfernung steht, wie aus der Erde gewachsen, ein stattlicher Sechserbock im Grase und äugt nach mir. Keiner der alten bemoosten Baumstrunke rings herum mag wohl ruhiger gestanden sein, wie ich. Ein leises Lüftchen, das mich anfächelte, deutete mir »guten Wind«, daher verlor ich auch die Hoffnung nicht. Der Kapitale blähte seine feinen Winder und musterte aufmerksam jedes Blatt. Endlich eine kleine Drehung mit dem Grind und meine Büchse lag am Backen – ein heller Knall und der Recke verendete, schräg durchs Blatt getroffen.

Nachdem ich ihm einen schattigen Ruheort erwählt hatte, ging's aufwärts. Eine gute Strecke war erklommen, alles voll mannshohen Grases, Himbeergeranke und Gefelse, gerade vor mir stieg ein gewaltiger Streinriegel an, und hier blattete ich leise und vorsichtig.

Ha! was spiegelte sich da plötzlich in der Sonne? Hoch da droben – brennendroth –; Wie blitzten am erhobenen Grinde die hellgefegten Stangen herunter. Schnell senkte sich meine Büchse, schon streifte der Finger den Stecher, doch – plötzlich ging es wieder dahin, leicht und elastisch, und abwärts von Stein zu Stein immer näher und näher im ahnungslosen Banne der Leidenschaft.
Ein Büchsenknall weckt das Echo rings herum und mit dem Tode ringend wälzt sich der zweite Bock im feuchten Waldgras. –

Der Aufenthalt war kurz und ich setzte den Anstieg fort. Zu verschiedenen Malen hatte ich vergebens geblattet und ganz nahe schon lag der Bergrücken vor mir. Saftiger Pristling (eine Lieblingsäsung der Rehe) wuchs überall in hohen Büscheln aus dem Gestein hervor.
Hier war der Standort eines alten, durchtriebenen Gesellen, den ich leider schon einmal vergrämt hatte. Vielleicht war ich heute glücklicher? Ich entstandte dem Locker wirklich die rührendsten Klage-Töne. Konnte ich vielleicht doch das verliebte Herz des alten Burschen entflammen? Alles vergebens. Wiederholt war ich abgetreten und hatte mich auch von meinem letzten Stande bereits eine Strecke entfernt, da – tauchte es plötzlich braunroth vor mir auf und schon ging es auch dahin, in heller Flucht.
Aber der alte Schlaumeier hatte dennoch die Rechnung ohne den Wirth gemacht.
Ich mußte diesesmal, obwohl ungern und nur ausnahmsweise den, bei richtigen Jägern auf der Pürsche übel berüchtigten Schrotlauf in Anwendung bringen, denn ich war fest entschlossen, den geriebenen Burschen auf keinen Fall mehr ungeschoren zu lassen. Auf den Schuß schwankte der Bock, plötzlich wandte er sich gegen einen Buchenstamm und rannte fortwährend (warscheinlich hatte ihn ein Röller am Grind gestreift) um denselben im Kreise herum; - ich schob, auf das Höchste erstaunt, sogleich eine weitere Postenpatrone in den Lauf und machte dieser sonderbaren Situation ein Ende. –

Die Mittagsstunde war längst verstrichen, zufrieden mit dem Erfolge, mußte ich für Bergung meiner Beute Sorge tragen und eilte der Diensthütte zu. Mein College hatte inzwischen auch einen Prachtburschen dahergebracht – da hingen sie nun der Reihe nach im Keller der Diensthütte, die morgens noch so stolz und kampfbereit den Wald durchstreiften – der Bewohner der Hütte, der alte G. aber meinte, während er aus seinem riesigen Glase den »Schmalzler« hervorklopfte: »dö sans 'd Hochwaldler« – schob die Priese hinauf und näselte: »kennst ja d'Bokastoana« (waldlerisch d' Falkensteiner) – Nachdem wir uns an der »Rehbocksupp'n« (waldlerisch statt Rehlebergericht) gütlich gethan, labte uns unter den schönen Lerchenbäumen vor der Diensthütte ein frischer Trunk und lange schallte es hinaus in den mächtigen Wald:

»Ein Waidmann will ich bleiben
So lang die Tanne blüht – –«
stets aber bleibt dieser Tag eine meiner schönsten Erinnerungen. –
Waidmannsheil!

Jos. Hundt, 1883

Rhön

Birkwild in Moor und Heide

Lange vor Tau und Tag nahm der Jäger seinen Platz hinter dem Schirm ein. Angespannt horchte er hinaus in das Dunkel, bis ihm endlich ein dumpfer Schlag die Ankunft des ersten Hahns verriet. Ein zischender Kampfruf ertönte, und nach einer Pause erneut, dann begann der Hahn zu Rodeln. Es dauerte noch eine ganze Weile, eh' das Licht des anbrechenden Morgens die Wiese erhellte, so dass der Jäger etwas erkennen konnte. In einiger Entfernung tanzte der Birkhahn zum Balzgesang. Zischend vollführte er einen Flattersprung, stolzierte mit hängenden Flügeln und aufgestelltem Stoß im Kreis. Immer wieder unterbrach er sein Lied und sicherte aufmerksam. Den Jäger, der ihn mit einem Schuss auf den Balzplatz bannte, hatte er nicht bemerkt. – Die Jagd auf den Birkhahn, dessen sichelförmige Federn als begehrte Trophäe den Hut von Jägern und Wilderern zierten, ist

RHÖN – BIRKWILD IN MOOR UND HEIDE

Generationen von Weidmännern schlug die Jagd auf den Spielhahn in ihren Bann. Heute ist der Bestand der Raufußhühner stark zurückgegangen. Im Naturschutzgebiet lange Rhön balzen die Hähne noch.

in Deutschland Geschichte. Nur noch wenige verstreute Restvorkommen des Waldhuhns haben sich erhalten können. Eines davon im Naturschutzgebiet »Lange Rhön« an der hessisch-bayerischen Landesgrenze.

In der abwechslungsreichen Landschaft der Langen Rhön findet das Birkwild noch geeignete Lebensbedingungen. Große Offenflächen, wo der Vogel, der »auf jeder Feder ein Auge hat« den anschleichenden Fuchs und den kreisenden Habicht rechtzeitig eräugen kann. Moore und Zwergstrauchheiden, Hecken, lichte Feldgehölze und Wald bieten ihm Raum zur Balz, zum Rückzug während der Mauser und Jungenaufzucht. Sie sind zugleich Nahrungsquelle des haushuhngroßen Vogels, der neben Sämereien und Beeren gerne Birkenknospen und Triebspitzen von Nadelbäumen aufnimmt.

RHÖN – BIRKWILD IN MOOR UND HEIDE

Trotzdem ist das Birkwild auch in der Rhön in seiner Existenz bedroht. In den 1960er Jahren gab es dort noch 500 bis 600 Birkhühner. Der jagdlich geschonte Bestand nahm innerhalb von dreißig Jahren rapide ab und lag Mitte der 1990er Jahre nur noch bei etwa 20 Tieren. Ein fast idealer Lebensraum war durch die modernisierte Land- und Forstwirtschaft immer kleiner geworden und ein wachsender Rhön-Tourismus setzt den störungsempfindlichen Vögeln zu.

Die Jäger in der Rhön unterstützen das bedrohte Birkwild durch die Anlage von Biotopen und eine intensive Bejagung des Raubwildes.

In einer Bodenmulde bebrütet die Birkhenne sechs bis zehn Eier. Immer wieder gehen durch Krähen, Dachse und Wildschweine Gelege verloren.

Rechte Seite: Die kleinblättrige Winterlinde kann ein Alter von 1 000 Jahren erreichen. Im Naturschutzgebiet Breiter Berg in der hessischen Rhön wächst ein Winterlindenwald, der zur Saatgutgewinnung genutzt wird.

Hilfe für die Raufußhühner

Jäger und Naturschützer aus der hessischen, bayerischen und thüringischen Rhön bemühen sich seit Jahren gemeinsam um das Birkwild. Für die Verbesserungen des Lebensraumes wurden Hochwiesen auf der Langen Rhön von Gehölzen befreit und Beerensträucher und Wacholder als Nahrungs- und Deckungsangebot gepflanzt. Mit Unterstützung der Förster konnten Verbindungskorridore zwischen einzelnen Biotopen geschaffen werden. Auch eine schärfere Bejagung der natürlichen Feinde des Birkwildes gehört zu den Hegemaßnahmen. Rabenkrähen, Füchse und anderes Raubwild dezimieren den Bestand jedes Jahr erheblich. Auch Schwarzwild ist an den Gelegeverlusten der bodenbrütenden Birkhühner nicht unbeteiligt.

Doch der Einsatz zeitigt Erfolg. Zählungen des Birkwildes in den vergangenen Jahren haben einen erstarkten Bestand auf der Langen Rhön nachgewiesen. Lohn der Arbeit ist ein reger Balzbetrieb im Frühling, wenn neue Hähne mit hochrot geschwollenen Rosen in Moor und Heide um die Hennen werben. Der Birkhahn balzt gesellig und beharkt seine Nebenbuhler in unblutigen Scheingefechten, bis diese vom Platz weichen. Die tarnfarbenen Hennen, die zu den Balzplätzen streichen, lassen sich von

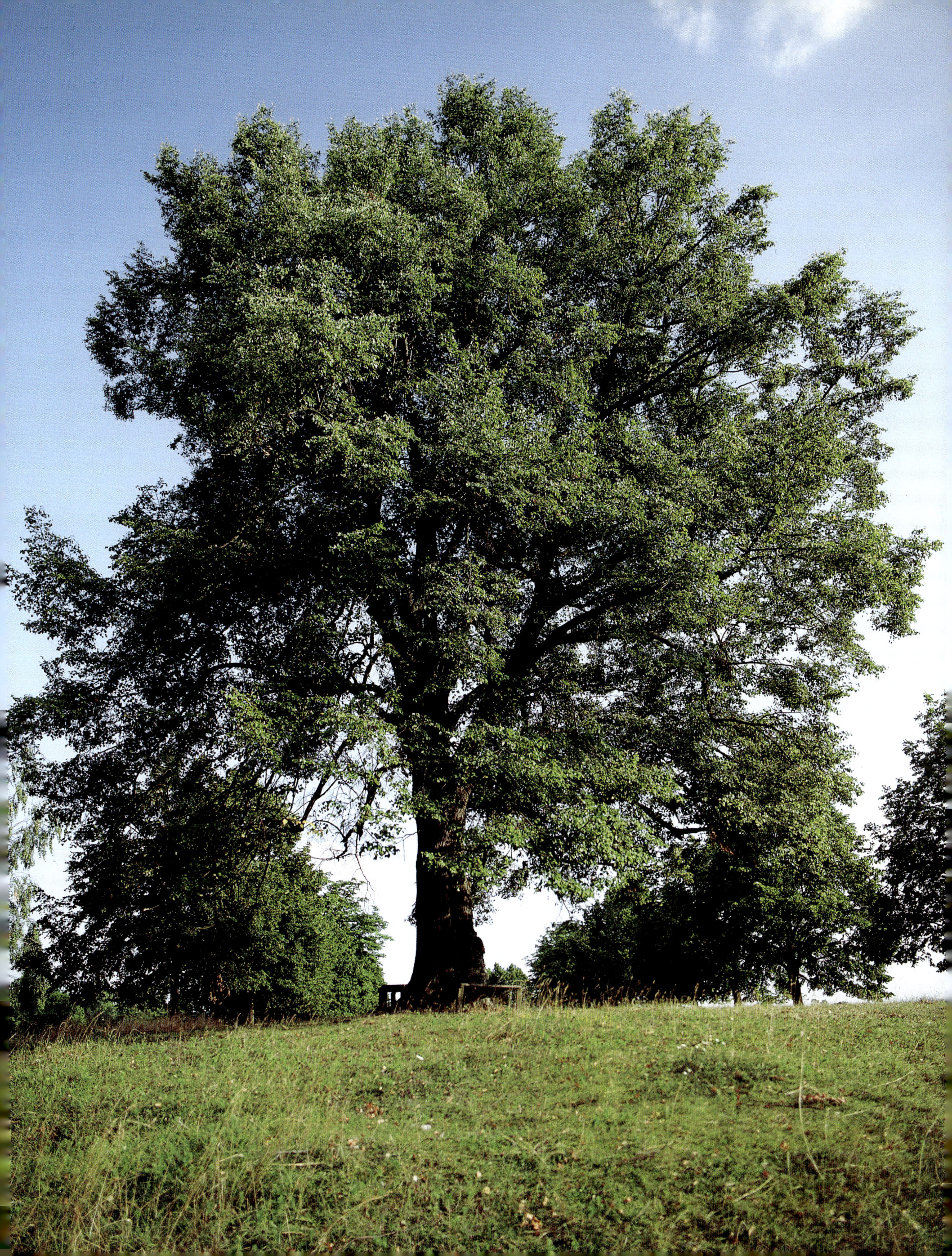

RHÖN – BIRKWILD IN MOOR UND HEIDE

Etwas hat die Aufmerksamkeit des Hermelins erregt. Durch den ständigen Hunger ist das Große Wiesel auch am Tage auf Beutefang aus. Zur Ruhe zieht es sich in die Feldgehölze und Lesesteinmauern zurück.

den stärksten Hähnen treten. Bei Sonnenaufgang wird es zunächst ruhiger. Der balzende Hahn legt eine Pause ein, um wenig später sein Blasen und Kollern erhöht von Baum oder Busch weiter vorzutragen. Anders als der Auerhahn hat der Birkhahn während der Balz keine tauben Momente. Ihn anzupirschen oder anzuspringen war eine jagdliche Kunst und endete häufig mit dem Abstreichen des Hahns. Der Ansitz am Balzplatz hinter einem Schirm bot die sichersten Chancen, einen der schwarzen Hähne zu erbeuten. War der Hahn außer Schussweite, versuchte der Jäger, ihn »anzureizen«, heranzulocken, indem er einen Konkurrenten vortäuschte. Der Schuss mit Schrot oder Kugel wollte wohlüberlegt angetragen werden, um das prächtige, metallisch glänzende Gefieder des Birkhahns so wenig wie möglich zu beschädigen. Denn nicht nur die Schneid, die langen gebogenen Stoßfedern, auch der ganze präparierte Hahn ist ein beliebtes Erinnerungsstück an ein spannendes Jagderlebnis.

Hierzulande muss sich der Jäger mit dem Beobachten der Balz begnügen, die im Herbst ein weiteres mal, jedoch ohne Hennen stattfindet. Leider zieht das Schauspiel auch Neugierige an. Vermeintliche Naturfreunde, die wie unbedachte Querfeldeinwanderer das Wild beunruhigen. Häufige Störungen nimmt das Birkwild übel und gibt seine Einstände auf. Ein Problem im Winter sind Skiläufer. Sie veranlassen die Raufußhühner, die zum Schutz vor Kälte und Feinden eingeschneit am Boden ruhen, häufig zu kräftezehrender Flucht. Eine Lenkung der Touristen ist hilfreich aber schwierig durchzuhalten, denn die Region mit ihren Naturschönheiten und Erholungsmöglichkeiten ist ein Urlaubermagnet.

Die Rhön – drei Länder und drei Landschaften. Ein deutsches Mittelgebirge mit allem was dazugehört und doch in vielem anders. Umrissen von den Flüssen Fulda, Werra, Fränkische Saale und Sinn liegt der Gebirgszug zugleich in

RHÖN – BIRKWILD IN MOOR UND HEIDE

Bayern, Hessen und Thüringen. Eine sehr gemischtgeologische Zusammensetzung ließ in der Rhön drei unterschiedliche Landschaftstypen entstehen: das Rhönvorland, die Kuppenrhön und die Hohe Rhön. Und der Mensch machte aus »Buchonia«, dem Land der Buchen, wie die Rhön einst genannt wurde, das »Land der offenen Fernen«, indem er die dichten Laubwälder großflächig rodete und Weideflächen anlegte.

Kuppen aus Vulkangestein

Sanfte, langgestreckte Bergrücken aus Buntsandstein, die selten höher als 500 Meter über den Meeresspiegel ansteigen und landwirtschaftliche Nutzflächen in den flachen Bereichen bestimmen das Vorland. Die nordwestliche Vorderrhön gilt als Kornkammer der Region und ist von Ackerflächen geprägt. Um so auffälliger erhebt sich bei Hünfeld das Hessische Kegelspiel, eine Ansammlung von bewaldeten Basaltbergen. Sie verweisen auf den vulkanischen Ursprung der Rhön, der sich in der Kuppenrhön noch deutlicher zeigt. Dort ragen felsbekrönte Berggipfel wie düstere Vulkanstümpfe über das hügelige Land. Sie erreichen Höhen von 650 bis 839 Meter. Unter ihnen die Milseburg, 835 Meter hoch und als der schönste Berg der Rhön bekannt. Reste einer Befestigungsanlage erinnern an die keltische Besiedlung des Gebirges lange vor Beginn der Zeitrechnung. Vom Gipfel der Milseburg, den eine barocke Kreuzigungsgruppe schmückt, geht die Aussicht über eine parkähnliche Landschaft mit kleinen Siedlungen, Weilern und Einzelhöfen hin zur Hohen Rhön.

Zu den seltenen Brutvögeln in der Rhön gehört die Nachtschwalbe. Tagsüber verharrt sie perfekt getarnt am Boden oder auf Ästen, in der Dämmerung jagt sie an Waldkanten nach Insekten.

RHÖN – BIRKWILD IN MOOR UND HEIDE

Rechte Seite: Karpatenbirke im Roten Moor. Die eher strauch- als baumförmig wachsende Birke kommt als Unterart der Moorbirke und als eigene Art vor. Sie hat in der Rhön ihre westlichste Ausdehnung erreicht.

Mächtige Basaltdecken formten den Hauptkamm des Gebirgszuges, der ungefähr dem Verlauf der Grenze von Hessen und Bayern folgt. Die Hohe Rhön ist fast ausschließlich aus vulkanischem Gestein zusammengesetzt und zeigt nahezu baumlose, plateauartige Hochflächen. Die Kuppen und Hänge bedeckt weiträumig Borstgrasrasen. Zu diesen typischen Hochrhönmatten gehört das Hohe Polster im Naturschutzgebiet »Lange Rhön«, das sich zwischen Schwarzem Moor und Heidelstein erstreckt. Das Naturschutzgebiet zählt zu den zentralen und wegen seiner reichen Naturausstattung zu den interessantesten Teilen der Hohen Rhön. Ihr westlicher Ausläufer gipfelt in der Wasserkuppe, dem höchsten Berg der Rhön und zugleich Hessens.

Ihren Namen verdankt sie den über 100 Quellen, die in ihrem Umfeld entspringen, wie die Fulda, die am Südhang der Wasserkuppe den Weg zur Weser antritt. Ihre Berühmtheit ist den klimatischen Verhältnissen geschuldet. Hangaufwinde und Thermik machten den Flug ohne Motor möglich und die Wasserkuppe in den 1920er Jahren zur Wiege des Segelflugsportes. Heute starten neben den Segelfliegern auch Gleitschirmflieger und Drachensegler von dem 950 Meter hohen Gipfel. Er ist ein zentraler Anziehungspunkt für Rhön-Besucher, dessen Betriebsamkeit nicht immer in Einklang mit den Interessen des Naturschutzes steht.

Seit 1991 ist die Rhön mit einer Größe von fast 185 000 Hektar Biosphärenreservat. Die meiste Fläche, 72 802 Hektar, besitzt Bayern, gefolgt von Hessen und Thüringen. Nur ein Drittel davon ist bewaldet. Obwohl Nadelbäume, besonders Fichten, auf weiten Flächen aufgeforstet wurden, haben sich schöne Laubwaldbestände erhalten. Auf den schattigen, steinigen Hängen und in den Schluchten der Hohen Rhön steht Bergmischwald aus Bergahorn, Esche, Bergulme oder Spitzahorn. In den mittleren Lagen vor allem der Hessischen und Thüringer Rhön stocken überwiegend Kalkbuchenwälder mit hohem Rotbuchenanteil. Den Boden überzieht eine artenreiche Krautschicht. Als Kalkstandortpflanze zeigt sich die geschützte, bis zu einem Meter hohe Türkenbund-Lilie. An feuchten Stellen wächst der Aronstab, dessen Blätter die Pflanzenfresser meiden, indes die Vögel gern die roten Beeren als Nahrung abpflücken. Beeindruckend ist der Reichtum an Orchideen, die mit vierzig Arten in der Rhön vertreten sind.

In den klimatisch günstigeren Lagen der Fränkischen und Thüringer Rhön spielt die Eiche eine bedeutendere Rolle. Als Besonderheit unter den Laubbaumarten wächst im Naturschutzgebiet Breiter Berg ein kleiner Winterlindenwald. Der größte Teil des Waldes im Biosphärenreservat dient der nachhaltigen Holzerzeugung. Nur in den Kernzonen gibt es Naturwälder ohne jegliche Nutzung.

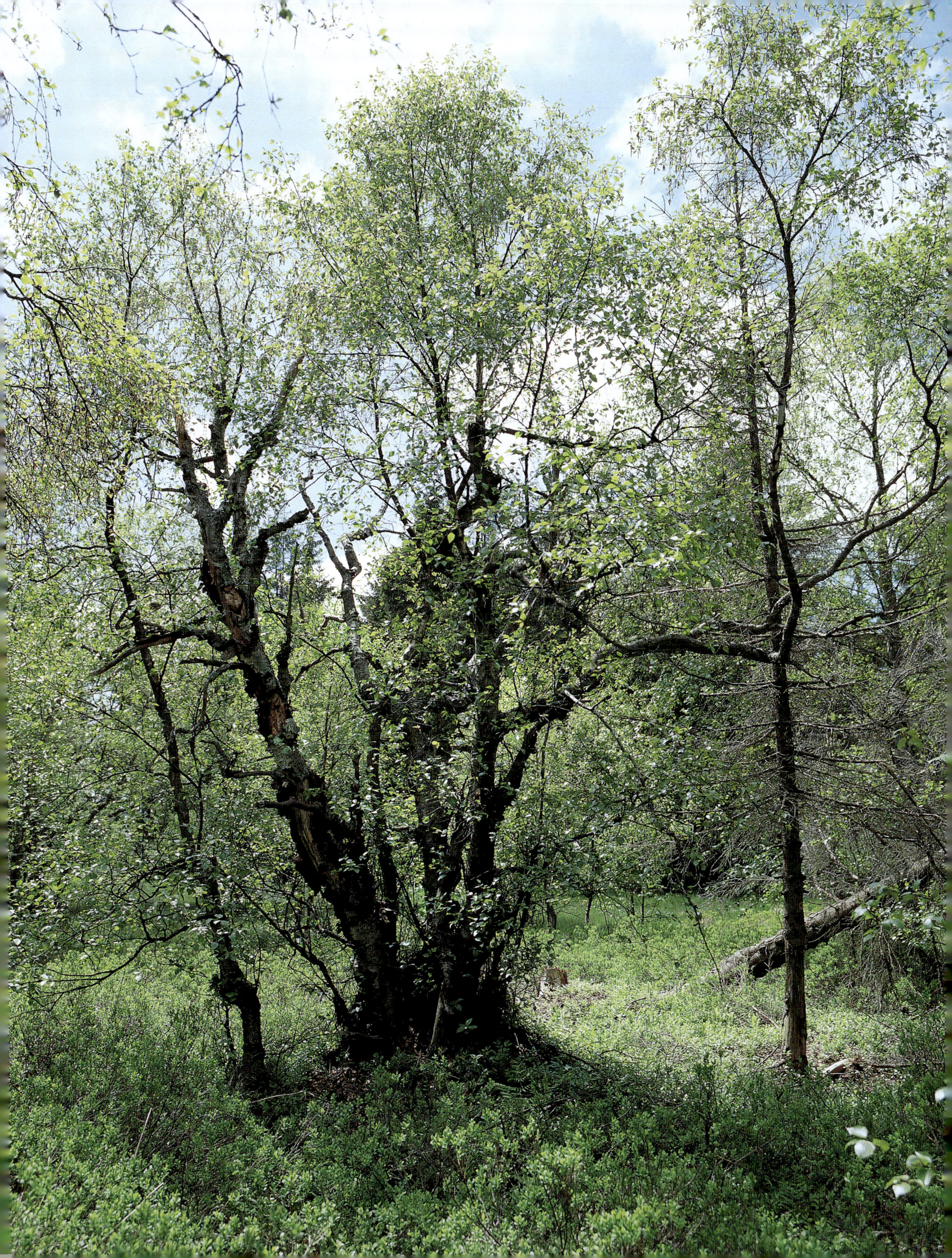

RHÖN – BIRKWILD IN MOOR UND HEIDE

Die Silberdistel hält bei schlechtem Wetter ihre Blüte geschlossen. Sie ist auf den Rasenflächen in der Rhön häufig vertreten, ihr Stachelkleid wehrt die Weidetiere ab.

An den Moorflächen der Rhön erfährt die Karpatenbirke ihr westlichstes Verbreitungsgebiet in Mitteleuropa. Besonders ausgedehnt steht sie im Naturschutzgebiet Rotes Moor im hessischen Teil der Hohen Rhön. Das Moorgebiet liegt größtenteils 800 Meter über dem Meeresspiegel und besitzt noch Reste von Hochmoorflächen. In Flachen Quellmulden entspringen mehrere Bäche und entwässern das Moorwasser, das sich im Ablauf der Kaskadenschlucht durch ein schroffes Kerbtal stürzt.

Zahlreiche unbegradigte Fließgewässer durchziehen die Landschaft und sind Heimat der rotgetupften Rhönforelle. Im Frühsommer liegt ein leichter Duft von Mädesüß über den Uferfluren, der den kleinen gelblich-weißen Blüten der Pflanze entströmt. Blutweiderich und Weidenröschen fügen sich mit Rot- und Violetttönen in das Bild. Erlen, Eschen und Weiden begleiten die Bäche als schmale Baumstreifen. Auen- und Quellwälder sind in den nassen Tälern und Senken kaum noch vorhanden. Schon früh wurden diese Flächen als Wiesen nutzbar gemacht.

Einmalig in ganz Süddeutschland sind die großen zusammenhängenden Kalkmagerrasen der Rhön mit ihren Wacholderbüschen. Dort wächst auch das Wahrzeichen der Region, die Rhön- oder Silberdistel. Leider nehmen die Wiesen und Weideflächen immer mehr ab, weil ihre Bewirtschaftung häufig eingestellt wird. Das Höfesterben in der Rhön schreitet weiter voran und kann auch unter dem Schirm des Biosphärenreservates nicht aufgehalten werden. Um eine Verbuschung der wertvollen Flächen zu verhindern, werden Schafe eingesetzt. Ähnlich wie die Heidschnucke in der Lüneburger Heide halten die Rhön-Schafe die Weideflächen offen. Die Schafe mit dem schwarzen Kopf und der weißen Wolle hatten in vorindustrieller Zeit eine wichtige Bedeutung für die Menschen in der Rhön und Erleben nun als Landschaftspfleger eine Renaissance. Im Biosphärenreservat beweiden sie unter anderem die Bergwiesen am Ostabfall der Langen Rhön und an den Hängen des oberen Ulstertales.

Die weite, offene Landschaft der Rhön wird durch Gebüsche und Hecken gegliedert. Sie sind als Weidegrenzen und Windschutzstreifen angelegt worden und dem Niederwild ein willkommener Unterschlupf.

Es ist schon eine Laune des Schicksals, das gerade die waldarme Rhön zur Geburtsstätte der Forstwissenschaft wurde. Im Jahre 1763 kam Heinrich

RHÖN – BIRKWILD IN MOOR UND HEIDE

von Cotta im Forsthaus »Die kleine Zillbach« bei Wasungen zur Welt. Von seinem Vater zum Jäger ausgebildet, studierte Cotta anschließend Kameral-Wissenschaften und Mathematik in Jena. Heinrich von Cotta war einer der ersten akademisch gebildeten Forstmänner und schuf die Grundlagen der heutigen Forstwissenschaft. Er entwickelte eine Methode zur Berechnung des Waldwertes und zur Ertragssteigerung durch den Aufbau von Hochwald. Seit 1786 unterhielt er eine private forstliche Lehranstalt in Zillbach, die 1801 in das dortige Jagdschloss von Herzog Karl August umzog. Acht Jahre später wurde von Cotta Direktor der sächsischen Forstvermessungsanstalt und ging nach Tharandt. In der thüringer Rhön ist der älteste Baumbestand bei Zillbach noch ein Ergebnis seines Wirkens und der Rest der »Cotta-Plantage« mit über 400 Holzarten ein Stück sichtbare Forstgeschichte.

Das hornlose Rhönschaf, eine der ältesten Nutztierrassen Deutschlands. Früher weit verbreitet und in andere Länder exportiert, schrumpfte der Bestand in den 1960er Jahren auf wenige Hundert Tiere. Heute gibt es wieder größere Herden in der Rhön. Sie helfen durch Beweidung die charakteristische offene Landschaft zu erhalten.

Fuchssprengen

Eher zufällig hat der Jäger den Bau entdeckt. An der Reviergrenze, unter einer umgestürzten alten Buche, die der Sturm im letzten Herbst zu Boden warf. Heller »Aushub« liegt vor der Röhre, und in dem Sand haben die Branten des Fuchses ein regelrechtes Muster hinterlassen. Der Bau ist befahren, das steht fest, Federn und Knochenreste sind verstreut und deutlich strömt Fuchswitterung aus der Röhre ins Freie. Vorsichtig sucht der Jäger die Umgebung nach weiteren Einfahrten ab und wird fündig. Vier kann er noch entdecken, eine scheint nicht benutzt, Spinnweben haben die Öffnung versiegelt. Er erinnert sich, dass vor einigen Tagen in der Nähe ein starker Fuchs an der Waldkante entlang schnürte. Vielleicht der Hausherr? Er wird es herausfinden, Morgen, wenn er ihm auf den roten Balg rückt. Nein, nicht er, Arco.

Arco vom Hohen Bruch ist ein erfahrener Kämpe. Fast verwegen sieht der Teckelrüde mit den Schmissen auf der Schnauze aus, die er sich in ungezählten Rangeleien mit Fuchs, Dachs und Marderhund zugezogen hat. Er ist kaum zu bändigen und zappelt im Arm des Jägers, der ihn eingeklemmt hält und gegen den Wind die »Haupteinfahrt« des Baues angeht. Zwei weitere Schützen haben sich in der Nähe der anderen Einfahrten postiert. Der Jäger setzt Arco an. Der Teckel kann es gar nicht erwarten in den Fuchsbau einzuschliefen und verschwindet aggressiv lautgebend in der Röhre. Je weiter er in den Bau eindringt, umso gedämpfter wird sein Laut durch die immer dicker werdende Sandschicht und bricht nach kurzer Zeit ab. Nichts rührt sich im Bau. Die Minuten verstreichen. Schnell ist eine Viertelstunde vergangen. Die Jäger lauschen unruhig, den Blick auf die Röhren des Baues geheftet, den Daumen am Sicherungsschieber der Flinten.

Endlich gibt der Hund wieder Laut. Es rumpelt deutlich unter der Erde, dann erneut Stille. Nun ist schon eine halbe Stunde verstrichen. Merklich beunruhigt sieht der Jäger zu den anderen Grünröcken hinüber. Zwischen Hoffen und Harren springt überraschend etwas Rotes aus der Röhre nahe der Waldkante dem zwei Schrotschüsse folgen, Sand spritzt, der Fuchs rutscht und liegt. Na, bitte, aber wo ist Arco? Er erscheint nicht an der Oberfläche. Fuchs draußen, Hund drinnen? Der Jäger legt das Ohr auf den Boden in der Hoffnung, den Hund zu hören, steht wieder auf und schüttelt den Kopf. In Gedanken hat er sich schon damit abgefunden, Spaten und Spitzhacke aus dem Wagen zu holen und mit dem Graben zu beginnen. Plötzlich polterte es wieder unter der Erde und Arcos Gebell ist leise zu vernehmen. Ein zweiter Fuchs fährt aus der Röhre und verschwindet im Buschwerk, der Teckel keifend hinterdrein.

Die Überraschung ist dem zweiten Fuchs gelungen, für einen Schuss war keine Gelegenheit. Nach kurzer Zeit kommt Arco lehmverschmiert zurück. Der eigentlich schwarze Rüde sieht aus wie ein Frischling. Er stürzt sich auf den ersten Fuchs, den der Jäger inswischen eingesammelt hat und beutelt ihn. Selbst als sein Herr den Fuchs an den Branten nimmt und zum Wagen schleift, lässt der Teckel die Lunte des roten Räubers nicht los. Sicher ist sicher!

Paul Dahms

Schwarzwald

Refugium für Auer- und Haselwild

»Silva nigra«, schwarzer Wald, nannten die alten Römer respektvoll das düstere und unwegsame Gebirge, das ihnen mit seinem Urwald und den wilden Tieren auf dem Weg zur Donau ein angsteinflößendes Hindernis war. Inzwischen sind die ursprünglichen Wälder großflächig gegen Fichtenforste ausgetauscht, die den Wald »schwarz« machen, und die Angst der Menschen hat sich ins Gegenteil verkehrt, sie suchen und schätzen die Ruhe und Einsamkeit, die ihnen der Schwarzwald bietet.

Vor Jahrmillionen hoben sich die Gesteine beiderseits des Oberrheins und Erosion modellierte im Laufe der Zeit das höchste deutsche Mittelgebirge. Buchen und Tannenwälder bedeckten die Gipfel des 170 Kilometer langen

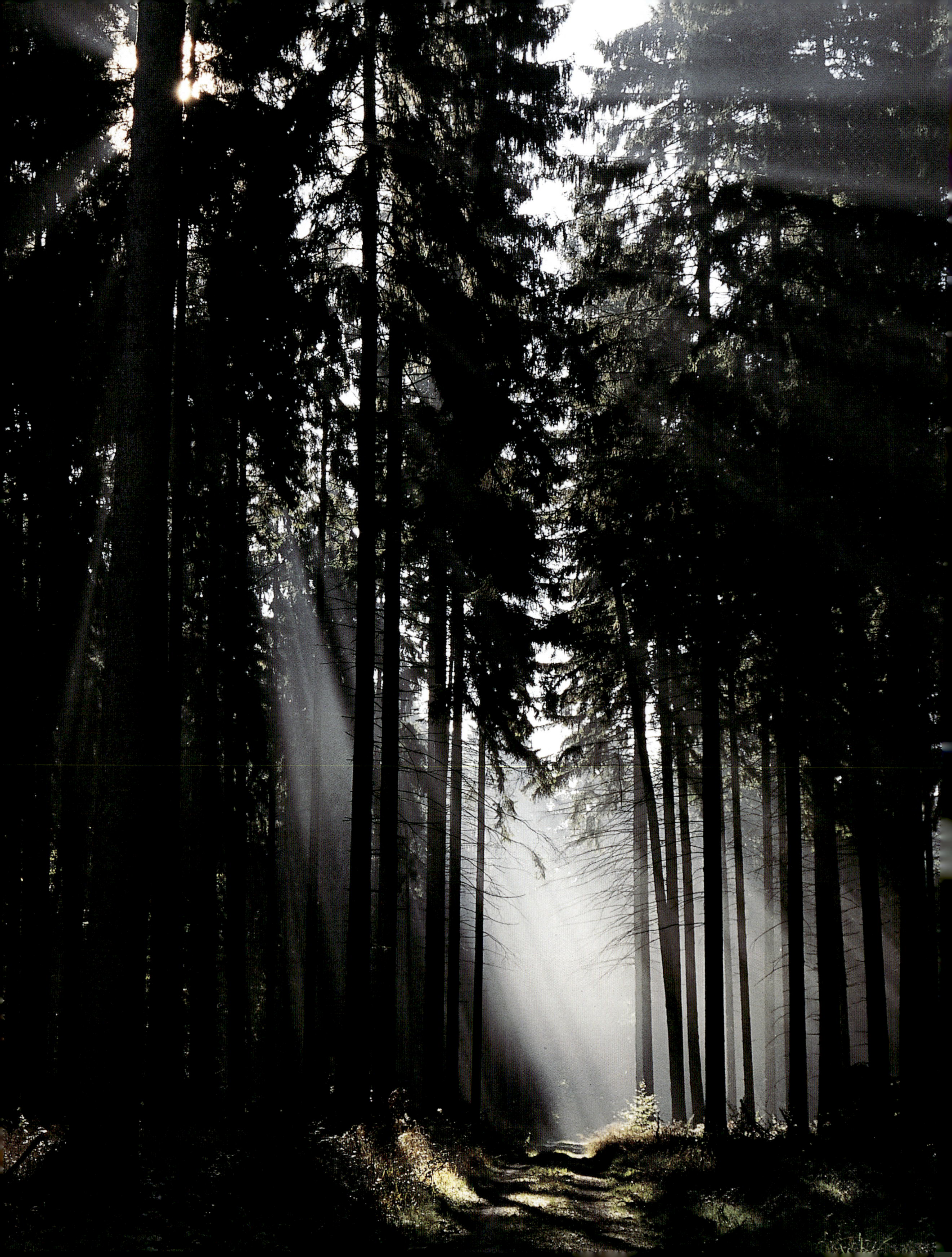

und 30 bis 60 Kilometer breiten Schwarzwaldes, bis erste Siedler anfingen Rodungsinseln in den dichten Wald zu schlagen, den sie als nie versiegende Holzquelle ansahen und nutzten. Im 17. Jahrhundert existierten im Schwarzwald noch unerschlossene Gebiete, 200 Jahre später war er fast kahl. Heute steht auf rund zwei Dritteln seiner Fläche zwischen Karlsruhe im Norden, Lörrach im Süden, Lahr im Westen und Villingen im Osten wieder Wald, der zu den Rückzugsgebieten des Auerwildes gehört.

Linke Seite: Seinen Namen trägt der Schwarzwald zu Recht. Große Fichtenforste lassen ihn besonders im nördlichen Teil sehr dunkel erscheinen.

Der große, schwarze Hahn

Der Auerhahn stand lange im Zentrum jagdlichen Interesses. Auf ihn zu Pirschen verlangte nicht nur Passion und Schießfertigkeit, sondern Geduld und gute Vorbereitung, sollte die Jagd erfolgreich ausgehen. Mehrere Abende vor der eigentlichen Jagd musste »verlost« – also kontrolliert werden, ob der Urhahn sich auf den selben Schlafbaum einschwang. Denn das war der Platz, wo er vor Sonnenaufgang mit der Balzarie begann, einer vierteiligen Folge von eigentümlichen Lauten, wofür die Weidmannssprache anschauliche Begriffe gefunden hat: Der Hahn beginnt mit dem Knappen, gefolgt von Triller und Hauptschlag, an den sich das Wetzen anschließt. Und jenes Wetzen, das dem Schleifen einer Sense nicht unähnlich klingt, ist die schwache Stelle des großen Vogels, die sich der Jäger zu nutze macht. Der Auerhahn äugt und vernimmt ausgezeichnet, aber während des Wetzens, wenn er den Schnabel weit öffnet und den Kopf nach oben streckt, ist er für einige Sekunden taub. In diesem Moment kann der Jäger den Hahn »anspringen«, einige Schritte auf ihn zu gehen um dann wieder in Deckung oder in der Bewegung zu verharren, bis er erneut mit dem Schleifen beginnt. Dem großen Hahn in seinem fast schwarzen Prachtkleid näher zu kommen, kann zu einer schweißtreibenden Angelegenheit werden.

Die Rosen über den Augen angeschwollen, den großen Stoß aufgefächert, setzt der Hahn nach Sonnenaufgang die Balz am Boden fort. Wenn es hell wird, kommen die Hennen dazu.

Die Balzplätze wurden in harten Kämpfen abgesteckt, wobei die Rivalen sich mit dem raubvogelartigen Schnabel durchaus gegenseitig Verletzungen zufügen. Ist ein Kampf im Gange, kann der Jäger leichter zu Schuss kommen, denn die erregten Hähne achten nicht mehr auf die Umgebung. Die traditionelle Jagd auf den Auerhahn im Frühjahr ist allerdings nur im Ausland möglich, in Deutschland sind die bedrohten Bestände völlig geschont.

SCHWARZWALD – REFUGIUM FÜR AUER- UND HASELWILD

Es war nicht die Bejagung, die den Rückgang des Auerwildes vorantrieb, es war der schleichende Verlust des geeigneten Lebensraums, der bis heute anhält. Auch im Schwarzwald. Abwechslungsreiche Mischwälder mit üppigem Unterwuchs, die das Auerwild bevorzugt, waren über Jahrhunderte in weiten Teilen in eintönigen Nadelwald umgewandelt worden. Die Attraktivität des Umfeldes und das Nahrungsangebot für das große Waldhuhn, das sich von Knospen und Blättern der Laubhölzer, Nadeln und besonders Beeren ernährt, schwanden. Hilfe erhielt das Auerwild vor einigen Jahren aus der Luft. Im Dezember 2000 hatte der Sturm »Lothar« Lichtungen in den dichten Wald gerissen. Eine Katastrophe für die Waldwirtschaft verbesserte die Lebensbedingungen der Raufußhühner wieder.

Das Auerwild hat im Schwarzwald verschiedene Einstandsgebiete. Im Norden bevorzugt es die »Grindenmoorheiden«, einen Bewuchs der oberhalb von 900 Metern vorkommt. Er setzt sich aus dem Wechsel von Bergkiefern-Moor, Heide, Beerstrauch-Tannenwald und Fichten zusammen.

Zu den Einständen des Auerwildes gehören die Grinden auf den hohen Bergrücken. Es sind Moorheideflächen mit einer ganz eigenen Vegetationsmischung.

Beispielhaft dafür ist der langgestreckte Bergrücken der 1 184 Meter hohen Hornisgrinde. Der Nordschwarzwald ist die waldreichste der drei Schwarzwaldregionen und wirkt durch seinen Fichtenbestand besonders um Freudenstadt, die Heilquellenorte Wildbad und Bad Herrenalb sehr dunkel.

Bewaldet, aber zunehmend idyllischer breitet sich die Mitte aus: Wiesen und Weiden in den Tälern, die mit den verstreuten Einzelgehöften wie dekoriert wirken. Die traditionellen Eindachhöfe sind landschaftsprägend. Ihr gewaltiges Dach reicht auf der Bergseite fast bis zum Boden hinunter. Mensch und Vieh teilten sich das Erdgeschoss, wo die Wohnräume und Stallungen untergebracht sind, der große Dachraum ersetzt die Scheune. Bis an die Südgrenze des Schwarzwaldes lassen sich diese Häuser finden, die regional kleine Unterschiede aufweisen. Leider werden sie zunehmend durch neue Zweckbauten ersetzt. Auch die typischen Bauernmühlen entlang der vielen Bäche verschwinden zusehends. Ende des 19. Jahrhunderts existierten weit über 1 000, nun stehen sie still, kaum noch 300 an der Zahl, und sind meist dem Verfall preisgegeben.

Die Wasser von Acher oder Murg, Enz oder Kinzig und der Nebenbäche trieben nicht nur die Mühlen an. Flüsse waren ein wichtiges Transportmittel für den Holzhandel, der seit dem 15. Jahrhundert stark an Bedeutung gewonnen hatte. Schwarzwälder Tannen und Fichten wurden zum

Im mittleren Schwarzwald öffnet sich die Landschaft. Dort sind die Bauerngehöfte mit den mächtigen Dächern ein Blickfang.

SCHWARZWALD – REFUGIUM FÜR AUER- UND HASELWILD

Rechte Seite: Raubbau hat den einstigen Mischwald verändert. Monotone Nadelholzpflanzungen machen den Schwarzwald in Teilbereichen zur Holzfabrik und lassen den Lebensraum für Auer- und Haselhuhn schrumpfen.

Rhein geflößt und im 18. Jahrhundert verstärkt weiter nach Holland, wo sie zum Bau von Kriegs- und Handelsschiffen Verwendung fanden. Die Kinzig war eine der wichtigen »Riesen«, auf der die Flößer das Langholz talwärts bewegten. Sie fließt durch das größte Talsystem des Schwarzwaldes, das den nördlichen vom mittleren scheidet.

Überhaupt ist der Schwarzwald ein Wald der Täler. Eindrucksvoll liegt das Höllental am Anfang des Südschwarzwaldes. Neun Kilometer lang, tief in die Berge geschnitten, die steilen Felshänge 600 Meter hoch. Während im Nordschwarzwald der Buntsandstein als Deckgebirge erhalten ist, hat starke Verwitterung im Südschwarzwald die obersten Schichten abgetragen, das Gebirge besteht dort aus Graniten und Gneisen. Der Südschwarzwald ist zugleich Hochschwarzwald. Er erreicht im 1493 Meter hohen Feldberg den höchsten Punkt aller deutschen Mittelgebirge. Krüppelwuchs der Bäume um den Gipfel zeigt die Nähe zur Baumgrenze an. Die Winter sind schneereich, lang und streng. Fahnenwüchsige Hochlagenfichten haben sich der Witterung angepasst und die verbogenen Sträucher auf der Lawinenbahn lassen den abgehenden Schnee unbeschadet über sich hinweggleiten. Wenn es zu Inversionswetterlagen kommt, hängt dichter Nebel in den tiefen Tälern, während oben auf dem Gipfel schönes Wetter und gute Sicht herrschen.

In der wärmeren Jahreszeit ist der Feldberg freundlicher. Auf den Hochweiden blüht mit Bärwurz und Glockenblumen eine alpine Flora. Die Borstgrasrasen sind reich an Heidelbeeren. Ungefähr 50 eiszeitliche Pflanzen konnten im Schwarzwald nachgewiesen werden, rund die Hälfte davon wächst ausschließlich am Feldberg. Eissegge, Aurikel, Felsenehrenpreis oder als Zeichen ständiger Waldlosigkeit die Schneeheideflechte.

Bisten und Spissen am Feldberg

Im Naturschutzgebiet Feldberg lebt neben dem Auerwild als weitere Raufußhuhnart das Haselwild. Sein Vorkommen ist eines der vier größeren, die es deutschlandweit noch gibt. Der rebhuhngroße Vogel bewohnt gerne unterholzreiche Laub- und Mischwaldbestände, die sich häufig in »ungepflegten« Bauernwäldern zeigen und brütet im Schwarzwald auch im niederwaldreichen Kinzigtal. In Hecken und Gestrüpp wird die karge Nestmulde gut versteckt angelegt. Das Gelege mit bis zu zehn Eiern, brütet die Henne alleine aus. Die Paare finden sich schon im Herbst, lange vor der Balz, zusammen.

SCHWARZWALD – REFUGIUM FÜR AUER- UND HASELWILD

SCHWARZWALD – REFUGIUM FÜR AUER- UND HASELWILD

Nur der Haselhahn trägt die Holle, eine kleine Federhaube, auf dem Kopf. Seinen Balzruf ahmte der Jäger früher bei der herbstlichen Jagd mit einem Pfeifchen aus Knochen nach.

Dann begann für ältere Jägergenerationen die Zeit der Lockjagd auf den Haselhahn, wobei sie das Spissen, ein feines, zischendes Pfeifen des Hahnes nachahmten und ihm einen Mitbewerber vortäuschten, oder mit dem »Wusperl«, das Bisten, den Hennenlockruf. Der kleine Haselhahn bleibt auch während der Balz im März ohne prächtiges Federkleid. Er unterscheidet sich in der Tarnung von der Henne durch seine winzigen roten Balzrosen und den schwarzen Kehlfleck. In Anblick wird man ihn wohl kaum bekommen. Die Bestände im Schwarzwald sind seit den 1960er Jahren von 400 Paaren auf unter 50 zurückgegangen. Dem gesellig lebenden Haselwild machen die gleichen Probleme zu schaffen wie seinem großen Verwandten. Aufgeräumte, hochstämmige Wälder schätzt der wendige Flieger nicht. Hinzu kommt die Entfernung der »Forstunkräuter«. Birke und Aspe, Weide oder Hasel verschwinden aus dem Wirtschaftswald und damit die Winternahrung des Haselhuhns und irgendwann das Haselhuhn selbst.

Der Feldberg und seine weitere Umgebung gehören wegen ihre Naturausstattung zu den interessantesten Regionen des Schwarzwaldes. Westlich liegt der Feldsee und nördlich der Titisee, zwei bedeutende Gletscherseen mit sauerstoffreichem und klarem Wasser. Im Grüble des Feldberges entspringen die Quellbäche der Wutach, die später zur Gutach wird, und fließen ostwärts durch große, weite Täler und steile Kalkschluchten.

Als großes zusammenhängendes Waldgebiet ist der Schwarzwald auch für Rotwild attraktiv. Im Süden zieht es um Schluchsee und St. Blasien seine Fährte.

SCHWARZWALD – REFUGIUM FÜR AUER- UND HASELWILD

Rechte Seite: Als Gelegeräuber unter Verdacht. Der Dachs wird zusammen mit weiteren Raubwildarten für den Rückgang der Raufußhühner verantwortlich gemacht. Der Allesfresser sammelt, was er unterwegs auf seinen Streifzügen findet, um sich für die Winterruhe einen Fettvorrat anzufressen. Lange galt er selbst als guter Braten.

Von den einst zahlreichen Bauernmühlen an den Wasserläufen sind nur noch wenige in Betrieb. Die Bäche und Flüsse des Schwarzwaldes waren lange die wichtigsten Transportstraßen für das geschlagene Holz.

Das Wutachgebiet ist nur inselartig besiedelt und stark bewaldet. Es erstreckt sich bis zur Baar, wohin das Gamswild mittlerweile vorgedrungen ist, das 1934 im Feldberggebiet ausgesetzt wurde.

Ganz im Südosten liegt der wald- und felsenreiche Hotzenwald, der wie das Bundesland Baden-Württemberg an der Schweizer Grenze endet. Bis 1805 war das Gebiet ein freier Waldbauernstaat. Die Hotzen, seine Bewohner, lebten vom Wald und vom Salpeter, das sie von den Stallwänden sammelten und für die Schießpulverherstellung siedeten. »Schießpulver« stellen heute moderne Munitionsfabriken ohne diese Handarbeit her, dafür haben andere traditionelle Handwerke den Schwarzwald berühmt gemacht: Seine Holzschnitzer und die Uhrmacher. So gilt die Aufmerksamkeit der meisten Schwarzwald-Besucher auch nicht dem Urhahn, sondern einem ganz profanen Vogel: dem Plastik-Kuckuck, der aus dem Türchen in der Uhr den Stundenschlag verkündet.

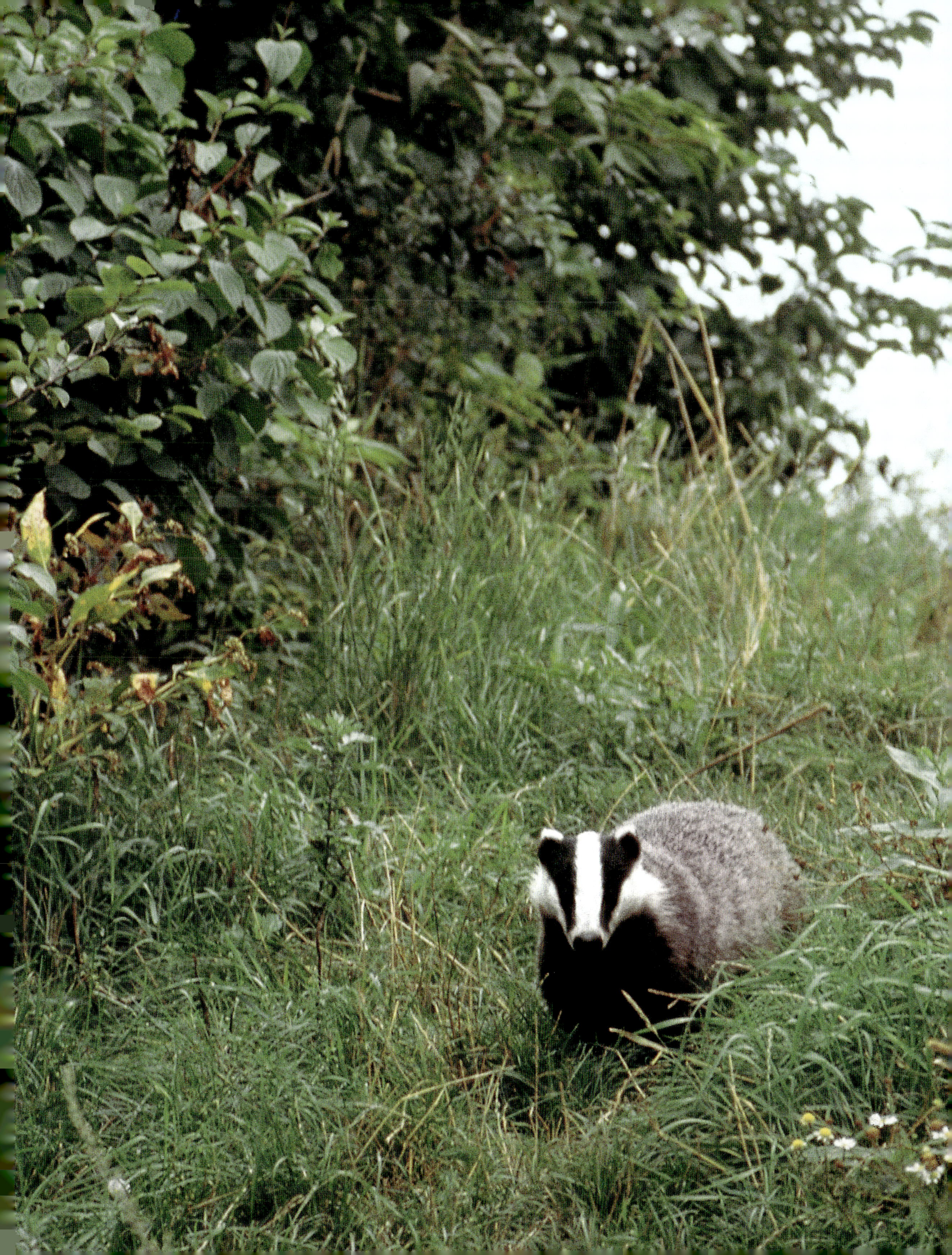

Der Große Hahn

Nun ist es schon weit über 50 Jahre her, doch in der Erinnerung so lebendig, als sei es erst gestern geschehen:
Drei Abende hintereinander hat der Jäger ihn verhört. Fast konnte er seine Uhr danach stellen, so regelmäßig und pünktlich schwang sich der Große Hahn auf der alten Kiefer ein. Der Jäger hörte ihn dann einige Male kröchen, bis er mit der Dunkelheit, die ihn in Sicherheit wog, verstummte. Heute soll es gelingen. Heute muss es gelingen! Um wie vieles einfacher war doch der Anmarsch in den Abend hinein, ließ sich ein Hängenbleiben am Gestrüpp, ein verräterischer Tritt auf einen trockenen Ast vermeiden, ein Tritt, der alles verderben konnte. In der Dunkelheit der Aprilnacht, weit vor dem Morgengrauen, reicht das schwindende Mondlicht gerade noch um die Hand vor Augen zu erkennen. Doppelt so lange braucht der Jäger, bis er im dünnen Lichtstrahl der Lampe den Stubben erreicht, wo er die letzten Abende wartend und lauschend verbracht hatte. Obwohl ihn frostige Kühle umfängt, steht ihm der Schweiß auf der Stirn. Etwas außer Atem setzt er sich auf den bemoosten Baumrest, lehnt die Flinte gegen sein Bein und horcht. Die Amsel ist schon länger wach als er und lässt ihren Gesang in den stillen Wald tönen. Der Hahn schweigt.

Wie lange der Jäger so da saß und in das Waldesdunkel starrte, wo sich Baumstämme wie mächtige schwarze Säulen ausnehmen, weiß er nicht. Es muss eine ganze Weile gewesen sein. Kalt drückt der Stahl des Flintenlaufs durch den dicken Lodenstoff gegen seine Haut. »Klack«. Ganz leise, als ob zwei Hölzer aufeinanderschlagen, und dann wieder. »Klack«. Der Hahn! Gut 60 Schritte ist der Jäger von ihm entfernt. Sein Herz schlägt schnell als er sich auf den Rhythmus der Töne konzentriert, um keinen Wechsel in der Melodie zu verpassen, die eigentlich keine ist, damit er den Hahn im richtigen Moment angehen kann. Fahl hängt die Mondsichel am zögerlich dämmernden Morgenhimmel. – Es gilt. Zwei, drei große Schritte, halb geduckt bis zum Stamm. Halt! Warten. Horchen. Weiter, über die Mulde setzen und hinter das Brombeergestrüpp gehockt. Sehen kann der Jäger den Hahn nicht, aber lauter hören, je näher er ihm kommt. Wieder drei Schritte vorwärts hinter die nächste Tanne. Anstrengung und Aufregung mischen sich und schneller schlägt das Herz. Jetzt sieht er ihn, oben auf dem Ast, einen großen, schwarzen Umriss. Nur der weiße Spiegel auf der Schwinge leuchtet. – Vorwärts.

Der Hahn ist mit seinem Vortrag beschäftigt, schnalzt und lässt den Triller folgen. Hennen haben sich von seinem geräuschvollen Werben noch nicht locken lassen. Fasziniert von dem Anblick des Urhahns vergisst der Jäger für einen Augenblick, was eigentlich sein Begehren ist.

SCHWARZWALD – REFUGIUM FÜR AUER- UND HASELWILD

Es wird heller. Die Amsel hat Verstärkung bekommen und begleitet vom Vogelkonzert zeigen sich zartviolette Streifen über den Baumwipfeln. Nah genug für den Schuss oder vielleicht noch ein, zwei Schritte wagen? Nein. Es muss reichen. Mit donnerndem Knall verlässt die Schrotgarbe den Lauf, schlägt dumpf in das Gefieder und prasselt im Geäst. Wie ein Stein fällt der stolze Vogel zu Boden, spreizt die Schwingen und öffnet den kräftigen Schnabel. Fangschuss oder warten? Nun rast des Jägers Herz, die Brust des Vogels hebt und senkt sich, dann schließen seine Lider unter den feuerroten Balzrosen. Nachdenklich tritt der Jäger vor den Hahn, der, eben voller Kraft und Lebensfreude, nun herausgerissen aus dem Gefüge der Natur reglos auf dem taufeuchten Waldboden liegt. Weg mit den trüben Gedanken. Weidmannsheil! Ein Tannreis in den Schnabel gesteckt, den Bruch an den Hut und mit dem Hahn über der Schulter heimwärts in den jungen Tag.

Paul Dahms

Bayerische Alpen

Wo der Prinzregent auf Gamsen pirschte

Bei gutem Wetter und besonders wenn der Föhnwind bläst sind die Berge an Deutschlands südlichem Ende schon hinter München zu erkennen. Nach dem bewaldeten Voralpenland mit seinen Hügeln und Seen beginnen sie langsam zu wachsen, steigen fast 3 000 Meter in die Höhe und enden an der Spitze in nacktem Fels und Geröll. Der Blick vom Tal auf die monumentalen Naturbauwerke mit ihren schroffen, selbst im Sommer noch schattseitig schneebedeckten Graten und Berghängen, ist ehrfurchteinflößend.

Die Deutschen Alpen, durchaus zutreffend auch als Bayerische bezeichnet, da sie sich ausnahmslos auf dem Gebiet des Freistaates befinden, sind ein Teil der Nördlichen Kalkalpen und gehören zu dem größten, höchsten und

Streuwiesen im bayerischen Voralpenland, dahinter grüßt schon das Ammergebirge.

formenreichsten Gebirge Europas. Obwohl der deutsche Alpenanteil nur etwa zwei Prozent beträgt, zeigt sich zwischen Bodensee und Salzach eine beeindruckende Bergwelt.

Im Westen beginnend mit den grünen Bergen der Allgäuer Alpen und ihren blumenreichen Almwiesen um Sonthofen und Oberstdorf. Weiter östlich baut sich hinter den Königschlössern Hohenschwangau und Neuschwanstein das Ammergebirge auf, um bei Garmisch-Partenkirchen vom waldreichen Estergebirge abgelöst zu werden. Südlich der Doppelstadt erstreckt sich das Werdenfelser Land zum Wettersteinmassiv mit der Zugspitze, dem höchsten deutschen Berg. Über vier Ländergrenzen reicht das Panorama vom 2962 Meter hohen Gipfel, wo sich die Gebirgskämme der Alpen in verblassenden Wellen am Horizont verlieren. Weiter östlich hinter Mittenwald erhebt sich ein Ausläufer des wuchtigen Karwendelgebirges.

BAYERISCHE ALPEN – WO DER PRINZREGENT AUF GAMSEN PIRSCHTE

Zwischen den Flüssen Loisach und Inn liegen die Bayerischen Voralpen. Ihre Gipfel sind weniger schroff und erreichen mit 1 838 Meter am Wendelstein ihren höchsten Punkt. Die Chiemgauer Berge folgen dem deutsch-österreichischen Grenzverlauf bis zur Saalach, wo der fast hochalpine Bereich der Berchtesgadener Alpen den Abschluss bildet. Obwohl sie die Stufe des ewigen Schnees und Eises nicht erreichen, existiert durch besondere klimatischen Verhältnisse am Hochkalter bei 2 400 Meter der Blaueisgletscher.

Blühende Bergwiese – ein Rausch der Farben zeigt sich im Sommer auf den Hängen der Alpen.

BAYERISCHE ALPEN – WO DER PRINZREGENT AUF GAMSEN PIRSCHTE

In den Hochlagen der Bayerischen Berge herrschen für Tiere und Pflanzen extreme Lebensbedingungen. Zwischen 1 800 und 2 000 Meter endet der Baumbewuchs. Zwergstrauchheiden, Latschenbüsche und Grasmatten bestimmen die Vegetation bis zur Schneegrenze und der Winter verlängert sich mit jedem Höhenmeter.

Zu den Wildtieren, die sich an die Bedingungen im Hochgebirge hervorragend angepasst haben, gehört das Gamswild. Es hat sich in den steilen Felswänden der Hochlagen einen Lebensraum erobert, der auch heute noch relativ natürlich ist, weil der Mensch das unwirtliche Hochgebirge nicht so einschneidend verändern konnte wie er es durch die Anlage von Verkehrswegen und Siedlungen in tiefergelegenen Bereichen getan hat.

Um sich im unwegsamen Gebirgsgelände orientieren zu können, hat das tagaktive Gamswild einen ausgeprägten Gesichtssinn. An seinen kräftigen Läufen sitzen bergtaugliche »Kletterschuhe«, Schalen mit harten Rändern, die sich weit spreizen lassen und elastische Ballen haben, die wie Gummisohlen wirken. Sie geben dem Gams im Fels und Schnee sicheren Halt bei seinen oft waghalsigen Sprüngen.

Als natürlicher Feind existiert nur der Steinadler, in den Bayerischen Alpen mit wenigen Brutpaaren vertreten, der mit seinen starken Fängen ein Gamskitz schlagen kann. Droht eine echte oder vermeintliche Gefahr, letztere häufig in Form von Bergwanderern, stößt der Gams einen Pfeifton aus um sein Rudel zu warnen. Eine andere Lautäußerung ist das »Blädern«, ein ziegenartiges Meckern, das der Bock während der Brunft von sich gibt. Gamswild lebt gesellig, das heißt, Geißen, Kitze und noch nicht geschlechtsreife Böcke schließen sich zusammen und werden von der Leitgams, einem weiblichen Stück, geführt. Auch jüngere Böcke bilden Rudel, bis die winterliche Brunft sie zu Konkurrenten werden lässt. Alte Böcke erkennt der Bergjäger daran, dass sie meist alleine stehen. Aber es ist schwer aus der Entfernung zu schätzen, wie alt ein Gams wirklich ist. Anhaltspunkte liefert der Zügel, ein schwarzer Strich in der Gesichtsmaske, der sich quer am Haupt entlang zieht und mit zunehmendem Alter immer mehr verwischt. Das genaue Alter zu bestimmen ist erst nach dem Erlegen des Stückes anhand seines »Kopfschmuckes«, der Krucken, möglich. Gemsen wechseln als ziegenartige Hornträger ihre Krucken oder Krickel nicht, sie wachsen jedes Jahr ein Stück mehr und hinterlassen dabei Jahresringe. Geiß und Bock sind beide Trophäenträger, wobei die Krucken des Bockes meist eine stärkere Krümmung aufweisen.

Wenn die Gamsjagd am 1. August aufgeht, halten sich die Gemsen in ihren Sommereinständen in der Latschenregion auf und ernähren sich von den reichen Alpenkräutern und Gräsern der Almmatten. In ihrem kurzen, gelblich-braunen Sommerhaar sind sie den Ziegen sehr ähnlich. Bricht der Winter an, ziehen sie in tiefere Waldlagen oder auf die sonnigen, steilen Hänge. Die Tiere tragen dann ein langes, dichtes, fast schwarzes Winterhaar und können den kalten Bergwinter auch in Hochlagen über der Baumgrenze überstehen. Der Winter ist die Zeit der natürlichen Auslese. Bei karger Nahrung aus Strauch- und Baumknospen, Moosen und Flechten fallen ihm die schwächsten Stücke zum Opfer: Kitze und Jährlinge, und auch Böcke, die sich bei der Brunft im November und Dezember verausgabt haben. Der Winter ist zugleich die Zeit der Jagd auf den Bartgams, wenn die Rückenhaare der Böcke ihre größte Länge erreicht haben. Sie sind die zweite Trophäe des Gamsbockes. Sorgsam gerupft werden sie zum Gamsbart gebunden, einer Hutzier, die ihren Träger als erfolgreichen Gamsjäger ausweist.

Guter Gamsbock mit aufgestelltem Bart. Gemsen sind als ausgesprochenes Gebirgswild geschickte Kletterer, die im Übermut spielerisch durch Schnee und Geröll toben.

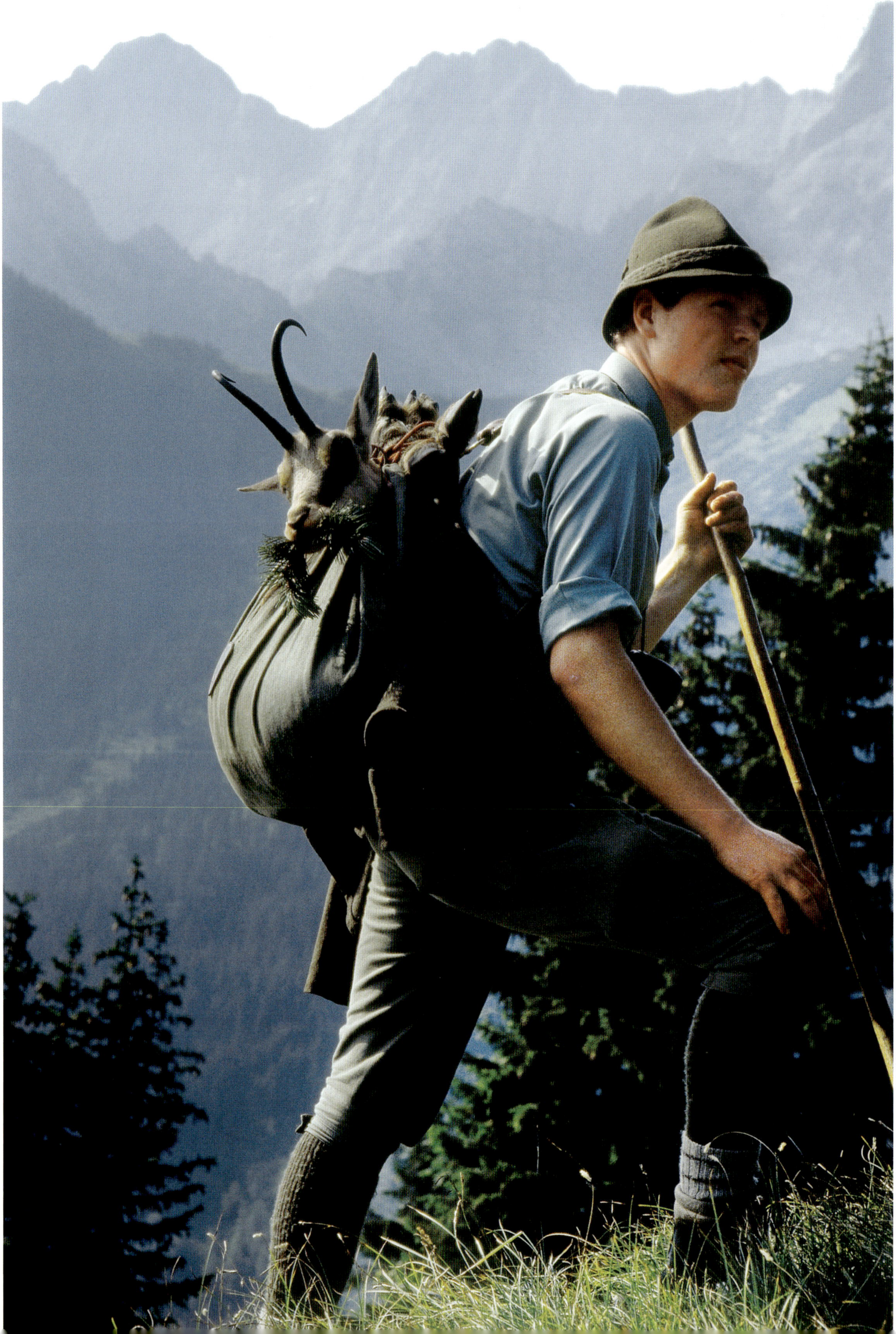

Die Trophäen der Gemsen wollen hart erjagt sein, da im Gebirge besondere Bedingungen herrschen. Die Gamsjagd ist für den Jäger eine körperliche Herausforderung. In die Region der Gemsen vorzudringen ist mit einem anstrengenden Aufstieg in die dünne Luft der Hochlagen verbunden. Beim Gehen am Berg hilft der lange Bergstock, der meist aus dem Holz des Haselnussstrauches gefertigt wird und zur festen Ausrüstung der Gamsjäger gehört. Er kann beim Schuss zum Anstreichen genutzt werden und ist hilfreich beim Wildtransport. Ungeübte Bergjäger brauchen zudem die Unterstützung eines tüchtigen Jagdführers. Der Schuss auf den Gams wird meist über weite Entfernungen und im Liegen abgegeben, noch dazu in steilem Winkel. Dadurch verändert sich die Treffpunktlage und wenn der Schütze keinen tieferen Haltepunkt wählt, kann sich ein Hochschuss ergeben. Der glückliche Erleger darf seinen Gamsbock, der ein Gewicht bis zu 50 Kilo auf die Waage bringen kann, geschultert oder auf einer Gamskraxe zu Tal tragen.

Linke Seite: Die Gamsjagd ist beschwerlich. Das Steigen im Hochgebirge erfordert eine gute körperliche Kondition, der weite Schuss aus ungewohnter Lage eine ruhige Hand. Trotzdem oder gerade deshalb gehört die Jagd in der atemberaubenden Bergwelt wohl zu den schönsten und spannendsten überhaupt.

Historisches Jagdgeschehen

Früher war es üblich und teilweise auch heute wieder, Gemsen nicht nur auf der Pirsch, sondern bei Riegeljagden zu erlegen, wo sie von Treibern auf Zwangspässe vor die angestellten Schützen gedrückt wurden. Auf diese Weise jagte Prinzregent Luitpold, wenn er in die Bayerischen Alpen kam. Luitpold hatte 1886 die Regentschaft über das Königreich Bayern angetreten. Er war der Nachfolger seines Neffen Ludwig II. geworden, der unter mysteriösen Umständen im Starnberger See ertrunken ist. Der verstorbene »Märchenkönig« hatte sich zwar im Wettersteingebirge das Schachenhaus als Jagdschloss errichten lassen, besaß aber keine jagdlichen Neigungen. Prinz Luitpold, 1821 in Würzburg geboren, begeisterte sich von Jugend an für das Weidwerk und blieb, anders als viele seiner gekrönten Zeitgenossen, bis zu seinem Tode ein weidgerechter Jäger.

Mitte des 19. Jahrhunderts übernahm er in den Allgäuer Alpen eine Jagd. Als Folge von Wilderei und der Aufhebung des herrschaftlichen Jagdvorrechts auf fremdem Grund und Boden gab es in dem Revier bei Oberstdorf nur einen geringen Gamsbestand und kaum noch Rotwild. Luitpold holte Rotwild aus einem Wildpark bei München in sein Allgäuer Revier und hegte es 18 Jahre lang, bevor er den ersten kapitalen Hirsch streckte. Es kann durchaus ihm angerechnet werden, dass dort heute noch Rotwild zu beobachten ist. Später, als Prinzregent, ließ er zerwirktes Wildbret billig an die Bevölkerung abgeben, um Wilderei einzudämmen.

BAYERISCHE ALPEN – WO DER PRINZREGENT AUF GAMSEN PIRSCHTE

Als Luitpold mit 66 Jahren die Regierung übernahm und somit oberster Jagdherr wurde, standen ihm für die Jagd die riesigen Leibgehege um Hohenschwangau und Berchtesgaden zur Verfügung. An den dortigen Futterplätzen soll sich Wild in einer Höhe von über 8 000 Stück Rotwild, 8 000 Stück Gamswild und an die 4 000 Stück Rehwild eingefunden haben. Die Jagd in den Bayerischen Alpen begann für den Prinzregenten im August in den Leibgehegen Vorderriß und Hohenschwangau. Ab Septem-

Watzmann-Massiv und Königssee im einstigen Hofjagdrevier des Bayerischen Prinzregenten Luitpold gehören heute zum Nationalpark Berchtesgaden.

Die Alpendohle ist zwischen 1 500–2 500 Metern überall in den Bayerischen Alpen anzutreffen. Alpendohlen sind geschickte Aufwindsegler und schweben in mühelosem Flug an den Berghängen entlang. Sie brüten Kolonieweise in Felsspalten.

ber ging es in die Allgäuer Jagden um Oberstdorf und Hinterstein, und im Oktober schließlich zur Gamsjagd ins Berchtesgadener Land. Luitpold, der auch ein guter Bergsteiger war, schätzte die Pirsche und hätte am liebsten nur auf einzelne Gamsböcke gejagt, doch die Repräsentationspflichten zwangen zur Abhaltung von Hofjagden. So zog man vom Hofjagdlager Berchtesgaden aus zum Gamsriegeln um Königssee, Watzmann und Funtenseetauern. Seine Gamstreibjagden fanden in ausgesuchtem Kreise statt und die Bejagung erfolgte schonend. Dem Prinzregenten war das sauber erlegte einzelne Stück wichtig, nicht die große Strecke. Im November, mit steigender Schneehöhe, beendete er seine Jagden in den Bergen.

Viele Fotografien und Gemälde bilden den Prinzregenten nicht in prunkvoller Uniform ab, sondern in einfacher Jägertracht mit Lodenjoppe, Wadenstrümpfen und kurzer Lederhose, die er zeitgenössischen Berichten zufolge auch im Winter auf der Jagd trug. Luitpold zeigte sich nicht nur äußerlich volkstümlich. Er umgab sich gern mit den wettergegerbten Gebirgsjägern und war bei seinem Jagdpersonal sehr beliebt. Es ist überliefert, dass er für jeden ein herzliches Wort hatte. Als der Hundeliebhaber aus dem Hause Wittelsbach 1912 verstarb, verlor die bayerische Jagd einen ihrer vorbildlichsten Jäger.

Sein Gamsrevier liegt heute im Nationalpark Berchtesgaden, der auf 210 Quadratkilometer den imposantesten Ausschnitt der Berchtesgadener

Jagden unseres Prinz-Regenten

... Sei es uns vergönnt, einige Blicke auf die Ausübung des Waidwerkes zu werfen, wie es unser Regent, Se. kgl. Hoheit Prinz Luitpold von Bayern, dessen hohes Namensfest wir eben heute freudig begehen, handhabt, wir Jäger können zur Ehrung dieses Tages kein schöneres Reis pflücken – denn die That ehrt den Mann am höchsten!

... Se. königl. Hoheit hat sich an mehreren Orten dieser Berge einfache Jagdhäuschen errichtet, von denen hauptsächlich jenes in Oberstdorf und das in Hinterstein als Ausgangspunkt größerer Jagden dienen.

Hier erscheint Prinz Luitpold auch in der möglichst einfachen landesüblichen Jägertracht, wie ihn Meister Defregger auf seinem vorzüglichen Porträt vortrefflich verewigt hat, – schwerbeschlagene Allgäuer Bergschuhe, wollene Wadenstrümpfe, kurze Gamslederne mit freiem Knie, die einfache Gebirgsjoppe und der wetterfeste Jagdhut mit Gamsbart, welch' allen die Strapazen der Bergjagd, Wind und Wetter malerisches Colorit verliehen haben, vervollständigen die ganze Toilette des hohen Jagdherrn.

Das Hauptaugenmerk ist hier auf strenge Waidmannsarbeit gerichtet. Mit Tagesanbruch erhebt sich der hohe Jagdherr stets als der Erste der ganzen Gesellschaft. Nach üblichem Morgengebete nimmt er im Kreise seiner Umgebung ein einfaches Frühstück zu sich und dann beginnt der rüstige Anstieg zur Jagd.

Die Allgäuer Berge sind nicht leicht zu steigen, aus vieljähriger Erfahrung wissen wir dies selbst, aber Wenige unter den Jagdgästen Sr. k. Hoheit wird es geben, welche es ihm in Ausdauer und Raschheit des Steigens gleich thun und ihn in Sicherheit der Führung seiner Büchse übertreffen.

Sein Lieblingswild ist die Gemse – da wo dieses Kind der freien Bergeswelt in stiller Ungestörtheit seinen Lieblingsstand hat, dort hoch oben fühlt sich auch der hohe Jagdherr am behaglichsten, dort ist er mit Leib und Seele Jäger und verfolgt mit unermüdlicher Ausdauer bei allererdenklichster Einfachheit und Anspruchslosigkeit für seine Person sein waidmännisches Streben. So kommt

BAYERISCHE ALPEN – WO DER PRINZREGENT AUF GAMSEN PIRSCHTE

es nicht selten vor, daß auf ganz gewöhnlichen Hütten, wenn hochgelegene Triebe gemacht werden, campirt wird, und so eine Hütte bietet auch für Se. kgl. Hoheit nur das primitivste Lager, während die übrigen Theilnehmer der Jagd der übliche Kreister mit Heueinlage beherbergt. Da verkehrt der Prinz sowohl mit seinen Gästen als auch dem Personale mit größter Leutseligkeit und nicht verschmäht er, in Gemüthlichkeit mit seiner Umgebung das einfachste Mahl zu theilen und tapfer zuzugreifen. Niemals aber, namentlich in neuester Zeit, wo die schweren Pflichten der Regentschaft auf seinen Schultern ruhen, wird nach der Jagd der Imbiß eingenommen, ehe nicht die Geschäfte erledigt und die Couriere mit den Staatsdepeschen entlassen sind. – Zum einfachen Abendmahl genießt der hohe Jagdherr ein oder zwei Glas Bier, dann wird höchsteigenhändig eine Tasse Thee zur Cigarre bereitet und gegen 10 Uhr das Lager aufgesucht ...

Otto Grashey, 1886

BAYERISCHE ALPEN – WO DER PRINZREGENT AUF GAMSEN PIRSCHTE

70 Millionen Jahre Erdgeschichte steckt in den Gesteinen. Das noch ursprüngliche Wimbachtal mit der Wimbachklamm. Vor Prinzregent Luitpold jagten dort die Berchtesgadener Fürstpröbste, die im 18. Jahrhundert das Wimbachjagdschloss bauen ließen.

Alpenwelt schützt. Den Nationalpark beherrscht der mächtige Gebirgsstock des Watzmanns mit seinem 2 713 Meter hohen Gipfel.

Der tiefblaue Königssee mit der Habinsel St. Bartholomä ist malerisch in die Hochgebirgslandschaft eingebettet. Zwischen Watzmann und dem 2 607 Meter hohen Hochkalter liegt das Wimbachtal. Durch diesen ehemaligen Schauplatz der Hofjagden zieht sich der Gries, ein riesiger Schuttstrom von zehn Kilometern Länge. Als botanische Rarität wächst im Wimbachtal die Spirke, eine Unterart der Bergkiefer.

Tiere der Bergwelt

Neben den Gemsen, die ganzjährig an den steilen Talflanken zu entdecken sind, lebt in den oberen Felsregionen eine weitere charakteristische Schalenwildart des Hochgebirges: das Steinwild. Der Alpensteinbock war im 17. und 18. Jahrhundert wegen eines Aberglaubens fast ausgerottet worden.

BAYERISCHE ALPEN – WO DER PRINZREGENT AUF GAMSEN PIRSCHTE

Eine verknöcherte Sehne seines Herzmuskels besaß die Form eines Kreuzes und sollte unverwundbar machen. Die fast ein Meter langen Hörner galten pulverisiert als Heilmittel, genau wie sein Blut und die Bezoare, Magenkugeln, die sich aus abgeschluckten Haaren und Pflanzenresten bilden. Die Steinbockkolonien in den bayerischen Alpen wurden wiederbegründet. Etwa 80 Stücke des geschonten Steinwildes leben im Nationalpark Berchtesgaden, weitere am Inntal und an der Benediktenwand.

In der alpinen Mattenregion sind tagsüber auch Murmeltiere gut zu beobachten. Die bis zu 60 Zentimeter großen Nager leben im Familienverband in Baukolonien. Sie gehören zu den jagdbaren Alpentieren, werden in Deutschland jedoch geschont. Als echte Winterschläfer verbringen sie die Zeit von September bis Mai im Erdbau.

Während die Alpenbraunelle in der kalten Jahreszeit das Gebirge verlässt, um in südlichen Regionen zu überwintern, bleibt der Schneefink da. Er hat sich mit den harten Lebensbedingungen in den Alpen arrangiert, genau wie die schwarze Alpendohle, die das eingeschränkte winterliche Nahrungsangebot durch »Bettelei« an Berghotels und Hütten aufbessert.

Einige Alpentiere, die ihr Vorkommen ausschließlich über der Waldgrenze haben, überstehen den Bergwinter durch Tarnung und spezielle Verhaltensweisen. So tauscht das Alpenschneehuhn sein graubraunes Sommerkleid im Winter gegen ein weißes, und ebenso wechselt der Schneehase seinen braunen Balg und wird ganz in Weiß für seine Feinde in der Schneelandschaft unsichtbar. Beide Arten lassen sich einschneien und sind in den Höhlen unter der isolierenden Schneedecke vor den tiefen Außentemperaturen geschützt. Der Schneehase hat in den Bayerischen Alpen sein einziges

Murmeltiere sind wachsam. Bei Gefahr wird ein warnender Pfiff ausgestoßen und die ganze Kolonie verschwindet augenblicklich im Bau. In den benachbarten Alpenländern Österreich und Schweiz können die »Mankei« bejagt werden. Ihre langen Schneidezähne gelten als Trophäe, ihr Fett findet als Heilmittel Verwendung.

BAYERISCHE ALPEN – WO DER PRINZREGENT AUF GAMSEN PIRSCHTE

Tarnung sichert das Überleben – Alpenschneehase im Winterhaar. Seine Hinterläufe sind kräftiger als die des Feldhasen und er kann für besseren Halt die Zehen der Hinterpfoten zu Schneeschuhen spreizen.

Alpenschneehuhn im Sommerkleid. Im Winter sind beide Geschlechter weiß gefärbt. Die Schneehühner gehören zu den Raufußhühnern und leben gesellig oberhalb der Waldgrenze, häufig in der Nähe von Schneefeldern. Ihr Bestand ist sehr zurückgegangen.

Vorkommen in Deutschland, genau wie das seltene Steinhuhn, von dem nur noch wenige Familienketten im Berchtesgadener Raum leben. Auch gefährdete Greifvögel wie der Gänsegeier oder der Bartgeier, dem früher erbarmungslos nachgestellt wurde, weil er sich angeblich von Lämmern und kleinen Kindern ernährte, brüten wieder in den Bayerischen Alpen.

Nachdem sich im Frühjahr die ersten Krokusse durch den Schnee geschoben haben, dauert es nicht mehr lange bis in den Hochlagen die farbenfrohen Alpenblumen sprießen. Die rote Alpenrose, der blaue stengellose Enzian und sein gelber Verwandter, dessen Wurzel für die Herstellung des Enzian-Schnapses verwendet wird. Einige Pflanzen wachsen in den Bayerischen Alpen nur in bestimmten Regionen. Dach-Hauswurz gibt es allein im Allgäu, Christrose und Wildes Alpenveilchen nur im Berchtesgadener Land. Die Alpenpflanzen stehen unter Naturschutz. Die bekannteste unter ihnen, das Edelweiß, schützt ihr Standort auf steilen Felsvorsprüngen vor dem Abpflücken.

Edelweiß – Symbol der Berge. Wie viele Geschichten ranken sich um diese Blume? Wie viele stürzten ihretwegen in die Tiefe? Die streng geschützte Pflanze widersteht dem rauhen Höhenklima durch wollig-behaarte Blütenblätter.

Fast die Hälfte des bayerischen Alpenraums, rund 250 000 Hektar, bedeckt der Bergwald. Seine Zusammensetzung wandelt sich in den verschiedenen Höhenlagen. Wälder ab 1 300 Meter gehören den Nadelbäumen Fichte, Lärche und Zirbelkiefer und sind nahe der Baumgrenze schon mit der Legföhre durchsetzt. Zwischen 700 bis 1 400 Meter steht Bergmischwald aus Buche, Tanne, Weißtanne, Fichte und Bergahorn, in den Tieflagen wachsen Buchenmischwälder und Fichtenforste. Der Bergwald dient der Waldwirtschaft, doch in erster Linie dem Schutz der Dörfer und Städte, Straßen und Schienen vor Lawinen, Steinschlag, Muren und Hochwasser.

In den Bayerischen Alpen ist die Verbundenheit der Menschen mit ihrer Bergwelt überall spürbar. Sie zeigt sich in der »Lüftlmalerei« an den Hauswänden, im Kunsthandwerk, in der Musik und der Tracht, die nicht nur wegen der Touristen angelegt wird, und besonders in der Pflege althergebrachter Bräuche und Traditionen. Dazu gehört auch die romantische Verklärung der Wilderei in Liedern, Bildern und Geschichten. Jahrhunderte hindurch wurde der stolze, mutige »Schütz« zum Volkshelden stilisiert. Der wohl berühmteste Wildschütz, Georg Jennerwein, war 1877 hinterrücks von einem Jäger erschossen worden. Noch im 21. Jahrhundert haben unbekannte »Traditionspfleger« an seinem Todestag einen frisch gestreckten Gamsbock an sein Grabkreuz in Schliersee gehängt.

Zu wirklichen »Ehren« kam der Gams noch bis vor kurzem auf der Gamsbart-Olympiade, wenn in Berchtesgaden die überdimensio-

BAYERISCHE ALPEN – WO DER PRINZREGENT AUF GAMSEN PIRSCHTE

Blau blüht der Enzian – von April bis August. Ob es sich um den Bayerischen-, Stengellosen – oder Alpen-Enzian handelt, ist nicht so leicht zu bestimmen. Der Stengellose wächst auf Kalkstandorten, während der Alpenenzian saure Böden bevorzugt.

Über 500 Enzianarten gibt es, 22 davon in Mitteleuropa. Der geschützte Gelbe Enzian wächst auf den Matten, Fluren und Bergweiden der Alpen.

nierten Bärte über den Lodenhüten der »Jaga« schwankten. Dort entflammte auch die Diskussion stets aufs neue, welcher Spruch für die Gamsjagd denn nun der richtige sei: »bergauf, bergunter, halt drunter« oder »bergunter, bergauf, halt drauf!«

BILDNACHWEIS · QUELLENVERZEICHNIS · IMPRESSUM

Bildnachweis

Arndt S.E. 73, 174/175
Borgsmüller 60, 62, 65, 74/75
Dahms 8/9, 9, 14, 15, 18u, 20u, 20o, 111, 128u, 132/133, 134, 138, 146, 187
Danegger 10o, 17, 33o, 35l, 46u, 80/81, 82, 122, 123o, 124, 126o, 145, 165, 166, 167, 189, 200, 216, 223, 235o
»Der Deutsche Jäger« (Jahrg. 1886/87) 233
Engel 71
Günther 228
Hess 140
Irsch 150/151, 43, 212, 213, 224, 232
Lodzig 126u
Maier 39
Marek 7, 16, 44, 57, 91, 92, 103, 118/119, 136, 178/179, 183, 190
Merkel Jagd- und Sportwaffen GmbH, Suhl 157o, 157 M
Meßner 64
Meyers 77, 102/103, 105, 110, 135, 179, 208/209, 226
Nagel 34o, 42/43, 89, 96, 97u, 108, 117, 131, 137, 139o, 160, 177, 219, 236, 237
Niedersächsisches Forstamt Göhrde 46o, 49
Pforr 18o, 141, 158o, 161, 168u, 170, 171, 194/195, 203, 205, 235
Pieper 67
Pott 12, 13, 28/29, 37o, 52, 94, 106, 125, 152l, 180, 181, 184, 185, 188, 199, 215, 233
Radenbach 33u, 217
Rahn 101, 197
Rolfes 1, 10u, 23, 26, 36, 61, 63, 109, 127, 158u, 159, 195, 196, 201
Schiersmann 21, 90
Schneider 78
Seilmeier 55, 147
Stadtbibliothek Hannover 27
Stöcker 2/3, 47, 53, 56/57, 69, 152r, 164/165
Tuschl/Willner 133
Volkmar 19, 38, 58, 68, 79, 85, 88/89, 93, 95, 97o, 98o, 98u, 104, 114/115, 119, 128o, 129, 142, 155, 156, 169, 198, 207, 209, 210, 218, 221
Volmer 66
Waffenmuseum Suhl 157u
Waltmann 120
Warter 34u
Willkomm 25, 35r, 40, 112, 116, 123u, 150/151, 153, 154
Willner 24/25, 75, 139u, 168o, 182, 204, 222/223, 225, 230
Winsmann-Steins 50
Zeininger 11, 31, 32, 37u, 51, 76, 83, 99, 107, 173, 231, 235u

»Der Kaiser als Waidmann«, nach einem Ölgemälde von Ernst-Hugo Frhr. von Stenglin, Verlagsarchiv Runenstein-Verlag, S. 87

Deutsches Jagd- und Fischereimuseum, München, S. 45

Quellenverzeichnis

»Sauhatz auf dem Darß« (Seite 22) aus: »Verklungen Horn und Geläut. Die Chronik des Forstmeister Franz Mueller – Darß.« Hans Frank, BLV-Verlag.
»Volle Wände« (Seite 41) aus: »Kraut und Lot«, Hermann Löns. Erstmals erschienen 1911, Neumann-Verlag
»Die jüngst vergangenen Jagden ...« von Otto Grashey (Seite 86) aus: »Der Deutsche Jäger«, Jahrgang 1900
»Der Wilde Rabe« (Seite 100) aus: »Blätter aus meinem Jagdtagebuch«, Friedrich Vorreyer, Verlag Neumann-Neudamm
»Schnepfenstrich« von W. Adam (Seite 117) aus: »Der Deutsche Jäger«, Jahrgang 1909
»Blattzeit im Bayerischen Wald« von Joh. Hundt (Seite 192) aus: »Der Deutsche Jäger«, Jahrgang 1883/84.
»Jagden unseres Prinz-Regenten« von Otto Grashey (Seite 238) aus: »Der Deutsche Jäger«, Jahrgang 1886.

Bibliografische Information der Deutschen Nationalbibliothek
Die Deutsche Nationalbibliothek verzeichnet diese Publikation in der Deutschen Nationalbibliografie; detaillierte bibliografische Daten sind im Internet über http.//dnb.d-nb.de abrufbar.

BLV Buchverlag GmbH & Co. KG
80797 München

© 2010 BLV Buchverlag GmbH & Co. KG, München

Das Werk einschließlich aller seiner Teile ist urheberrechtlich geschützt. Jede Verwertung außerhalb der engen Grenzen des Urheberrechtsgesetzes ist ohne Zustimmung des Verlags unzulässig und strafbar. Das gilt insbesondere für Vervielfältigungen, Übersetzungen, Mikroverfilmungen und die Einspeicherung und Verarbeitung in elektronischen Systemen.

2. Auflage, Neuausgabe

Umschlagfotos:
Vorderseite: Blickwinkel/McPhoto;
Rückseite (v. links nach rechts): Dahms, Stöcker, Irsch, Willner

Lektorat: Gerhard Seilmeier
Herstellung: Ruth Bost
Layoutkonzept Innenteil und Layout: Anton Walter, Gundelfingen
Satz: agentur walter, Gundelfingen

Gedruckt auf chlorfrei gebleichtem Papier

Printed in Slowakei
ISBN 978-3-8354-0737-4

Unvergessliche Jagdabenteuer zum Miterleben

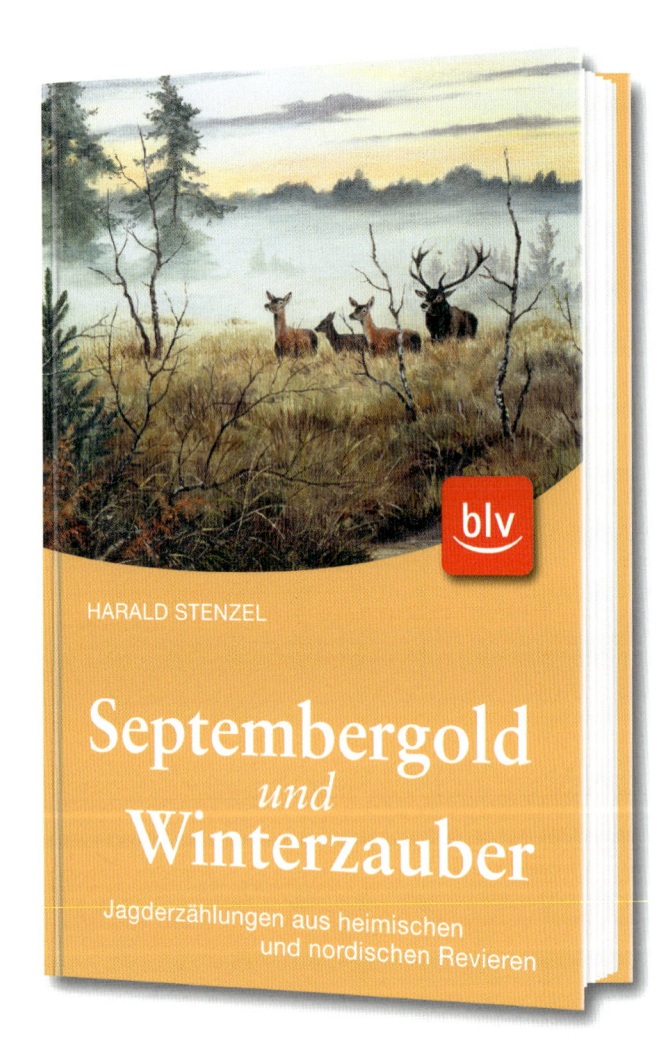

Harald Stenzel
Septembergold und Winterzauber
Spannende, heitere und nachdenkliche Lektüre: Erlebnisse und Erinnerungen rund um die Jagd in heimischen Revieren und in Schweden.
ISBN 978-3-8354-0745-9

Ralf Albert
Jagen bis zum Horizont
Spannende Kurzgeschichten: Erlebnisse und Erfahrungen aus Jagdrevieren rund um den Globus – vom Schwarzwald bis Namibia.
ISBN 978-3-8354-0670-4

Bücher fürs Leben. blv